幼儿园劳动教育丛书

刘颖 虞永平 / 主编

江苏省“十四五”时期重点出版物出版专项规划项目

江苏省社会科学基金项目“新时代幼儿园劳动教育的理论与实践研究”（批准号：20JYC010）成果

新时代幼儿园劳动教育的理论建构与实践探索

刘 颖

虞永平

著

江蘇鳳凰教育出版社
Phoenix Education Publishing, Ltd

感谢您使用本书。您在使用时如有建议或发现质量问题，请联系我们。
【内容质量】电话：4008283622
【印装质量】电话：4008283610

图书在版编目（CIP）数据

新时代幼儿园劳动教育的理论建构与实践探索 / 刘颖，虞永平著 . -- 南京：江苏凤凰教育出版社，2024. 10.
--（幼儿园劳动教育丛书 / 刘颖，虞永平主编）.
-- ISBN 978-7-5743-1294-4

Ⅰ . G613.3

中国国家版本馆 CIP 数据核字第 2024A91E97 号

幼儿园劳动教育丛书

书　名	新时代幼儿园劳动教育的理论建构与实践探索
作　者	刘　颖　虞永平
出版策划	刘　煜
责任编辑	严小英
出版发行	江苏凤凰教育出版社（南京市湖南路 1 号 A 楼　邮编210009）
苏教网址	http://www.1088.com.cn
照　排	江苏凤凰制版有限公司
印　刷	江苏扬中印刷有限公司（电话：0511-88420818）
厂　址	江苏省扬中市大全路 6 号
开　本	787 毫米 × 1092 毫米　1/16
印　张	17
插　页	1
版　次	2024 年 10 月第 1 版
印　次	2024 年 10 月第 1 次印刷
书　号	ISBN 978-7-5743-1294-4
定　价	68.00 元
网店地址	http://jsfhjycbs.tmall.com
公 众 号	苏教服务（微信号：jsfhjyfw）
邮购电话	025-85406265，025-85400774
盗版举报	025-83658579

序

劳动对人类而言，有着特殊且重要的价值。劳动能够创造财富、创造世界。劳动对个体的发展更有着不可替代的价值。劳动能够让人发现自我、改造自我、确证自我，因此我们说，劳动“使人真正成其为‘人’，根本超越了动物界”①。

劳动是人全面发展的重要途径，劳动教育是全面发展教育体系的重要组成部分。在2018年的全国教育大会上，习近平总书记特别强调了劳动教育的重要性，强调要在学生中弘扬劳动精神，教育引导学生崇尚劳动、尊重劳动，懂得劳动最光荣、劳动最崇高、劳动最伟大、劳动最美丽。2020年3月，中共中央、国务院印发了《关于全面加强新时代大中小学劳动教育的意见》，强调了劳动教育是中国特色社会主义教育制度的重要内容，并要将劳动教育纳入人才培养的全过程。

遗憾的是，在过去的一段时间内，有关劳动教育的政策话语和研究热点主要出现在大、中、小学阶段，对幼儿园劳动教育的研究处于相对滞后的状态。然而，我们不能就此忽视劳动以及劳动教育对幼儿发展和学前教育质量提升的意义。

劳动活动是幼儿综合的学习。劳动需要动手。年龄较大的儿童，以对间接经验的学习为主，学习的场所可以是在课堂中，学习的方式能够以听教师讲解为主。而幼儿是在直接感知、实际操作、亲身体验的过程中学习的。让幼儿获得经验，就是让幼儿去做事。幼儿的劳动，就符合这里所说的做事的特点。劳动对幼儿学习的意义直接体现在为幼儿提供了更多做事的机会。

劳动能够促进儿童全面的发展。尽管劳动强调身体的参与，劳动教育强调劳动态度、劳动习惯和劳动情感的涵养，但其价值绝不仅仅局限在身体发展和价值观的培养上。劳动的过程，是多个领域的经验有机结合的过程，也指向多个领域

① 赵敦华，孙熙国. 中西哲学的当代研究与马克思主义哲学创新［M］. 北京：人民出版社，2011：298.

经验发展的过程。杜威在中国访问演讲时，就曾对南京高等师范学校附属幼稚园养蚕一事深有感触，并以此阐释劳动对学前儿童多领域发展的综合作用。

劳动教育是落实《3—6岁儿童学习与发展指南》（以下有时简称《指南》）精神、提升学前教育质量的重要抓手。劳动教育重在亲身参与和实践，强调幼儿动手能力的发展。开展劳动教育，为幼儿提供了丰富的直接感知、实际操作和亲身体验的学习机会，有利于改变学习方式小学化的倾向。劳动教育关注对儿童劳动素养的培养，促进儿童体、智、德、美和创造力的全面发展，有利于改变当前教育中"扬心抑身"的倾向，能更好地落实《指南》精神。

尽管劳动教育未曾远离我国幼儿园教育实践一线，我们在幼儿园中也总能看到这样那样热火朝天的劳动场景，但有关幼儿园劳动教育的理论与实践还充满着挑战和难题。例如，如何在我们的课程中定位劳动教育？如何处理劳动教育中劳动品质涵养和其他方面发展的关系？怎样合理地处理劳力和劳心的关系？如何为新时代的幼儿园劳动教育注入时代发展的特点？如何提供满足当代幼儿需要的劳动教育？如何不断丰富幼儿劳动教育的内容和形式？如何建构幼儿园劳动教育的资源和环境？如何在劳动活动中有效地回应幼儿，并为幼儿提供充分的机会和挑战？如何协同家庭、社区的力量共同参与到幼儿园劳动教育的实践当中？

基于对幼儿劳动以及幼儿园劳动教育价值的考量，我们和全国有志于从事劳动教育研究的十多所幼儿园一道，从2019年开始，开展了系统的幼儿园劳动教育研究。参与研究的幼儿园来自我国各个地区，有着不同的园情和研究基础，但共同的，是他们研究劳动教育的决心、热情和努力。每一所参与劳动教育实践研究的幼儿园，既整体性地对幼儿园劳动教育进行了探究，又从园所自身的基础条件、幼儿发展的现实需求出发，选择了种植劳动、饲养劳动、工艺劳动、工程劳动、生活自理劳动、社群服务劳动中的一类，进行了深入的实践与研究，以获得更扎实的幼儿园劳动教育研究经验和研究成果。

在这数年时间中，参与幼儿园劳动教育研究的各所幼儿园迎难而上，在实践中重新审视了幼儿园劳动教育的价值，凝练了劳动教育的理念，总结了组织劳动教育活动的策略，梳理了与《指南》对接、符合幼儿身心发展规律的劳动教育目标，建构了与幼儿生活密切相关的劳动教育内容体系，探索了多种多样的劳动教育组织形式，并尝试开展幼儿劳动教育的评价工作。在与实验园所园长、老师们共同研究的过程中，我们见证了完整儿童的发展，见证了老师们教育观念的更新、教育方法的改善、教育能力的提升，见证了《指南》精神的逐渐落地。

江苏凤凰教育出版社策划并出版的这套“幼儿园劳动教育”丛书，是对幼儿园劳动教育理论和实践研究的总结与展示，是对幼儿园劳动教育理念、立场、观点、策略、方式、机制的挖掘和整理。作为国内第一套系统呈现幼儿园劳动教育研究成果的书籍，本套丛书在内容、形式、体例上都还有诸多不尽如人意之处，我们也将在后续的研究中不断完善。此时推出这套丛书，我们希望能够给更多的学前教育同行以启发，让更多的幼儿园深刻地认识到幼儿园劳动教育的价值和实现价值的可能性，让更多的幼儿园参与到幼儿园劳动教育研究的队伍中来，让幼儿园劳动教育研究的成果造福更多的儿童。

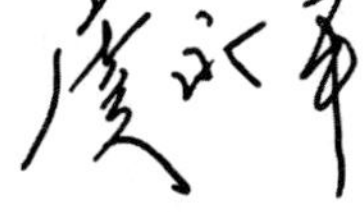

目录

第一章 劳动与劳动教育概述

近年来，随着关于劳动教育的各类指导性文件的出台、各种政策的颁布，劳动教育引发教育界日益高涨的热情。《关于全面加强新时代大中小学劳动教育的意见》中指出，“根据各学段特点，在大中小学设立劳动教育必修课程，系统加强劳动教育”。尽管当下理论界和公共决策中更多关注大、中、小学劳动教育，但中、小、幼不同学段都要开展劳动教育，幼儿园劳动教育奠定了劳动教育的基础。实际上，劳动教育从未远离我国的学前教育实践，劳动曾与“游戏”“散步”“上课”等共同作为幼儿教育的重要手段。学前教育方面若干重要文件如《幼儿园工作规程》（以下有时简称《规程》）《幼儿园教育指导纲要（试行）》（以下有时简称《纲要》）与《3—6岁儿童学习与发展指南》都将劳动价值观形成与劳动品质养成作为重要的目标，但是在实践中，存在着关于幼儿园劳动教育的诸多认识误区，大家对劳动和劳动教育的内涵和意义，劳动与游戏、学习的关系，劳动教育与其他“四育”的关系，有不同的认识。

因此，在本章，我们先对劳动、劳动教育的基本内涵，劳动与相关概念之间的关系，劳动教育与人的全面发展的关系等进行讨论，以便为后继章节奠定认识基础。

第一节
劳动的内涵与意义

一、劳动的内涵

“劳动”在当下已经成为一个热词。但是，对于“劳动”的内涵，人们众说纷纭。人们对“劳动”的认识，既有泛化，也有窄化。我们在讨论劳动教育之初，必须先对“劳动”这一概念做理论的澄清。

（一）“劳动”的词源学分析

“劳”繁体为“勞”，《说文解字》中有“勞，劇也。从力，熒省。熒，火燒冂，用力者勞。字在‘力’部。”[①]（意指火烧房屋时，用力救火者疲惫辛苦。——编者注）由此可见，“劳”强调要用力。在古汉语中，劳有“劳累、疲惫”的含义，如《左传·僖公三十二年》中有“师劳力竭，远主备之，无乃不可乎?”。《孟子·告子下》中有“劳其筋骨”。也有“辛苦，费力”之意，如宋濂《送东阳马生序》中有“自谓少时用心于学甚劳”。“动”繁体为“動”，古文从“辵”，本义是行动，发作。《说文解字》中有“动，作也。”《孟子》中有“将终岁勤动”。可见“动”强调脱离静止状态，行动。“劳动”作为一个组合词，据当前的考证，在中文语境当中最早见于“春耕种，形足以劳动；秋收敛，身足以休食”，这里的劳动是“活动、劳作”的意思。《三国志·魏书·方技传》中也有“人体欲得劳动，但不当使极尔”的句子，这里的“劳动”则主要指体力劳动。由此可见，中文词源中，“劳动”总体而言是指一种有体力参与的行动，是辛苦、费力的。

“……拉丁语和英语中的‘劳动’的词汇，都是极端努力与痛苦相结合之意。希腊文 πόνος、法文 travail、德文 Arbeit 也都有分娩之巨痛的意思。按照阿伦特

① 许慎．说文解字：大字本（全2册）[M]．北京：中华书局，2017：1149.

的说法，labor（劳动）与 labare（负重蹒跚而行）有着相同词根……”，在中世纪德国，“Arbeit 一词被用于翻译 labor、tribulatio（苦难、忧患、磨难）……等词。同样，法文 travailler 一词源于 tripalium，意味着某种痛苦与折磨。”① 这说明在西语词源里，“劳动”某种程度上和“痛苦”“艰辛”“厌烦”等存在着历史性的关联。

（二）“劳动” 在现代语境中的意涵

在现代汉语语境中，“劳动”的意义发生了变化。在《辞海》中，“劳动”被界定为“人们改变劳动对象使之适合自己需要的有目的的活动。即劳动力的支出或使用”②。这里强调了劳动的对象化和目的性的特点。此外，在现代汉语的使用过程中，由于“劳动”与舶来词 labor 发生关联，在《现代汉语词典（第 7 版）》中，“劳动”是指“人类创造物质或精神财富的活动”。《社会学词典》则将“劳动”定义为“人类的创造性活动，即人类为自身生存与发展所进行的物质财富与精神财富的生产创造活动”③。此类定义强调了劳动创造财富的生产性。在一些情境下，“劳动”也与“被迫”发生了关联，如“劳动指的是为了某种目的或在被迫情况下从事体力或脑力工作”④。

在西方现代语境中，Merriam-Webster 词典中对 labor 一词解释如下：（1）体力或脑力劳动的支出，尤其是在困难或强制性的情况下。（2）作为一种经济体中提供商品或服务的人类活动。（3）分娩所涉及的体力活动。当 labor 一词作为动词时，其意义包括发挥自己身体或心灵的力量，特别是指通过痛苦或剧烈的努力，费力地移动，遭受一些不利或痛苦，等等。由此可见，在西方语境中，“劳动”一词保留了痛苦、被动的意义，同时也强调了使用体力。在威廉斯的《关键词文化与社会的词汇》一书中也指出，labour 有两个重要的意涵，一个是工作，一个是辛苦（痛苦）。Labour 的普遍意涵为辛苦工作与费力。⑤ 但是也有现当代学者指出，令人厌烦不应该是劳动的本质特征。例如，凡勃伦指出，劳动不是一种努力的倾向，而是围绕目标所取得的成果。对一种活动的兴味索然，或者身体上的厌烦，主要是由此种活动所处的具体社会环境所决定和改变的。⑥ 这一观点

---

① 伊夫·R. 西蒙，瓦肯·魁克. 劳动·社会与文化［M］. 周国文，译. 北京：中国经济出版社，2009：13.

② 辞海编辑委员会. 辞海·经济分册［M］. 上海：上海辞书出版社，1980：16.

③ 王康. 社会学词典［M］. 济南：山东人民出版社，1988：198.

④ 李秋香. 劳动政策与分析［M］. 上海：华东理工大学出版社，2010：2.

⑤［英］威廉斯. 关键词：文化与社会的词汇（第 2 版）［M］. 刘建基，译. 北京：生活·读书·新知三联书店，2016：302.

⑥ 伊夫·R. 西蒙，瓦肯·魁克. 劳动·社会与文化［M］. 周国文，译. 北京：中国经济出版社，2009：14－15.

与马克思所说的“劳动的异化”有一定的相似之处。

（三）马克思对劳动内涵的解释

劳动在马克思的思想中占据了重要的一席之地。马克思是现代最伟大的劳动理论家，他在继承整个西方思想传统的基础上，将劳动“作为人的自由自觉的类生命活动”①。马克思指出，劳动是人和自然之间的物质交换的过程，“劳动首先是人和自然之间的过程，是人以自身的活动来引起、调整和控制人和自然之间的物质变换的过程”②。马克思认为，这种引起人和自然之间物质变化的劳动是人类普遍的生产活动，是“不以社会为转移，超乎一切社会之上，并且作为生命的表现和证实，是还没有社会化的人和已经有某种社会规定的人所共同具有的”③。他还进一步指出，人自身作为一种自然力与自然物质相对立，因此可以把自然划分为两种：“身外的自然”和“自身的自然”。“为了在对自身生活有用的形式上占有自然物质，人就使他身上的自然力——臂和腿、头和手运动起来。当他通过这种运动作用于他身外的自然并改变自然时，也就同时改变他自身的自然。他使自身的自然中蕴藏着的潜力发挥出来，并且使这种力的活动受他自己控制。”④总体来看，马克思认为劳动具有这样一些特质：劳动是一种物质活动；劳动是人有目的地发挥主观能动性的活动；劳动是一种社会性活动，劳动工具、劳动目的、劳动形式都受到当时社会历史条件的制约；劳动不仅改变外在的自然世界，而且也改造人自身。⑤ 同时，在马克思看来，劳动包含劳动者、劳动对象、劳动资料、劳动过程和劳动成果几个要素。其中，劳动过程的简单要素是“有目的的活动或劳动本身，劳动对象和劳动资料”⑥。

二、幼儿劳动的内涵

对幼儿来说，劳动主要是指为达到服务自己和他人的目的而进行的身体或体力活动，在此过程中，也许也能创造一些物质的“财富”。因此，对幼儿来说，

---

① 班建武．新时期劳动教育理论体系建构研究［M］．杭州：浙江教育出版社，2022：20.

②［德］卡尔·马克思．资本论（第一卷）［M］．中共中央马克思恩格斯列宁斯大林著作编译局，编译．北京：人民出版社，1975：201－202.

③［德］卡尔·马克思，［德］弗里德里希·恩格斯．马克思恩格斯全集（第25卷）［M］．中共中央马克思恩格斯列宁斯大林著作编译局，编译．北京：人民出版社，1979：921.

④［德］卡尔·马克思，［德］弗里德里希·恩格斯．马克思恩格斯选集（第二卷）［M］．中共中央马克思恩格斯列宁斯大林著作编译局，编译．北京：人民出版社，2012：169.

⑤ 吴欢．数字劳动、数字商品与数字资本论析［M］．西安：陕西师范大学出版总社有限公司，2021：53.

⑥［德］卡尔·马克思，［德］弗里德里希·恩格斯．马克思恩格斯文集（第五卷）［M］．中共中央马克思恩格斯列宁斯大林著作编译局，编译．北京：人民出版社，2009：208.

所谓劳动，主要是指以自我服务为主的体力活动。幼儿从为成人递送物品等简单的服务，逐步发展到有计划地完成班级中各项自我服务的工作。① 幼儿劳动与成人劳动既有相似性，例如，幼儿劳动也强调身体的参与，幼儿劳动能够实现个体的发展，同时也能够在一定程度上产出一些劳动成果。幼儿的劳动同样包括了劳动者、劳动对象、劳动工具、劳动成果等要素。

同时，特别需要关注的是，幼儿劳动与成人劳动有明显的差异性。与成人劳动相比，幼儿劳动的生产属性明显较弱，而其发展属性明显更强；幼儿劳动的目的更指向于活动本身，而非外部的强制或由外部激励所推动；幼儿劳动很容易成为“身心合一”的活动，成为“劳力”和“劳心”并存的活动；幼儿在劳动中更容易获得愉悦的感受。

（一）价值：重内生性价值彰显

劳动对人类而言，有着特殊且重要的价值。劳动能够创造财富、创造世界。劳动跟自然界结合，正是一切财富的源泉。自然界提供劳动的资料，而劳动则把资料变成财富。同时，正如马卡连柯指出的，劳动不仅有社会生产的意义，并且在个人的生活上也有很大的意义。② 劳动能够让人发现自我、改造自我、确证自我，因此我们说，劳动“使人真正成其为‘人’，根本超越了动物界”③，劳动帮助形成人的本质。从这个意义上来看，劳动的内生性价值得以浮现。所谓内生性价值，主要是指个体通过劳动改造自我，即恩格斯所说的劳动创造了人本身。可以说，不仅仅在人类的起源意义和人的进化意义上，是劳动创造了人本身，从个体发展的意义而言，也是劳动创造了人本身。简而言之，劳动具有指向个体发展的内生性价值和指向外部财富生产的外生性价值。

对成人的劳动而言，他们的劳动可能兼顾外生性价值和内生性价值，兼顾生产性和教育性。不可否认，成人也可以通过劳动的过程确证个体的能力，实现个体的持续而全面发展，但创造丰富的物质和精神财富是成人从事生产劳动的重要甚至主要的价值，成人劳动是一切财富的源泉。对于幼儿而言，他们的劳动虽然也可能产生一些产品，但这些产品本身可能是稚拙的，甚至是未成形的，幼儿在劳动中同样有所收获，这种收获更多指向其自身的发展、对自身内在力量的确认。劳动，是幼儿身心共同参与的与外部世界发生交互作用的持续性的实践行动，符合幼儿直接感知、实际操作和亲身体验的学习特点，是儿童重要的发展方式。通

① 虞永平．聚焦质量：幼儿园课程改革的思考［M］．北京：教育科学出版社，2023：44.

②［苏联］安·谢·马卡连柯．马卡连柯全集（第四卷）［M］．耿济安，高天浪，王云和，译．北京：人民教育出版社，1957：448.

③ 赵敦华，孙熙国．中西哲学的当代研究与马克思主义哲学创新［M］．北京：人民出版社，2011：298.

过劳动，幼儿能够发展起动手能力，能够形成对劳动的积极态度，能够为身体动作的发展提供契机，能够经由手指的操作和思维的参与获得认知的发展，能够在群体劳动中学会分工合作，能够在面向自然的劳动中体验美、创造美。通过劳动，幼儿从不成熟走向成熟，由自然走向社会，由个体走向人类。因此我们说，幼儿的劳动，其教育性意义远大于其生产性意义，幼儿劳动的根本价值不在于产品本身，不在于创造物质或精神的财富，而是指向儿童内在的丰盈和能力的发展。

（二）目的：无外在功利之目的

成人劳动往往（更）看重劳动活动之外的成果，成人之所以投入劳动，是期望看到劳动活动产生的成果，看到劳动创造的价值，为了让劳动的产出回报最大化，成人也会想办法缩短劳动的过程、减少劳动的投入，以最小的努力获得最大的成果。与此同时，成人的劳动也常常会被外在的压力所裹挟，为外部的奖励和报酬所激励。对为什么劳动、如何劳动的问题，成人赋予其更多外在的意义，从而导致成人的劳动可能出现异化，成人的劳动被视为“贫者不合意的劳动”，成为一种强迫劳动。

与此相对应，幼儿的劳动目的内在于活动之中，是活动过程中的一部分。首先，劳动活动本身就是幼儿从事劳动的最根本目的。在幼儿看来，拿起劳动工具、从事劳动活动本身就是一件饶有兴味的事情。例如，我们常常看到幼儿园中幼儿积极地承担值日生职责，从事清扫地面、分发碗筷、整理玩具、照料植物等劳动活动。幼儿愿意“为劳动而劳动”，劳动、做事，就是幼儿开始劳动、深入劳动和完成劳动的目的。既然劳动本身对幼儿来说是一件有意义、有趣味的事情，那么，相比于成人劳动，幼儿的劳动更可能是全身心投入的活动，幼儿在劳动活动中尽情体验劳动的快乐和劳动创造幸福的过程，而不是想方设法减少劳动过程的投入、缩短劳动活动的时间。其次，幼儿能够从劳动活动中获得的最好的激励和馈赠，就是他们体验劳动、完成劳动以后内心充盈的感受。幼儿通过劳动实现了服务自己或者服务他人的目的，能够从中获得自我成就感和积极体验的奖赏，这比任何外部激励都更能让幼儿满足。因此，相比于成人的劳动，幼儿的劳动更可能是自由自主的活动，是不被外部压力或奖赏异化了的劳动活动。

（三）形式：劳力基础上的劳心

根据不同的劳动形式，劳动通常被区分为脑力劳动和体力劳动。长期以来，受到身心二元论哲学传统的影响，主体的心智与身体往往被截然分开，被认为是互不干涉的。同时，西方观念史上，身体向来处于被压制或者被遗忘的阴影中①，“扬心抑身”和“身心分离”的状况在成人劳动中数见不鲜。在日常的劳

---

① 陈治国．论西方哲学中身体意识的觉醒及其推进［J］．复旦学报（社会科学版），2007（02）：84－91.

动实践中，人们普遍认为脑力劳动的价值要高于体力劳动。“劳心者治人，劳力者治于人”的观念则揭示了社会大众对体力劳动和脑力劳动价值的不同认识。此外，鉴于成人学习的特点，脱离身体或减少对身体的依赖而开展脑力劳动（或以脑力为主的劳动）是可能的，有时身体甚至被视为成人脑力劳动通向真理的阻碍或屏障。①

幼儿的劳动在形式上有着明显不同于成人劳动的特点。幼儿劳动是具身的，是须依赖幼儿身体或体力投入开展的活动。如果说成人劳动能够实现“身心分离”，那么幼儿的劳动则是以身体参与为基础的，是无法摒弃或脱离身体的。这是因为幼儿天生就是好动的，有身体参与的行动是幼儿重要的学习方式；同时，受到幼儿身心发展水平的影响，幼儿难以脱离身体完全借助符号进行纯粹的脑力劳动。正如张雪门所说，幼儿园应采用做学教合一的方法，即对幼儿来说，凡是他们能做的，都让他们自己做。“做什么，学什么；学什么，做什么；学就是做，做就是学，学和做打成一片。”② 从幼儿的本能和学习特点来看，幼儿的劳动就是以行为、以身体为基础的。同时，对幼儿而言，做事、行动就是他们学习的过程，脱离了身体的参与，幼儿的学习（脑力劳动）往往止步于对间接经验浅尝辄止、浮光掠影的了解，难以建构属于幼儿个体的，有意义、可迁移的经验。因此，幼儿劳动否认了“扬心抑身”的可能性。当然，需要指出的是，对幼儿劳动而言，强调身体参与的重要性和基础性，并不意味着幼儿劳动是缺少思维参与的“妄作盲动”。事实上，幼儿在身体参与劳动的过程中往往会面临问题，这些问题情境成为引发幼儿思维参与的关键要素；幼儿通过身体与外部世界相互作用，在此过程中引发了外部世界的变化，这为幼儿理解行为与结果之间的关系提供了丰富的机会。因此，幼儿劳动很容易成为“身心合一”的活动，成为“劳力”和“劳心”并存的活动。

（四）体验：主动与愉悦的感受

如前所述，从词源来看，劳动自古以来就有“艰苦”这个内涵。在成人的劳动实践中，我们也不难看到被动劳动、勉强劳动的情形，“劳动”不仅与“安逸”相对应，甚至还和“愉悦”相对应。但凡谈及劳动，大多也倡导发挥不怕苦、不怕累的精神，甚至拒斥劳动中的愉悦体验。

然而，当我们反思成人劳动中的痛苦等负面体验的来源，可以发现，痛苦源于劳动本非出自劳动者本身的意愿，在令人痛苦的劳动中，成年人往往是被动参

---

① 徐海娇．劳动教育的价值危机及其出路探析［J］．国家教育行政学院学报，2018（10）：22－28.

② 喻琴，喻本伐．世界幼教名人名著．张雪门幼儿教育论著选读（上）［M］．武汉：长江少年儿童出版社，2014：65.

与，且被附加了太多外部的约束和要求，人的尊严和价值在劳动的过程中被淹没；痛苦还源于劳动可能是简单、机械或者负担过重的，在参与劳动的过程中，成人不仅承受了身心的压力，而且难以从每日的重复中获得意义。正如马克思所言，成人的劳动发生了异化。马克思提出了人类劳动异化的四个方面，包括从自然中异化，从人类自身中异化，从人的类存在中异化以及从他人中异化。在劳动从人类自身中异化方面，马克思指出，劳动外在于劳动者，不再是劳动者本性的一部分，不是劳动者自愿的，而是强加于劳动者的。因此，劳动者感到痛苦而不是幸福。劳动者通过劳动不是实现自己，而是不得不否定自己。人们不是自由地发挥自己的身心能力，而是肉体受折磨、精神遭摧残。结果，人类就只有在空闲时间才感觉自己像人。①

然而对幼儿而言，在其自己发起的或成人发起但尊重了其身心规律和主体性的劳动活动中，他们是主动的、积极的、愉悦的。因为对幼儿而言，劳动其实出自其本能。如马卡连柯所言，所有的人生来就具有大致相同的劳动本能。而这种本能则会引发兴趣，追随兴趣发生的劳动活动则会带来积极的情绪体验。又如杜威所指出的，个体有交谈或交流、探索和发现、制作或建造及艺术表现的本能，由着这四种本能，产生了语言交际、探索发现、制作或建造、艺术表现的兴趣。在这四种本能中，制作或建造、艺术表现都是幼儿劳动的重要形式。由此可见，幼儿具备劳动的本能，而本能则会引发幼儿从事相关劳动活动的兴趣。与本能和兴趣相关的活动能够吸引幼儿主动投入，让幼儿在活动过程中获得积极的情绪体验，激励幼儿付出劳动、克服困难，实现目标。

三、劳动的意义

马克思对劳动的基本价值进行了高度的赞扬。有学者指出，“马克思看似大逆不道的观点——劳动（而非上帝）创造了人，或劳动（而非理性）使人区别于其他动物，只不过是整个现代都一致同意的某种观点的最连贯和最激进表述”②。因此，我们首先来梳理马克思、恩格斯所阐释的劳动之于世界、历史发展和人自身发展的意义，在此基础上来理解幼儿劳动的意义。

（一）劳动创造了世界、历史和人本身

马克思认为，劳动是世界和人类存在的前提和出发点。马克思对人类劳动的基本价值进行的分析主要表现为劳动创造了世界、劳动创造了历史，以及劳动创

①［美］撒穆尔·伊诺克·斯通普夫，［美］詹姆斯·菲泽．西方哲学史［M］．邓晓芒，匡宏，等译．北京：北京联合出版公司，2019：400.

②［美］阿伦特．人的境况［M］．王寅丽，译．上海：上海人民出版社，2009：64.

造了人本身这三条主张。

“劳动创造了世界”体现为人类通过自己的劳动创造了不同于以往的世界。“自人类通过劳动参与世界进化过程以来，世界就发生了天翻地覆的变化，可以说，现实的世界完全是人的世界，而人的世界完全是奠基于劳动的基础上，并由劳动创造出来。”① 马克思历史唯物主义中，个体的生产劳动不只是生产出外部物质世界，而且还生产出人类社会生活的现实性。通过劳动，人类与外部世界的关系发生了转变，自在意义的自然世界转变为自为意义的人类世界。②

“劳动创造了历史”体现在人类的生产劳动是建立历史的基础，人类历史所有的发展都离不开人的劳动过程。马克思与恩格斯指出，“我们首先应当确定一切人类生存的第一个前提，也就是一切历史的第一个前提，这个前提是：人们为了能够‘创造历史’，必须能够生活。但是为了生活，首先就需要吃喝住穿以及其他一些东西。因此第一个历史活动就是生产满足这些需要的资料，即生产物质生活本身，而且，这是人们从几千年前直到今天单是为了维持生活就必须每日每时从事的历史活动，是一切历史的基本条件”③。这深刻地揭示了劳动创造的物质财富是人类创造历史的基础，而劳动人民是历史的创造者。恩格斯在评价马克思的历史贡献时指出，“历史破天荒第一次被置于它的真正基础上；一个很明显的而以前完全被人忽略的事实，即人们首先必须吃、喝、住、穿，就是说首先必须劳动，然后才能争取统治，从事政治、宗教和哲学等等——这一很明显的事实在历史上的应有之义此时终于获得了承认”④。总体来看，劳动被视作一切历史的基本条件和人类的第一个历史性的活动，起到了创造历史的作用。

“劳动创造了人本身”是马克思主义劳动价值观中重要的观点。恩格斯在《自然辩证法》中明确提出，劳动的作用甚至“达到这样的程度，以致我们在某种意义上不得不说：劳动创造了人本身”。劳动创造人本身，首先体现在通过劳动实现了从猿到人的转变。恩格斯详细论证了劳动对双手、直立行走、语言、大脑、思维的作用，指出人类与猿的区别都是在劳动实践的基础上产生的。同时，在人类起源的过程中，群体关系上的社会性是实现劳动创造人本身的重要前

---

① 徐海红，曹孟勤．论劳动对新世界的开启——基于马克思主义哲学视角［J］．东南大学学报（哲学社会科学版），2019，21（06）：7.

② 胡君进，檀传宝．马克思主义的劳动价值观与劳动教育观——经典文献的研析［J］．教育研究，2018，39（05）：9－15＋26.

③［德］卡尔·马克思，［德］弗里德里希·恩格斯．马克思恩格斯选集（第一卷）［M］．中共中央马克思恩格斯列宁斯大林著作编译局，编译．北京：人民出版社，2012：158.

④［德］卡尔·马克思，［德］弗里德里希·恩格斯．马克思恩格斯选集（第三卷）［M］．中共中央马克思恩格斯列宁斯大林著作编译局，编译．北京：人民出版社，2012：723.

提。[①] 不仅仅是在人的起源意义上，劳动创造了人本身，在人类的进化意义上，也是劳动创造了人本身。不同时代的劳动方式都对人的劳动能力的基础的变化起着决定性的作用，这就是劳动在人类起源的意义之上发挥对人的创造作用。这是在更高阶段上创造了人，推动了人的发展和完善。[②]

（二）劳动确证人的本质

马克思强调，劳动是一种自由自觉的活动，通过劳动，确证了人之所以为人的本质。“人的本质决定了人类的特性就在于自由自觉的活动。”[③] 在马克思看来，社会性是人的本质，“人的本质并不是单个人所固有的抽象物，在其现实性上，它是一切社会关系的总和”。而劳动的生产过程正是不断创造社会关系的过程，是人的社会关系不断确立和改变的过程，也就是人不断创造社会生活和占有自己本质的过程。[④] 人的本质只有在劳动的过程中才能呈现出来。人在劳动活动中，将它的本质印刻在劳动对象中，人通过现实世界反观自身的形象。“人的感觉、感觉的人性，都是由于它的对象的存在，由于人化的自然界，才产生出来的。”[⑤] 基于此，马克思认为，生产劳动对个人具有决定意义，“个人怎样表现自己的生命，他们自己就是怎样。因此，他们是什么样的，这同他们的生产是一致的——既和他们生产什么一致，又和他们怎样生产一致”[⑥]。因此，从这个意义上，马克思和恩格斯认为，教育就是让年轻人不断接受各种形式的生产劳动，一方面提高人的劳动能力，另一方面使人丰富精神、拓展才能、实现自己的成长。[⑦]

（三）劳动实现人的全面发展

马克思指出，劳动是实现人的全面发展的重要途径。马克思、恩格斯通过对人类社会发展的历史考察，特别是对工场手工业取代个人手工业，进而走向大工业历史进程的考察发现，不合理的社会分工会造成人的片面发展，从而提出现代教育的目标就在于实现人的全面发展。[⑧] 马克思曾指出，“未来教育对所有已满

---

① 周国兴．人怎样认识自己的起源：人类起源研究史话（上）［M］．北京：中国青年出版社，1977：213.

② 常卫国．劳动论：《马克思恩格斯全集》探义［M］．沈阳：辽宁人民出版社，2005：78.

③ 葛晨虹．马克思主义视野中的人性理论［J］．齐鲁学刊，2018（04）：69.

④ 同③.

⑤［德］卡尔·马克思，［德］弗里德里希·恩格斯．马克思恩格斯文集（第一卷）［M］．中共中央马克思恩格斯列宁斯大林著作编译局，编译．北京：人民出版社，2009：191.

⑥［德］卡尔·马克思，［德］弗里德里希·恩格斯．马克思恩格斯选集（第一卷）［M］．中共中央马克思恩格斯列宁斯大林著作编译局，编译．北京：人民出版社，2012：147.

⑦ 胡君进，檀传宝．马克思主义的劳动价值观与劳动教育观——经典文献的研析［J］．教育研究，2018，39（05）：9-15+26.

⑧ 胡君进，檀传宝．马克思主义的劳动价值观与劳动教育观——经典文献的研析［J］．教育研究，2018，39（05）：9-15+26.

一定年龄的儿童来说，就是生产劳动同智育和体育相结合，它不仅是提高社会生产的一种方法，而且是造就全面发展的人的唯一方法”①。马克思对人的全面发展内涵的理解是非常丰富的，主要包括三个方面的含义②：第一，人的全面发展是人的劳动能力的全面发展，这是人的全面发展的最基本的含义。但是劳动能力不是劳动技能，在马克思看来，人的劳动能力主要划分为体力和脑力。体力是人体所具有的自然力，脑力则是人在精神方面的生产能力。通过生产劳动，要让所有人可以在任何地方、任何部门内寻求发展。在共产主义社会，也就是人的劳动能力全面发展的社会，人们能随着自己的兴趣想干什么就干什么，而不只是从事某一方面的工作。第二，人的全面发展是人的社会关系的全面形成。如前所述，马克思指出人的本质是人的社会关系。社会关系的丰富性决定着人的发展空间，社会关系的全面性决定着人的发展的全面性。第三，人的全面发展还是人的个性的自由发展。马克思所指的全面发展的人，是具体的人而不是孤立抽象的人。每个人的发展都依赖于和他直接或间接发生关系的其他一切人的发展。社会的解放是以每一个人的解放为前提的。因此，马克思所指的人的全面发展，不仅强调“全面”，而且包含着“自由、充分、和谐”发展的意义。每个人的全面发展，是人的自由个性的全面发展。

① [德] 卡尔・马克思，[德] 弗里德里希・恩格斯．马克思恩格斯全集（第 23 卷）[M]．中共中央马克思恩格斯列宁斯大林著作编译局，编译．北京：人民出版社，1979：530.

② 侯长林．马克思主义高等教育理论研究 [M]．北京：光明日报出版社，2023：49－50.

第二节
幼儿的劳动与游戏、学习

一、劳动与游戏的关系

游戏是幼儿最基本的活动形式，是儿童时期最具特点的活动之一。在《规程》颁布以后，游戏在幼儿园中的地位逐渐得到承认和巩固。劳动曾经一度和游戏一起，被国家的课程纲领性文件列为我国幼儿园教育的重要手段。但随着我国幼儿园课程对游戏等方式的强调，劳动这种教育手段逐渐被淡化。时至今日，当劳动教育重新回到幼儿园教育研究和实践的视域中时，劳动和游戏的关系又让实践者产生了一些困惑。劳动和游戏到底有什么区别？劳动要不要游戏化？劳动如何游戏化？深入探讨劳动与游戏的关系，回答上述问题，有助于我们更加清晰地厘清劳动尤其是幼儿劳动的本质。

（一）劳动与游戏存在区别

英国学者克拉斯纳（Krasnor）和佩普勒（Pepler）提出了一个关于游戏指标的模型，他们认为可以为游戏行为确定四个标准，包括灵活性、积极情感、虚构性和内部动机。灵活性是指游戏的形式和内容的可变；积极情感是指游戏的娱乐性；虚拟性是指想象的或假想的因素；内部动机是指游戏不受外部规则或社会要求的限制，仅仅为游戏而游戏。① 幼儿的劳动与游戏之间存在明显的区别。有人认为，劳动与游戏的区别主要在于劳动是为了外在于劳动活动的目的，而游戏是为了活动本身的目的。也有人认为，劳动是艰辛、困难、痛苦的，往往是与工作状态相联系的，而游戏是简单、轻松、愉悦的，往往是与闲暇状态联系的。从前文已阐释的幼儿劳动无外在功利目的以及幼儿劳动能体验积极的情绪来看，上述两个表象并非幼儿劳动与游戏的本质区分。事实上，杜威也驳斥了从过程和结

---

①［英］彼得·史密斯，［英］海伦·考伊，［英］马克·布莱兹．理解孩子的成长［M］．寇成，等译．北京：人民邮电出版社，2006：136.

果、活动和活动所取得成果这个角度对游戏与劳动进行简单划分，认为这是一种错误的、不自然的划分。①

事实上，幼儿游戏与幼儿劳动的区别主要体现为两个方面：首先是活动的真实性。当游戏者撇开现实生活中的真实情况，而按“假的”（内部真实）来装扮，就是游戏，如在“食堂”游戏中为“顾客”打饭。而劳动往往是真实的，是发生在生活中的真实事件，例如值日生为同伴摆碗筷。② 其次，幼儿的游戏和劳动尽管都是幼儿“为了（活动）自身”的兴趣，但在游戏活动中，活动兴趣是“不断前进”的，而在劳动中，活动兴趣“趋向于最终结果并且各个阶段一线贯穿”③。换言之，在游戏中，幼儿兴趣所在的活动可能是偶发的，随着游戏的推进，活动会发生变化，“在游戏中，目的在于进行更多同类的活动，而不是按所产生的结果规定活动的继续”④；在劳动中，有明确的关于结果的目的指引幼儿进行持续深入的探究和操作，“活动因有所趋向、有所成就而意义更加丰富”⑤。

（二）劳动与游戏的联系

但是，我们还要看到幼儿劳动与游戏并不是截然二分的，相反的，它们是紧密联系的。首先，在人类的童年时期，游戏与劳动是合为一体的。⑥ 成年人眼中辛苦烦琐的劳动，在幼儿看来，常常就是饶有趣味的游戏。幼儿最早感兴趣的玩具就包括成人在生活中使用的劳动工具。幼儿很小便自发模仿成人洒扫庭除、种植花草、照料动物。其次，幼儿的劳动和游戏有着共同的起源，即积极、主动、创造、求知。正如阿尔金所揭示的，“它们是两条河流，有时汇流为一，有时相并而流，有时彼此背向而流，但它们永远来自一个源泉——就是儿童无穷尽的积极性；从这种积极性喷涌出儿童的创造性、幻想、求知欲、活泼天真”⑦。尤其是，对幼儿而言，他们主要依据自己内在的意愿开展劳动，而非外在的强迫或利诱；他们选择、支配和开展自己的劳动，而非机械执行他人规定的劳动；他们在劳动中能够体验积极愉悦的情绪并乐在其中，而非消极苦闷地执行；他们在劳动中积极主动地建构对世界的认知，而不满足于日复一日从事对他们而言单调重复的劳动。由此可见，幼儿的劳动天然地具备自由、自主、愉悦和创造的属性，而

① ［美］约翰·杜威．我们怎样思维·经验与教育［M］．姜文闵，译．北京：人民教育出版社，2005：176.

② 黄人颂．学前教育学（第3版）［M］．北京：人民教育出版社，2015：203.

③ 同①.

④ ［美］约翰·杜威．民主主义与教育［M］．王承绪，译．北京：人民教育出版社．2001：223.

⑤ 同①.

⑥ 梁艳萍．游戏与劳动的辩证法［J］．湖北大学学报（哲学社会科学版），2011，38（04）：35－40.

⑦ B. Г. 耶娃，黄学溥．劳动和游戏［J］．西北师大学报（社会科学版），1960（S2）：58－63.

游戏精神的本质就是自由、自主、愉悦和创造。因此，在这个意义上，我们也可以说幼儿的劳动有游戏性的特点。再次，幼儿的游戏和劳动是可以相互转换的。正如杜威所言："如果能预见相当遥远而具有一定特性的结果，并且作出持久的努力达到这种结果，游戏就变成了工作。"① "当活动变得更为复杂时，由于较多地注意所取得的特殊结果，活动的意义就会增加。因此活动逐渐变成工作。"② "在工作中，更加要求继续不断的注意，在选择和计划工作手段时，必须表现更多的智慧。"③ 此处所提到工作，类同于本书所讨论的幼儿的劳动。

（三）幼儿劳动应彰显游戏性

幼儿园劳动教育应当顺应幼儿劳动游戏性的特点，让幼儿劳动真正成为幼儿自主、自由、愉悦、创造的活动。具体而言，在劳动教育中要关注幼儿的兴趣和需要，为幼儿的劳动提供充足的工具、材料、方法、角色、空间、时间等选择和探索的机会，支持幼儿在劳动中主动承担、自主选择、自由创造。我们尤其要避免强加劳动任务的做法，避免严格限制幼儿劳动的内容、方法、时间、工具等做法。

其次，要加强幼儿劳动活动与游戏活动之间的联系。具体而言，可以让幼儿游戏反映成人劳动。例如：提供机会，让幼儿在生活中加强对成人劳动和职业的认识，并且提供材料、创设相应的游戏情境，让幼儿有意愿在游戏中对成人劳动进行扮演和体验，比如幼儿在角色扮演游戏中扮演医生、消防员等不同职业的人员。

可以让幼儿在游戏中反映出一些劳动活动的因素。事实上，对成人劳动行为的模仿就常常是儿童游戏的内容。虽然就表面看来，儿童好像是在劳动，但我们不能真正称之为劳动。因为"儿童所掌握的一些行动，带着纯粹的游戏性质，在这些行动中，儿童没有明显的要获得结果的意向"④。例如，幼儿在游戏中用剪刀工作、用锥子钉钉子，等等。

可以提供机会，让幼儿能为将要玩的游戏进行劳动活动。可以充分利用幼儿向往游戏的内在意愿，增强其劳动的主动性和目的性。例如，"在小班里，游戏与劳动的相互联系往往表现在儿童完成游戏中所需要的工作上：收拾洋娃娃的家务，洗涤玩具器皿，为玩具动物建筑住宅，往工地搬运建筑材料。这些工作使儿童感到愉快，也是使得游戏更加富有趣味所必须的"⑤。在中班和大班年龄段，

---

① ［美］约翰·杜威．民主主义与教育［M］．王承绪，译．北京：人民教育出版社，2001：221.

② ［美］约翰·杜威．民主主义与教育［M］．王承绪，译．北京：人民教育出版社，2001：223.

③ 同①.

④ В. Г. 耶娃，黄学溥．劳动和游戏［J］．西北师大学报（社会科学版），1960（S2）：58.

⑤ 同④.

随着幼儿劳动能力的逐步发展，他们能为游戏准备而付出的劳动也就更加持续、深入和复杂。例如，当幼儿要进行表演游戏时，从服装、舞台、道具的制作，到人员的安排、分工、协调等，都融入了幼儿劳动的努力。

可以让幼儿在劳动过程中进行游戏的动作。幼儿具有“好游戏”的天性，因此，在劳动的过程中让幼儿进行游戏的动作，也能增强劳动的趣味性，让幼儿在劳动过程中体会到更多积极、愉悦的情感。例如，《古利和古拉大扫除》这本绘本就清楚地再现了幼儿在劳动过程中自然而然开展游戏的过程。当我们为幼儿的劳动提供了宽松的环境时，充满想象力的幼儿随时有可能在劳动过程中展现出游戏的行为，体会到游戏的快乐。

二、劳动与学习的关系

（一）劳动是幼儿综合的学习

与游戏曾被视作学习的对立面一样，劳动也曾被视作学习的对立面。时至今日，受到身心二元论和理性主义哲学传统的影响，仍然有不少人将劳动简单视作只需要身体参与的活动，劳动，尤其是以体力为主的劳动常常被认为是不重要的，被认为是于个体学习无益甚至是占用学习时间的活动。但实际上，劳动本身就是幼儿重要的学习方式，劳动能促进儿童全面的发展，劳动是幼儿综合的学习。

学习是指凭借经验而产生的行为或行为潜能的变化。建构主义学习理论指出，学习是一个意义建构的过程，学习者正是在与周遭环境相互作用的过程中，通过新、旧知识经验的相互作用，来形成、丰富和调整自己的认知结构的过程。马克思指出，劳动首先是人和自然之间的过程，是人以自身的活动来引起、调整和控制人和自然之间的物质变换的过程。由此可见，劳动在本质上是个体与周围世界相互作用的过程，与皮亚杰所说的个体与外部世界相互作用，从而主动建构经验的学习方式是一致的。

对年龄较大的学生而言，他们的学习可能更多以间接经验的学习为主，学习的场所可以是课堂中，学习的方式能够以听教师讲解为主。但对幼儿而言，正如《3—6 岁儿童学习与发展指南》中指出的，他们是在直接感知、实际操作、亲身体验的过程中学习的。劳动这种活动形式则非常契合幼儿“直接感知、实际操作、亲身体验”的学习特点，能够为幼儿提供符合其身心发展规律的学习机会。事实上，让幼儿获得经验，就是让幼儿去做事，做符合幼儿需要的事，做适合幼儿天性的事，做幼儿力所能及的事，做幼儿能感到挑战的事，做幼儿感到有兴趣的事，做能让幼儿产生后继活动冲动的事，做让幼儿思维参与的事。而幼儿的劳动，就符合上述所有要求。与其他学段的学生相比，劳动对幼儿学习的意义明显不同。对其他学段的学生（尤其是较高学段的学生）而言，尽管他们也能够通过有思维参与的劳动获得多方面的经验，尽管劳动能够作为其劳动品质培养不可取代的方式，但其主要的学习方式还是以课堂学习为主，劳动大多数情形下是其主要学习方式的一种补充。但对幼儿而言，劳动就是他们重要的学习方式，经由劳动等符合幼儿学习特点的活动，幼儿才能有效地建构认识、生成经验、推进学习。

与此同时，幼儿的学习也不是以学科为基础的学习。学习是幼儿在与周围环境交互作用的过程中获得经验的过程。幼儿并没有学科的观念，他们看宇宙间一切的一切，全是整个儿的。成人所习惯的按逻辑顺序和组成结构来划分的学科，是人为划分的，是科学的产物，不是儿童经验的产物。杜威就曾指出，儿童的世界是一个具有他们个人兴趣的世界，而不是一个事实和规律的世界，这个世界的主要特征，不是什么与外界事物相符合这个意义上的真理，而是感情和同情。儿童所关心的事物，由于他的生活所带来的个人和社会的兴趣的统一性，是结合在一起的，凡是在他心目中最突出的东西就暂时对他构成整个的宇宙，那个宇宙是变化的和流动的，它的内容以惊人的速度在消失和重新组合。而以成人心理为标准的、通过知识的逻辑顺序组成的学科学习割裂了儿童的世界，破坏了儿童生活的统一性和完整性，因此，杜威强调，应以儿童所需要的知识和感兴趣的问题，采用活动作业的形式，来组织教学。劳动活动就是源于儿童生活的综合的活动，它不是以成人心理为标准，不是以知识的逻辑顺序架构的，是生活世界的本来面貌，是真实、变化、流动的。

（二）劳动教育应在幼儿劳动与学习之间建立密切联系

强调劳动教育应在幼儿的劳动与学习之间建立密切联系旨在避免两种倾向。其一，将幼儿劳动置于幼儿道德发展的范畴之内，只看重劳动之于幼儿道德发展的价值；其二，将幼儿劳动视作简单的体力劳动，在劳动过程中不关注引导幼儿思维的参与。因为这些误区都可能会切断幼儿劳动与学习之间的关系，阻碍劳动促进幼儿全面发展功能的实现。

要强化劳动教育中劳动与学习的关联，首先要充分认识劳动促进个体全面发展和学习的作用。劳动是一个人全面发展的基础。正如苏霍姆林斯基所指出的，劳动与人的思想、情感、智力、美感、心理状态和创造精神是分不开的，劳动有着教育和自我教育的意义。劳动具有强大的教育力量，在被人喜爱的情况下可以成为人们真正的导师。劳动教育的任务就是让劳动渗入人的精神生活，渗入集体生活。人们面对劳动并不是被动的，人们需要在劳动中了解自己的力量。

要强化劳动教育中劳动与学习的关联，尤其需要关注劳动应该是劳力与劳心的共同作用。幼儿的劳动中应该有思维的参与。正如苏霍姆林斯基所说，那些最简单的劳动过程，都应当渗透研究性、试验性的思想。有思维参与的劳动，行动和思维之间不断促进，思维在检查、纠正、改善着劳动过程，劳动也在发展智慧。有思维参与的劳动，才不是经验的简单重复或是“枯燥的惩罚”，才能真正培养幼儿热爱劳动的精神。实践中，一些成年人看起来单调的体力劳动，例如扫地、松土、除草，如果让幼儿进行计划、发明、思考和观察，也会引起幼儿的激情和思维。幼儿园劳动教育要让幼儿思维的参与贯穿活动始终，“劳动”不能变成“妄作盲动”，不能满足于“做事”和“流汗流泪”，而应有思考并努力彰显劳动创造性的本质。马卡连柯也提醒我们，尤其要关注劳动的创造性。劳动的创造性是避免劳动成为单一简单的重复活动、成为与儿童学习无关的活动的关键要素。他指出，创造性的劳动有利于人的健康发展，并且帮助和谐的人际关系形成。他进一步强调教育者应当关注儿童的兴趣和爱好，只有儿童从自己手头的工作中感到快乐、找到工作的意义和价值，他们才有可能进行有创造性的劳动；幼儿园可通过组织幼儿进行与劳动相关的游戏，组织幼儿个人和集体的科技活动，在游戏活动、科技活动中让幼儿懂得一些简单的科技知识；同时，在活动的过程中要注意尽量让幼儿发挥自己的自主性和创造性；特别是在科技活动中，幼儿会提出各种各样的问题，这个时候，幼儿教师要耐心地引导幼儿；甚至，幼儿教师在准备这个活动之前，就应做好充分的准备，才能使该活动真正起到教育幼儿的作用，才能使劳动和学习真正地结合起来。

第三节
劳动教育的内涵与价值

一、劳动教育的内涵

人们对劳动教育内涵的理解可以分为几种类型。其一，把劳动教育作为德育内容之一加以界定。例如，《中国大百科全书》第三版网络版就将劳动教育定义为："中国德育内容之一，指使学生树立正确的劳动观点和劳动态度，热爱劳动和劳动人民，养成劳动习惯，珍惜劳动成果。"孙喜亭等学者认为，劳动教育是树立学生劳动观点，培养学生热爱劳动的感情，养成学生的劳动习惯的教育。① 其二，将劳动教育界定为技术教育的上位概念。例如，《教育大辞典》定义劳动教育为"劳动、生产、技术和劳动素养方面的教育"②。黄济从劳动教育的基本内容出发，认为劳动教育包括生产技术劳动、社会公益劳动、生活服务劳动等；劳动教育的内容包括技术教育、劳动技术知识、劳动技能、生产技术知识、生产、技术等。其三，把劳动教育视作智育内容。例如成有信在其《教育学原理》中直截了当地将劳动教育定义为："培养学生具有现代工农业生产的基本知识和基本技能的教育。"强调劳动教育智育的属性。其四，把劳动教育视作智育和德育的结合。例如，徐长发认为，"劳动教育是使青少年学生获得正确劳动观念、劳动习惯、劳动情感、劳动精神，了解和懂得生产技术知识，掌握生活和劳动技能，在劳动创造中追求幸福感的育人活动。它包括劳动思想观念的教育、劳动技术知识和劳动技能的教育"。檀传宝指出，"劳动教育"也可以定义为以促进学生形成劳动价值观（即确立正确的劳动观点、积极的劳动态度，热爱劳动和劳动人民等）和养成良好劳动素养（形成劳动习惯、有一定的劳动知识与技能、有能力

① 孙喜亭．教育原理［M］．北京：北京师范大学出版社，1999：190－191．

② 教育大辞典编纂委员会．教育大辞典（第6卷）［M］．上海：上海教育出版社，1992：934．

开展创造性劳动等）为目的的教育活动。① 其五，将劳动教育视作促进学生全面发展的实践形式。例如，陈勇军认为，“劳动教育的本质含义是指通过参加劳动实践活动所进行的一种有目的、有计划、有组织的培养受教育者多种素质的教育活动，是融德育、智育、体育、美育为一体的全面提高学生素质的综合性教育”②。

二、幼儿园劳动教育的内涵

（一）对幼儿园劳动教育内涵的认识

对学前儿童的劳动教育而言，广义上的劳动教育概念并不能简单套用。比如，受教育者年龄越小，在劳动教育中学习生产技术知识的可能性、必要性就越低，因此，将劳动教育视作技术教育的上位概念不适用于学前阶段。霍力岩更认同劳动教育作为德育和智育相结合的定义，认为“幼儿园劳动教育是指支持幼儿在亲历实践和动手操作的过程中有目的、有意识地运用体力和智力改造外部世界，从而获得劳动知识、劳动技能、劳动习惯、劳动意识和劳动情感等方面发展的一种教育活动”③。亚德什科也强调劳动素养的获得，但指明学龄前阶段的劳动教育应侧重劳动价值观涵养，即培养幼儿尊重劳动、乐于劳动、勤于劳动的态度，帮助幼儿获得最简单的劳动技能，养成劳动的社会动机。换言之，各项劳动素养的优先顺序在学前教育阶段是不同的。瓦西里耶娃则并未将劳动教育仅仅定位于培养劳动素养，而是同时列举了促进基本能力、创造力发展，自信心建立，责任心和自主性发展，体力和智力发展等方面的任务。

对学前儿童劳动教育的内涵进行界定，既要考虑劳动作为一种内容的教育，也要考虑劳动作为一种形式的教育。所谓“作为一种内容的教育”，就是考虑到劳动教育是一种“关于劳动”的教育，劳动教育具有其独特的教育任务——热爱劳动和劳动人民的情感的养成，正确劳动观念和劳动态度的培养，劳动习惯和劳动技能的培养。④ 所谓“作为一种形式的教育”，就是考虑到劳动教育是“通过劳动”展开的教育，学生通过劳动的形式，获得体、智、德、美全面发展的可能。理解学前儿童的劳动教育，尤其需要充分认可劳动教育是“通过劳动”展开

---

① 檀传宝．劳动教育的概念理解——如何认识劳动教育概念的基本内涵与基本特征［J］．中国教育学刊，2019（02）：82－84.

② 陈勇军．马克思主义“教育与生产劳动相结合”生产劳动的涵义［J］．南京体育学院学报，1995（04）：43－45.

③ 霍力岩．幼儿劳动教育：内涵、原则与路径［J］．福建教育，2018（47）：16－19.

④ 曲霞，刘向兵．新时代高校劳动教育的内涵辨析与体系建构［J］．中国高教研究，2019（02）：73－77.

的教育，换言之，要充分认可劳动作为学前儿童综合学习方式的重要价值。

综上，我们认为幼儿园劳动教育是教育者支持幼儿主要通过身体或体力活动与外部世界发生互动，促进幼儿劳动态度、劳动习惯、劳动能力和劳动情感养成，实现幼儿体、智、德、美多方面发展的教育活动。

（二）对幼儿园劳动教育内涵的泛化和窄化现象分析

当前，对幼儿园劳动教育的内涵既存在泛化也存在窄化的问题。泛化是指将不属于幼儿园劳动教育范畴的内容也归入幼儿园劳动教育中。比较典型的就是认为体力劳动和脑力劳动都是劳动，于是，将幼儿在课堂中听教师上课也看作幼儿的劳动。我们之所以在当下强调劳动教育，就是过去在学校教育中，有一种重视“脑力”贬损“体力”的倾向。如果在幼儿园劳动教育中将脑力劳动也纳入进来，幼儿园劳动教育就无所不包，幼儿在园的所有活动都可以称为劳动教育。那么劳动教育也就没有现实问题的针对性了。劳动教育主要针对的就是体力劳动。田慧生指出，“体力劳动是劳动的基础，我们说劳动创造世界、劳动创造人、劳动创造财富，都是要通过体力劳动”①。劳动教育之所以强调以体力为主，一是针对当前学生主体不会劳动、不爱劳动、轻视体力劳动、轻视普通劳动者的突出问题；二是劳动教育要强化劳动观念，弘扬劳动精神，这些观念和精神必须在具体的劳动实践过程中才能形成。

对幼儿园劳动教育内涵的窄化是指只强调幼儿园劳动教育是“关于劳动的教育”，忽视了幼儿园劳动教育能够通过劳动教育的形式促进儿童全面的发展。这种认识不利于充分发挥劳动教育全面育人的功能。同时，将劳动教育界定为“关于劳动的教育”，尽管与“德育是关于德的教育，智育是关于智的教育，体育是关于体的教育，美育是关于美的教育”的表述逻辑相统一，但忽视了劳动教育与其他“四育”从本质上说并不在同一层面，而是一种综合的教育形式。② 这种仅强调劳动教育是“关于劳动的教育”的认识，切断了劳动教育与其他“四育”本就具有的密切联系。

三、幼儿劳动与幼儿园劳动教育的关系

如前所述，劳动具有帮助个体实现全面发展的价值和意义。但是，幼儿的劳动和幼儿园劳动教育二者之间仍然有着明显的差异，劳动是否能够成为劳动教

---

① 教育部．体力劳动永远不会过时，劳动教育要防止泛化或窄化［EB/OL］．［2021—08—24］. http://www.moe.gov.cn/fbh/live/2021/53640/mtbd/202108/t20210824_553907.html.

② 檀传宝．如何让“劳动”成为一种“教育”？——对劳动与劳动教育的概念之思［J］．华东师范大学学报（教育科学版），2022，40（06）：97－104.

育，关键在于为幼儿提供什么样的劳动，伴随着幼儿的劳动是否进行了教育。

（一）现实中劳动与劳动教育存在脱钩现象

实践中，存在着“有劳动无教育”的误区。有的幼儿进行了劳动，但是这种劳动可能是惩罚性质的，是重复单调的，是让幼儿兴味阑珊的，因此，即使幼儿进行了劳动，他们也没有真正受到劳动教育。这里的“无”是概括意义上的“无”，并不是实指。在具体的表现上，有的劳动让幼儿更加抵触劳动，产生了对劳动的负面情绪，这是负向的教育；有的劳动仅仅满足于让幼儿表现出劳动的样子，形式上在劳动，却完全没有达到教育的效果，这是一种无效的教育；有的劳动起到了一些促进儿童发展的效果，但是没有能够很好地和幼儿德、智、体、美全面发展的目标相关联，没有充分地实现劳动教育全面育人的价值，这是一种不充分的教育。因此，劳动教育就是要让幼儿的劳动不落入负向、无效教育的泥淖中，尽可能地让劳动发挥促进幼儿全面发展的价值。

上述的劳动与劳动教育脱钩的现象，主要原因是在劳动教育中以劳动来代替劳动教育。具体体现在：在形式上用劳动代替对劳动的教育设计，在资源开发上将劳动教育资源简单等同于劳动资源，在评价上则用对劳动成果的评价来取代对劳动教育综合育人效果的评价等方面。①

有的幼儿园不对劳动进行教育设计，劳动可能是违背幼儿意愿的，是不符合幼儿身心发展水平的，是无法引发幼儿兴趣的，是单调重复的；这些劳动尽管可能看上去很热闹，但是无法真正促进幼儿有益经验的增长和课程目标的达成。有的幼儿园努力地拓展幼儿劳动的空间、时间，为幼儿亲身劳动提供充分的物质资源保障，这是值得肯定的，因为劳动资源也是劳动教育资源中重要的一部分，但是劳动教育资源不仅限于此，那些能够帮助幼儿形成基本劳动技能、认知的儿歌、童谣，帮助幼儿认识劳动、形成劳动态度的绘本、音乐等资源，能够帮助幼儿认识世界上的人、事、物，都有可能作为幼儿园劳动教育的资源。有的幼儿园用劳动结果的好坏来评价儿童的发展水平和劳动教育的实施效果，这是没有看到劳动教育中的劳动不是为了取得劳动成果，而是为了在劳动中促进幼儿的发展。幼儿制作的食物是否精美并不重要，关键在于幼儿在制作的过程中获得了哪些新的有益经验，取得了哪些方面的发展。如果只将评价聚焦于劳动成果，就容易将劳动教育异化为让幼儿对单一劳动内容进行无意义的重复和机械的训练。

（二）有效的劳动教育要求劳动和教育不可偏废

展开有效的劳动教育，需要兼顾劳动和教育，二者不可偏废。在讨论幼儿园

---

① 班建武．劳动与劳动教育的关系辨析及其实践意义［J］．广西师范大学学报（哲学社会科学版），2021，57（02）：51－60.

劳动教育的内涵时，我们已经讨论了劳动教育要以劳动为主要的途径，关注劳动教育是“经由劳动的教育”这种属性。同时，劳动教育的展开也不能没有教育。有的幼儿园提出让幼儿帮厨，有的幼儿就不愿意去了，为什么？因为手上老是有味道。但是，如果我们告诉幼儿，每种菜的味道是不一样的，以后我们一闻味道就知道是哪种菜，每种植物，它的叶子上的味道都各不相同，每种植物都有自己的密码，味道也就是它们的一种密码，幼儿就马上感兴趣了。这样一来，他不但不会讨厌这件事，说不定他更加愿意去探究这件事。在劳动教育中，教育必须要跟上去，教育不跟上去，幼儿不能真正萌发对劳动的热爱，劳动的价值也不能充分彰显。

1. 要将劳动活动纳入课程，对劳动进行系统规划

要让劳动走向劳动教育，就需要从课程的视角来看待劳动活动，思考课程的目标可以通过哪些劳动活动来实现，如何组织幼儿参与劳动活动，以更好地落实课程的目标，实现劳动教育综合育人的效果，而不仅仅是将幼儿带到劳动的现场，满足于让幼儿热火朝天地干起来。对劳动教育的规划，包括对劳动教育目标的确定、劳动教育内容的选择、劳动教育途径的明确以及劳动教育评价方案的形成。这些教育要素的确定都要以落实课程目标、促进儿童发展为根本指向。

2. 要密切劳动教育与“四育”的关系，最大程度实现劳动的育人效果

劳动教育是一个复合性的教育概念，是“通过特定劳动实践形式与教育目的的自觉衔接，实现对受教育者德、智、体、美诸素养之‘理论联系实际’的培育”。要克服“有劳动无教育”的错误，让“劳动”成为“劳动教育”，就是要在劳动教育的实践中，实现劳动教育与德、智、体、美素养培养的自觉、有机的联系。① 密切劳动活动对“四育”目标的支撑，就是使劳动成为教育性活动的关键。就幼儿园劳动教育而言，教师要主动寻求劳动活动与《指南》中儿童发展目标的对接，思考如何通过幼儿园当下可以开展的劳动活动来促进儿童在健康、语言、社会、科学和艺术领域的发展。

3. 要让教育贯穿劳动活动的始终，聚焦于幼儿劳动价值观的萌发

劳动教育的重点是引导受教育者在参与劳动的过程中养成劳动情感、态度、价值观。受教育者需要养成劳动习惯，并逐渐形成对劳动的正确态度和情感，要让受教育者真正以劳动为荣，以劳动为乐。劳动教育的核心是养成劳动价值观。“虽然劳动教育的开展离不开具体的劳动形式以及专门劳动技术的学习，但真正健康的劳动教育则应当特别注重核心目标的达成，即努力帮助学生确立正确的劳

---

① 檀传宝．如何让“劳动”成为一种“教育”？——对劳动与劳动教育的概念之思［J］．华东师范大学学报（教育科学版），2022，40（06）：97－104.

动观点、积极的劳动态度，努力帮助他们形成尊重、热爱劳动过程、成果和劳动主体——劳动人民的价值态度。”①只有让教育贯穿于劳动活动的始终，让劳动超越“劳力”，成为“劳力”与“劳心”的结合，才能有效地促进幼儿劳动情感、态度和价值观的萌发。

四、幼儿园劳动教育的价值

幼儿园劳动教育不仅能够促进儿童的全面发展，也能够促进学前教育质量的提升。

（一）劳动教育促进学前儿童全面发展的意义

1. 劳动能促进幼儿多领域经验的发展

劳动的过程，是多个领域的经验有机结合的过程，也是指向多个领域经验发展的过程。杜威在中国访问演讲时，就曾对南京高等师范学校附属幼稚园养蚕一事深有感触，并以此阐释劳动对幼儿认知发展的作用。

> “5月里我初到南京的时候，南京高等师范的附属幼稚园正在养蚕。他们从选择蚕子和保存蚕子做起，渐渐用桑叶饲养，让它作茧；待我到时，已在抽丝的时候了。这种层次渐进的训练，倘抽象的看来，不过很有趣味罢了，其实在知识上有极大的价值。小孩子从蚕子看起，进而幼虫，再进而作茧，变为飞蛾，几个礼拜以内看出生物的全套变迁，一定能看到许多生物学上的知识。再讲实业方面，从选择蚕子入手，一直到丝的价值、绸的好坏，都可以使儿童知道。蚕丝为中国南方出产大宗，儿童从这里得到这许多顺序渐进的知识，都可在社会应用。”②

在劳动的过程中，幼儿能够实际地认识到周围事物的特性、生长变化的规律等，探索的愿望和能力也在不断发展。他们逐渐学习日常生活、使用工具等方面的技能、技巧，独立性、克服困难的能力以及意志力也得到发展。幼儿的手工劳动与艺术的欣赏和创造之间存在着密切的关联，即使是其他的劳动活动也能帮助幼儿发现和欣赏生活中、自然界的美。劳动需要幼儿身体或体力的参与，很多劳动都是在户外进行的，需要使用工具，因此，劳动对幼儿大小肌肉的发展都有意义。此外，劳动帮助幼儿获得积极的自我体验感，培养其自尊、独立性、责任心等个性品质。集体中的劳动、为了群体共同利益的劳动促进幼儿与同伴的交往、

---

① 檀传宝．如何让“劳动”成为一种“教育”？——对劳动与劳动教育的概念之思［J］．华东师范大学学报（教育科学版），2022，40（06）：97－104.

② 单中惠，王凤玉．杜威在华教育讲演［M］．北京：教育科学出版社，2014：14.

分工合作，萌发了幼儿乐于帮助他人、服务社群、参与社会公共事务的意愿和情感。总而言之，劳动教育能促进幼儿作为完整儿童的全面发展，是应得到重点关注的、落实《指南》各项目标的重要途径。

2. 劳动中彰显并发扬了幼儿的自由个性

幼儿的全面发展既体现为共性的发展，也体现为在一定社会背景之下个性的发展。正如苏霍姆林斯基指出，劳动是彰显个性倾向的活动。我们为幼儿提供多样化的劳动活动，能够让幼儿在对劳动对象操作的过程中充分地显示和发挥他们的个人倾向。幼儿在劳动中能够发现自己的兴趣、需要、风格，也能够发现和确认自我的力量。幼儿通过劳动，完成了一次次的自我挑战和自我战胜，不仅实现了认知、能力上的发展，而且对自我的认识也更加积极。人的全面发展是人的意志得到自由体现的过程，是人的需要、权利、潜能、尊严、价值得到充分尊重和实现的过程。毫无疑问，幼儿参与劳动，正是幼儿的需要得到满足、发展的权利得到保障、各方面潜能得到发展的过程。提供机会让幼儿进行劳动，也是对幼儿作为人的能力的充分认可和期望，是幼儿人的尊严得到尊重、人的价值得以实现的过程。

（二）提供适宜的机会，奠定高质量学前教育的基石

尽管很多纵向研究结果指出了学前教育的高回报率，但事实上只有高质量的学前教育才能最大程度实现学前教育之于儿童发展、社会进步的效益。同时，提升幼儿园教育的质量也是我国学前教育事业在未来相当长一段时间内发展的重要任务。现阶段，强调幼儿园劳动教育有助于《指南》精神的落实、幼儿园教育质量的提升。

首先，劳动教育所强调的“劳动”这种学习方式是符合幼儿学习特点的。强化劳动教育，就是强化以适合幼儿学习的方式来进行教育，凸显通过直接感知、实际操作、亲身体验来学习的重要性，因此能够在一定程度上扭转当前学前教育实践中“扬心抑身”的倾向，削弱学习内容和学习形式“小学化”对幼儿园教育质量的负面影响。

其次，幼儿的兴趣、经验、需要、学习风格等个体特征在行动的过程中才能更好地展现。劳动为幼儿提供了丰富的行动方式，也因此为教师提供了更充分的认识幼儿兴趣、经验、需要、学习风格等个性特征的机会。在形式多样、内容丰富的劳动教育过程中，教师深化了对幼儿个体特征、年龄特征的理解，在此基础上能够为儿童提供更具有年龄适宜性和个体适宜性的学习机会。适宜的教育是高质量教育的题中之义。

五、幼儿园劳动教育与中小学劳动教育的区别

在所有阶段的劳动中，幼儿园的劳动是离生产劳动最远的，它不直接关涉生产劳动产品，和真正的社会实践也有一段距离。幼儿园劳动教育和其他教育阶段的劳动不一样，具体理由如下：

首先，幼儿园孩子的劳动产品往往是满足幼儿自己的需要，劳动产品是供幼儿自己玩耍、使用的。而在其他教育阶段，受教育者的劳动产品可以甚至主要是指向他人的。幼儿在园制作的产品，其他幼儿未必感兴趣，因而幼儿的制作往往具有很强的个人意义指向。

其次，幼儿园劳动教育不太关注劳动的结果，注重的是劳动的过程。幼儿的劳动，最关键的是要有做的过程，我们关注的是他们怎么做，孩子也满足于怎么做。幼儿能将劳动结果做成什么、做得怎么样，我们并不十分关心。

其三，幼儿园的劳动教育相较于其他学段要更贴近幼儿的生活需要。其他学段的劳动教育可能有具体的劳动教育课程标准，有指导类教材，但是幼儿园的劳动教育没有这些。不同的幼儿园没有统一的劳动教育内容。幼儿园劳动教育在意的是当地的文化和当地的生活。幼儿园劳动教育就是幼儿做自己的事，把自己周围的事情做好。围绕着做事，幼儿园教师要在周围的生活中、文化中去寻找劳动教育的内容，这是幼儿园劳动教育的特点。所以，劳动教育的内容是要来自孩子们的生活的。

其四，幼儿园的劳动教育是综合的、渗透的，也就是说，幼儿园劳动教育不只是为了劳动，更是要实现幼儿的全面发展。种植劳动为了什么？我们要在种植劳动的过程中去发展孩子的观察能力、动手能力，涉及综合的学习。

最后，幼儿园劳动教育不应过于强化。到目前为止，国家在关于幼儿园教育的文件中，包括《学前教育法》草案里，都没有对幼儿园劳动教育提出具体、明确的要求。所以，我们不宜在幼儿园里“放大”劳动教育。我们需要用融入的方式、渗透的方式，去开展劳动教育。

第四节
幼儿园劳动教育与人的全面发展教育

在前文当中，我们已经探讨了劳动对人全面发展的意义，以及幼儿园劳动教育对于幼儿全面发展的意义。因此，在劳动教育与人的全面发展教育的关系上，我们不再只从应然的层面上去讨论劳动教育促进人全面发展的可能，而是着重探讨劳动教育在人的全面发展教育中所占据的地位，以及如何通过劳动教育来实现人的全面发展。

一、人的全面发展教育不能缺失“关于劳动”内容的教育

在2018年9月的全国教育大会上，习近平总书记明确提出了培养德、智、体、美、劳全面发展的社会主义建设者和接班人的目标，并强调了“要努力构建德、智、体、美、劳全面培养的教育体系，形成更高水平的人才培养体系”。这标志着“五育并举”的全面发展教育体系和新时代人才培养目标的具体要求首次被确立。这一理念是对党的教育方针的进一步发展，是对教育总要求的深入理解，以及对教育工作目标的明确要求。在这一精神的指导下，党和国家通过颁布一系列政策和文件，构建一个旨在培养德、智、体、美劳全面发展人才的教育体系。2021年新修订的《教育法》中也明确指出，教育必须为社会主义现代化建设服务、为人民服务，必须与生产劳动和社会实践相结合，培养德、智、体、美、劳全面发展的社会主义建设者和接班人。

人的全面发展是身、心的全面发展。不仅社会主义教育体系对人的全面发展提出了要求，促进人的全面发展也是近年来国际学前教育发展的趋势。在学前教育领域，国际研究者更多提及的是“完整儿童发展”的概念。正如全美幼儿教育协会指出的，儿童发展的所有领域——身体发展、认知发展、社交和情感发展、语言发展（包括双语或多语言发展）以及学习品质——都很重要；每个领域都支

持其他领域，同时每个领域也受其他领域发展的支持。① 这些具体的领域是一个儿童完整发展必不可少的部分。由于“关于劳动”的教育目标——劳动素养，与德、智、体、美方面的素养并不在一个层面上，因此，很多国家的幼儿园课程纲领性文件，都没有把劳动教育或者劳动素养的发展单独列出，与其他领域的发展和教育并列起来。但是，我们仍然能够看到，有关劳动素养的要求还是散见于各领域的目标中。例如，在美国《提前开端早期学习框架》中就提出了有关行为自我管理的目标：儿童在 4—5 岁时，能够按照常规或者在成人的提醒下，收拾自己的碗盘、洗手、排队外出；合理地使用并在使用后整理好班级中的游戏材料；在健康、安全和营养领域也提出儿童要展现出自我照顾技能，提升个人自我照料的技能。

适度地强调幼儿园劳动教育，能够让幼儿园在计划和实施课程时重视对幼儿劳动素养的涵养。黄济教授曾指出，当下独生子女的教育成为一个现实问题，劳动教育在培养个体的独立生活能力、勤俭朴实的生活作风以适应社会发展的需求等方面有着不可替代的作用。而片面追求升学率、上大学成为学生和家长的唯一希望、鄙视体力劳动的思想，不但出现在学生中，也体现在家长身上②，因此，强化“关于劳动”内容的教育至关重要。应该说，黄济教授分析的虽然是 20 年前的现实需求，但对当下的幼儿园教育仍有指导意义。当下社会风气的变化，物质主义、消费主义的浪潮对社会价值观的冲击和侵蚀，比之过去有过之而无不及。在“教育内卷”的现实下，更多的家长在教育焦虑中将压力下压到幼儿园，对劳动素养的培养在幼儿园中往往成为不那么重要的部分。因此，要真正实现人的全面发展，就必须重视“关于劳动”内容的教育，以及“为了劳动”目的的教育。

二、劳动教育是实现人的全面发展教育的重要途径

更为重要的是，劳动教育作为一种教育途径和载体，是实现德、智、体、美素养发展，实现人的全面发展的重要途径。一些学者指出，从学术逻辑来说，劳动教育不适宜与德、智、体、美诸育并列，无法“登堂入室”，不能“自立门户”而成为全面发展教育中一个独立存在的部分。③ 因为劳动教育与其他“四育”并

① National Association for the Education of Young Children. Developmentally Appropriate Practice in Early Childhood Programs Serving Children from Birth through Age 8 [EB/OL]. https://www.naeyc.org/resources/position-statements/dap/principles.

② 黄济．关于劳动教育的认识和建议［J］．江苏教育学院学报（社会科学版），2004（05）：17-22.

③ 瞿葆奎．劳动教育应与体育、智育、德育、美育并列？——答黄济教授［J］．华东师范大学学报（教育科学版），2005（03）：1-8.

非出于同一逻辑层次。劳动教育中内含着价值观、科学技术、体力、美感等德、智、体、美教育的因素。因此，檀传宝教授提出，劳动教育实际上在人的全面发展中起到一个中介的作用。事实上，劳动教育在培育劳动价值观意义上就是“德育”，在劳动过程中运用人类的智力、科学技术就是“智育”，在学生通过“动动手、流流汗”实现强身健体功能意义上就是“体育”，而通过劳动教育欣赏、体验、创造劳动之美就是“美育”。若把德、智、体、美诸育从劳动教育中去除，劳动教育也就失去了实际的教育内容。①

实际上，檀传宝教授所指出的劳动教育的“中介”意义，主要是指个体在完成了德、智、体、美一般素养培育意义的“教育”之后，走向真实“劳动”世界的“过渡”或者中介教育形式。他认为劳动教育就是一般素养的“学以致用”，或者德、智、体、美学习之后的“理论联系实际”环节。② 但是，与大中小学的德、智、体、美教育不同，幼儿园阶段的德、智、体、美教育不是主要遵循从理论学习到实践应用的逻辑，而是遵循一种在实践中、在真实的生活中学习的逻辑。因此，尽管劳动教育在幼儿园全面发展教育的体系中仍然起到了中介作用，但并不是在完成了其他“四育”基本素养培养以后的“理论联系实际”。幼儿园的劳动教育需要幼儿“卷入”德、智、体、美等领域的已有经验，面向劳动的现实问题对它们进行综合应用。同时，在通过劳动解决现实问题的过程中，幼儿也能够获得德、智、体、美等领域的发展，实现幼儿在劳动中的综合学习。

三、从“五育并举”到“五育融合”：实现人的全面发展教育的关键

如果说提倡劳动教育与德、智、体、美“四育”并举，能够使劳动教育在人的全面发展教育中的地位和价值得到充分的证实，那么将劳动教育与德、智、体、美“四育”融合则是真正实现幼儿全面发展教育的关键。

五育融合意味着要在德、智、体、美“四育”中渗透劳动精神、劳动态度、劳动情感、劳动能力等方面的培养内容，在其他领域的专门教育活动中渗透劳动教育特别是劳动素养培养目标——在晨间锻炼时，由幼儿来负责搬运和整理体育运动器械；在阅读区中，提供与劳动能力、劳动意愿相关的绘本并引导幼儿阅读；在艺术创作活动中，提供机会让幼儿表达劳动过程中的感受和体验……这些活动无疑都将促进幼儿劳动素养的提高。

---

① 檀传宝，郭彪：新时代劳动教育应当追求“五育”融合［N］．光明日报，2023—04—25.

② 檀传宝．如何让“劳动”成为一种“教育”？——对劳动与劳动教育的概念之思［J］．华东师范大学学报（教育科学版），2022，40（06）：97－104.

同时，“五育融合”也意味着要在劳动教育中密切劳动活动与其他“四育”教育目标的联系。在劳动教育中要强调对劳动价值观的培养，促进幼儿萌发爱劳动的情感。劳动教育还要与幼儿的认知发展紧密结合起来，让幼儿的劳动成为劳力和劳心的结合，让思维贯穿于幼儿劳动的全过程。新时代的劳动教育特别要鼓励幼儿进行创造性的劳动，让幼儿的高级认知技能也能够在劳动中获得发展。劳动教育还要和幼儿的体育结合起来，使劳动教育不仅能够促进幼儿体力、耐力的发展，精细动作、大动作的发展，还通过适当负荷的体力劳动促进幼儿的身心健康。劳动教育还要与幼儿的美育结合起来。劳动活动本身就有强烈的审美表现力，幼儿在劳动过程中能够体验劳动过程的美、感知劳动对象的美，还能感知并欣赏劳动成果的美。

要实现幼儿全面发展的教育，最重要的是真正实现多领域教育的有机结合和深度整合。因而，幼儿园课程要以更加综合的方式来开展。具体就劳动教育而言，也应该考虑更加综合的实施途径和方法，例如项目活动、主题活动的形式。当然，这种有机结合和深度整合必须要超越肤浅的、拼盘式的联系，要在“领域和领域之间建立丰富的联系，同时也允许每个领域保留其核心概念、程序和认识论结构”①，总之，要以幼儿的真实生活为逻辑来展开劳动教育。

① 孙丽丽．美国发展适宜性实践早教方案研究［M］．北京：中国社会科学出版社，2016．

第五节
幼儿园劳动教育的变革与时代意蕴

一、破时代之困境：幼儿园劳动教育的迫切需求

我们之所以要在当下重提劳动教育，首先是因为在当今时代我们的生活和教育还面临诸多困境：鄙视劳动的社会风气之困、身心失衡的教育环境之困、学业重压与心理亚健康的学生成长之困等。这些都需要我们重新重视劳动教育在教育体系中的地位。

（一）鄙视劳动的社会风气之困境

长久以来，我们一定程度上受到轻视体力劳动的思想之影响，很多人有“劳心者治人，劳力者治于人”的陈旧观念。社会上存在对体力劳动的偏见和误解。在这种观念的影响下，民众往往认为从事体力劳动的人的社会地位低于从事脑力劳动的人，体力劳动者的收入也难以与脑力劳动者相提并论。劳动被人为划分成三六九等。

随着社会的快速发展和物质生活的日益丰裕，越来越多的人从繁重的体力劳动中解脱出来，不再需要从事机器生产或家务劳动等繁重的工作。这本应是个人自由和发展的好时机，但现实却并非如此。获得解放的个体并没有将更多的时间和精力投入个人的成长和完善中，反而在拜金主义、消费主义浪潮的冲击下，陷入了对物质享受的过度追求。在资本的巧妙包装和诱导下，人们沉迷于追求光鲜亮丽的生活方式，忽视了劳动对个人成长和社会进步的重要性。与此同时，无孔不入的新媒介塑造了一种可以安逸生活、躲避劳动的幻象，让人们误以为可以轻松地享受生活，无需付出辛勤的劳动。这种幻象进一步助长了社会中好逸恶劳的风气。而家庭结构的变化，祖辈养育子女的家庭和核心家庭的增多，使得这种社会风气进一步侵蚀了家庭文化。幼儿潜移默化地受到家长观念的影响，形成了不尊重他人的劳动、不愿意参与劳动的价值观和态度。长远来看，动手能力的缺乏和劳动观念的扭曲很可能让个体成年以后丧失劳动的愿望和能力，缺乏作为社会成员的自觉，从

而导致“啃老”等社会问题。针对这些问题，尤其需要通过劳动教育在幼儿阶段就帮助儿童形成对劳动的正确认识，涵养其尊重劳动、勤于劳动、乐于劳动的态度和价值观，从而为未来社会培养成熟的、负责任的公民。

（二）身心失衡的教育环境之困境

自笛卡尔起，西方哲学形成了心身二元论：心为纯粹意识，与思维、精神相关；身体为纯粹物质，与事物相关。现代观念中，思维与智力被认为是发生在人脑或心灵中的高级认知，身体则被视为感性事实，与认知、智慧无关。这种心身对立割裂了它们之间的原初联系，使身体屈从于心灵。这是西方哲学的显著特征，影响了近代西方文明。自尼采提出“一切从身体出发”的理念后，人类开始认识身体的重要性。福柯继承并发展此思想，形成今天的身体价值认知体系。后现代哲学强调回归身体主体，梅洛-庞蒂质疑身心二元论，认为身体是理解的起点和中心，是人与世界建立关系的基础。但西方哲学长期以来“扬心抑身”的传统导致在教育中也有明显的“扬心抑身”的倾向。

在当前的学校教育中，与思维有关的学习更受重视，而与身体有关的学习则往往被忽视。这种身心发展失衡的教育与人的全面发展的教育背道而驰。事实上，脱离了身体的认知学习是难以持续的。特别是对于幼儿而言，身体参与是他们学习的重要特征，缺少了身体参与，缺少了行动，幼儿获得的经验并不牢固，也难以真正触及幼儿的高级认知技能层面。身体参与是劳动教育的重要特征，劳动教育是借助身体的主体性参与同外部环境发生联结，从而获得劳动认知经验的。在教育“扬心抑身”倾向下，劳动教育成为被边缘化的教育门类。

（三）学业重压下的儿童成长之困境

随着社会竞争压力的加剧，升学竞争的压力普遍存在，教师和家长过分强调博弈，基础教育的内卷化逐渐升级。而在高度竞争、内卷的学校教育中，学生面临着沉重的学业负担。教育的内卷还裹挟了家庭，造成家庭亲子关系紧张，很多学生因此处于身心亚健康的状态。调查显示，我国青少年总体近视率已经超过50％，学龄儿童超重肥胖率接近20％。与此同时，学生的心理状况也堪忧，50％的抑郁症患者群体为在校学生。随着学业压力的重重下移，幼儿也开始面临激烈的竞争。一些幼儿从周一到周日每天往返于各个“兴趣班”；一些幼儿园为了迎合家长的需要，开设各种小学化的课程；一些中产家庭热衷于“激娃”，热门社交平台上随处可见幼儿英语启蒙、数学学习的经验分享……原本应该在大自然、大社会中与自然、同伴互动的幼儿，端坐在小书桌前，被困在了抽象的符号中。这些都为儿童近视和肥胖的发生、亲子关系的紧张、儿童身心的失调埋下了隐患。只有劳动教育能够将幼儿从小书桌前拯救出来，让更多的幼儿走入大自然、大社会，与大自然、大社会进行亲身的、深度的互动。

二、享时代之丰裕：幼儿园劳动教育的价值再认

马斯洛指出，人的需要有五个层次。人的需要是从生存需要开始的，然后依照一个有序的层次模式不断生长发展。最低层级是基本需要，包括饮食、穿着、住所等；更高一级的需要是对安全的需要；当安全的需要被满足时，人就会寻求社会交往需要：归属、被别人接受、爱。一旦某人的社会交往的优势需要被满足后，更高层次的需要就激励着他，即被尊重的需要：来自他人的承认和尊敬。人对这五种需要的满足成为个体行为的动机。其中，前四个低等级需要为“缺失需要”，除非“缺失需要”被满足，否则人们很难对高层次的需要有所反应。在不同的时代，个体不同层次需要的满足情况也有差异，使得顺应个体动机的教育能够产生的核心价值也可能产生变化。

（一）超越物质，追求精神成长

在物质贫乏的时代，人们往往希望通过劳动创造物质财富，通过教育掌握创造物质财富的能力。“书中自有黄金屋”就是对读书能满足个人基本需要的写意表达。过去，很多学子求学的目标就在于满足自身的基本要求，而当这些基本需要被满足以后，个体无须再过分依赖教育去创造物质成果、获得傍身的技能。实际上，如鲁洁教授指出的，在物质匮乏的时代，德育（教育）的需要以实现物质利益为主，“德育所充当的往往只是经济的工具，它只听命于经济的需要，把人培养成经济人”①。这是一种以经济和效率为导向的教育，是一种将人视作人力资本的教育。

2019 年以后，我国已经进入了一个“物质丰裕的时代”，我国的人均 GDP 超越了一万美元，城乡居民平均恩格尔系数首次下降到 30%以下。前者说明中国社会已经达到中高收入国家水平，并且向高收入水平迈进；后者则意味着中国社会生活已经进入“富裕”或富足国家水平。在物质丰裕的时代，个体的学习动机会发生很大的变化。人们无须过分依赖教育而获得安身立命的技能，而是通过受教育过程来寻求满足更高层次需要（如自我发展、自我实现的需要）的机会。

（二）确证自我，丰富关系的多样性

马克思指出，劳动是任何自然之间的互动过程，当个体通过这种运动作用于他身体之外的自然并改变自然时，也就同时改变他自身的自然。人通过劳动实现了自然的人化，从而彰显了作为主体的人的能动性、主动性和创造性。② 在劳动的过程当中，幼儿因为能够完成劳动的任务、产生劳动的成果，所以能体验到自身改

---

① 鲁洁．道德教育：一种超越［J］．中国教育学刊，1994（06）：2－8.

② 班建武．物质丰裕时代家庭劳动教育的价值取向［J］．中华家教，2021（02）：83－86.

变周围环境的力量，从而产生积极的自我效能感。这是物质需要的满足难以获得的愉悦感。与此同时，在劳动过程中，幼儿还可能建立更加丰富的社会关系，尤其是在社群服务劳动，以及较为复杂的工程劳动、种植劳动中。马克思指出，为了进行生产，“人们相互之间便发生一定的联系和关系；只有在这些社会联系和社会关系的范围内，才会有他们对自然界的影响，才会有生产”①。在劳动中，既有人与人之间的联系，也有人与自然界万事万物的和谐共生关系。幼儿的劳动广度和深度会极大地丰富他的关系多样性。因此，物质丰裕时代的劳动教育，不仅要关注为幼儿提供劳动的机会，使他们发现并确证自我的力量，而且要引导幼儿关注自己与他人、社会与自然、自然与自然之间的普遍关系，修复幼儿的自然缺失与交往缺失。

三、遂时代之趋势：幼儿园劳动教育的变革、创新和传承

时代的发展既呼唤幼儿园劳动教育发挥其积极作用，也需要幼儿园劳动教育在内容上、形式上创新，以适应社会的需要。

（一）具有“不确定性”的新时代：赋予劳动教育新目标

当下，“不确定性”成为重要的时代主题。同时，也有学者使用多重危机（poly-crisis）来描述当下的时代特征。所谓“多重危机”，具有以下特征。第一个特征是危机来源的多样性。2024 年，联合国环境规划署和国际科学理事会发布的一份《探索新视野——关于地球健康和人类福祉的全球前瞻报告》，明确指出当前世界范围所面临的八大关键全球转变，包括人类造成的自然界退化、人工智能技术的快速发展、自然资源竞争、不平等的扩大、对于机构的信任下降，等等。这些转变，加速了气候变化、自然环境恶化、生物多样性丧失、污染与废物增加等危机的出现。② 此外，近些年来，国际范围内还频繁出现大规模的传染疫病、战争等危机。多重危机的第二个特征就是危机之间会发生相互作用，产生叠加影响。在这种叠加影响下，全球危机进一步放大，对环境和人类健康将造成更大的影响。联合国教科文组织在《一起重新构想我们的未来：为教育打造新的社会契约》一书中也提到，我们这个时代面临着很多危机和变化，不完全、不公平的教育在扩张，贫困持续存在，不平等状况加剧，技术和网络的使用存在区隔，地球的生态系统岌岌可危，民主出现倒退，未来工作也充满了不确定性。这些不确定的变化意味着我们“应当投资于人们的能力……帮助他们为一生中将要面对

---

①［德］卡尔·马克思，［德］弗里德里希·恩格斯．马克思恩格斯选集（第一卷）［M］．中共中央马克思恩格斯列宁斯大林著作编译局，编译．北京：人民出版社，2012：340.

② 联合国环境规划署．探索新视野——关于地球健康和人类福祉的全球前瞻报告［EB/OL］．［2024—07—15］https://www.unep.org/zh-hans/resources/global-foresight-report.

的各种转变做好准备”，“我们应该优先考虑学习者创造意义的能力”。① 报告指出，我们的教育应当发生变革，教学法应围绕合作、协作和团结等原则加以组织，课程应注重生态、跨文化和跨学科学习，以帮助学生获取和创造知识，同时培养其批判和应用知识的能力。

由此可见，面向未来不确定时代的劳动教育，不应该再把掌握具体的劳动技能或知识作为教育目标中的重点，而应当更关注创造、合作、批判、综合应用等能力的培养。同时，在实施途径上，要考虑更加综合的劳动教育实施方式。

（二）“日新月异”的新时代：劳动教育内容的再确定

当下，也是劳动内容和形式“日新月异”的时代。劳动内容也在充实和转变，有下面几个趋势：第一，生产劳动逐渐转变为科学劳动，复杂脑力劳动增多，科技劳动、管理劳动等智慧性劳动处于中心地位，这对劳动者使用科技能力以及高级认知能力提出了更高的要求。第二，当前科学技术方面的发现和发明从推广到应用的周期缩短，新时代多元劳动形态下的工作内容是弹性和不断变化的，因此劳动者需要具有终身学习的习惯和持续学习的能力。第三，智能劳动的强势发展要求个体要有更加强大的创造力、提出问题和解决问题的能力。第四，从事服务性劳动的人群数量明显增加。第五，机器劳动、智能劳动逐渐承担了大量的劳动，把人从一部分简单的体力劳动中解放出来，人类劳动的内容开始转向探索性劳动和艺术性劳动。②

不断更迭的劳动内容，一方面提示我们在幼儿园劳动教育中要关注让那些幼儿能够接受的、可以操作体验的新的劳动内容进入幼儿园的教育场域，创新劳动教育的内容。例如，在当下，要尝试关注那些使用一定的技术工具的活动。另一方面，更为重要的是，要根据未来劳动内容和形式更迭的趋势，确定哪些劳动内容能够支持幼儿适应当下和未来很长一段时间内劳动的需要。例如，要注重服务性劳动教育的开展，提高幼儿的服务意识；注重探索性劳动和艺术性劳动内容的提供；注重指向幼儿高级认知技能的工程劳动的开展；等等。

（三）“数智化”的新时代：回归自然的劳动教育

技术和信息一方面方便了当代人的生活，另一方面也入侵了当代人的生活。幼儿被称作网络时代的“原住民”，他们一出生就被各种信息技术包围着。当前，各种数字化手段、智能化工具更是完全改变了幼儿的生活和学习环境。数智化是人工智能和数据科学相结合、相融入的过程，数智时代的典型特征是人们利用数字化和智能化的技术手段收集和处理海量数据，推动工作和生活方式的转变。

数智化确实为幼儿园劳动教育的开展提供了一些便捷的方法，例如利用数字

---

① 联合国教科文组织．一起重新构想我们的未来：为教育打造新的社会契约［M］．北京：教育科学出版社，2022：46.

② 曾天山，顾建军．劳动教育论［M］．北京：教育科学出版社，2020：48－49.

化平台加强家园沟通，教师在园上传劳动教育内容和任务，家长在家引导幼儿完成相关劳动活动并上传视频、记录，实现家园共育；利用智能化设备收集幼儿在劳动过程中的呼吸、心率数据，对幼儿在劳动时的身体状况进行实时分析，从而更加准确地判断幼儿劳动强度的适宜性以及幼儿身体锻炼的状况。但是，在幼儿园劳动教育中使用数智化工具也存在着一些误区。一些幼儿园或教师存在信息技术的“迷思”，试图使用数智化手段让幼儿完成虚拟情境中的劳动，例如投放了模拟农场劳作的游戏，让幼儿在虚拟游戏中进行种植、浇水和收获；依赖大数据和技术工具完成对幼儿劳动过程的分析和评价，试图让教师从观察儿童和评价儿童的“负担”中解放出来。与此同时，数智化的环境也阻断了幼儿与真实的自然和社会之间的连接，儿童不仅没有机会与自然互动，也被从人群中隔离开来。正如《林间最后的小孩》的作者所描述的，一个四年级的小学生说：“我更喜欢在屋里玩，因为到处都有电源插座。”

因此，幼儿园劳动教育需要回归自然，要以更贴近生活、更贴近自然的方式来实施，特别要关照到那些传统的手工劳动活动，尤其是在自然中的劳动。儿童与自然环境之间本来就有着密切的联系。儿童喜欢亲近自然，他们在自然中玩耍，全身心地投入进去，调动自己的所有感官与自然亲密接触。同时，与自然的直接接触也有益于儿童的身心健康。① 外在的自然既能够成为幼儿的劳动空间，也能够成为幼儿的劳动对象和劳动资源。要尽可能地扩展幼儿园劳动的自然空间，空间的大小往往决定了幼儿劳动活动能够触发多少经验的获得。要为幼儿提供适宜的自然资源，丰富幼儿的劳动对象。在劳动中，幼儿还需要使用各种劳动工具、辅助材料，而这些材料也可以并应当取之于自然。幼儿在工艺劳动中进行手工制作的原材料可以来自大自然的馈赠，例如瑞吉欧课程中就曾鼓励幼儿使用各种树叶、花草作为原材料，通过碾压、揉碎、浸泡等多重工序，为儿童的手工制作物品染上自然的颜色。这些低结构“零散材料”不仅丰富了幼儿园劳动教育的材料来源，而且有利于幼儿珍视并感恩自然的馈赠，深入地认识人与自然的关系。在自然界中，儿童通过劳动可以实现与自然的互动，在与自然互动的过程中，儿童实现着自我力量与自然力量的融通，儿童创造着自然，改变着自然，认识着自然的力量。无论是花草带来的愉悦、河流引发的幻想，还是日月激起的惶惑、虫兽带来的惊奇，都会给儿童带来精神世界的充实和丰盈，都会为儿童文化的自在和绽放提供条件。②

---

① [美] 理查德·洛夫. 林间最后的小孩——拯救自然缺失症儿童 [M]. 自然之友编译团队郝冰，王西敏，等译. 北京：中国发展出版社，2014：28.

② 黄进. 教育视野中的自然环境 [J]. 幼儿教育·教育教学，2018 (07)：24-27.

第二章

幼儿园劳动教育的历史沿革

无论是在中国还是欧美国家，自幼儿园教育兴起之初，劳动教育的萌芽便悄然显现。深入剖析幼儿园劳动教育的发展历程，不仅能够使我们更为透彻地把握劳动教育的内在规律，还能让我们从中汲取宝贵的历史经验。同时，这一过程也为我们提供了重要的借鉴，帮助我们有效规避在以往劳动教育实践中遇到的种种问题，确保我们在探索幼儿园劳动教育的道路上稳健前行。

第一节
幼儿园劳动教育的起源

学校教育诞生以后，教育就与生产劳动分了家。将劳动教育引入学校是19世纪末、20世纪初，近代教育向现代教育过渡时期的事情。从世界范围来看，普通学校引入劳动教育有两个源头：一个是在西方资本主义国家，沿着裴斯泰洛齐、杜威等人的思想理论和实验实践的谱系发展起来的；另一个是在社会主义国家苏联，按照马克思和恩格斯关于教育和生产劳动关系的学说发展起来的。①

一、以马克思劳动教育思想为基础的劳动教育起源

当前以俄罗斯劳动教育为代表的劳动教育样态能够追溯到马克思和恩格斯的“教育与生产劳动相结合”的思想。在马克思理论中，高度评价了劳动的价值。首先，认为劳动创造了世界。人类通过有意识、有目的的生产生活资料的活动，把个人和动物区分开来。人类通过劳动活动创造了世界。其次，认为劳动也创造了历史，人类第一个历史活动就是劳动。再次，认为劳动创造了人本身，“劳动首先是人和自然之间的过程，是人以自身的活动来引起、调整和控制人和自然之间的物质变换的过程”。人类为了实现占有自然物质的目的，必须要使用自身作为中介作用于外部世界，在改变外部自然的同时，也改变了自身所处的社会生活和人类自身。因此，从这个意义上来说，“劳动是整个人类生活的第一个基本条件，而且达到这样的程度，以致我们在某种意义上不得不说：劳动创造了人本身”。在肯定了劳动的价值的前提下，马克思和恩格斯还深入探讨了劳动与教育之间的关系。

（一）“教育与生产劳动相结合”的思想内涵

马克思高度肯定了“教育与生产劳动相结合的价值”。他在《资本论》中指

① 张德伟．国际中小学劳动教育初探［J］．中国德育，2015（16）：39-44.

出，“生产劳动同智育和体育相结合，它不仅是提高社会生产的一种方法，而且是造就全面发展的人的唯一方法”①。马克思认为教育与生产劳动相结合是实现人的自由而全面发展的基础。需要指出的是，马克思认为劳动是人与动物的本质区别，是人的本质力量的表现，他所指出的人的全面发展，其实质和核心是人的劳动能力的发展。人的全面发展主要是体力和智力的全面发展，是体力劳动和脑力劳动结合意义上的全面发展。②

马克思之所以强调教育要与生产劳动相结合，主要出于两个理由：一方面，大工业加大了工人阶级职业转化的可能，因此必须“造就全面发展的人”，“教育与生产劳动相结合”当然就成为“造就全面发展的人”的唯一方法；另一方面，大工业与现代科技的应用所代表的体力劳动与脑力劳动，在第二次分离的同时，要求体力与脑力相结合，即“教育与生产劳动相结合”，从而培养适应大工业生产的全面发展的人。③ 因此，马克思认为社会主义教育的基本性质就体现在“教育与生产劳动相结合”。列宁进一步阐述过这个问题，认为没有年轻一代的教育和生产劳动的结合，未来社会的理想是不能想象的：无论是脱离生产劳动的教学和教育，还是没有同时进行教学和教育的生产劳动，都不能达到现代技术水平和科学知识现状所要求的高度。马克思所指出的教育和生产劳动相结合不是教育和生产劳动两个独立过程的融合，不是回到分离前的状态，也不是生产即教育，不是学校即工作、工厂即学校。

（二）克鲁普斯卡娅④的劳动教育思想

在马克思劳动教育思想的基础上，马卡连柯、苏霍姆林斯基相继形成了较为完整的劳动教育思想，并进行了劳动学校的实验。克鲁普斯卡娅在马克思劳动教育学说的基础上也形成了自己的劳动教育思想，并对苏联的幼儿园教育实践产生了重要的影响。

克鲁普斯卡娅详细地介绍了马克思的劳动教育观点，强调马克思认为吸引儿童和少年参加社会生产劳动是进步现象，教育与生产劳动结合是提高社会生产和改造社会的进步现象，是造就全面发展的人的唯一方法。她认为马克思、恩格斯观点的创新之处主要在于指出了工业发展不可避免地导向教育与儿童生产劳动的结合，以及这种结合将会为消除社会上目前还存在的体力劳动和脑力劳动的分离

---

① [德] 卡尔·马克思，[德] 弗里德里希·恩格斯. 马克思恩格斯选集（第二卷）[M]. 中共中央马克思恩格斯列宁斯大林著作编译局，编译. 北京：人民出版社，2012：230.

② 石英. 素质教育背景下劳动育人多维度研究 [M]. 长春：吉林出版集团股份有限公司，2022：3.

③ 檀传宝. 何谓“教育与生产劳动相结合”——经典论述的时代诠释 [J]. 课程·教材·教法，2020，40 (01)：4-10.

④ 也有写作“克鲁普斯卡雅”的。本书除脚注中用原书名与原作者名写法，其他地方统一写作“克鲁普斯卡娅”。

现象创造必要条件。

克鲁普斯卡娅一直强调劳动的教育意义和正确的目标定位。她认为劳动是社会人不可避免的责任，只有使儿童从小习惯于劳动生活，学会尊重劳动和劳动人民，掌握既能从事体力劳动又能从事脑力劳动的本能，才能使他们成为社会主义社会的有益成员。她指出，儿童可以在劳动中表现自己的个性，还可以通过劳动认识自己。“劳动的重大教育意义还在于儿童可以全面地发展自己的能力。”① 她特别强调劳动教育不能只关注劳动的技能，她认为这是劳动教育与职业教育的重要区别。儿童要通过劳动教育发展思维能力，发展理论联系实际的能力。她指出，“在实施综合技术教育的学校里，重点是理解劳动过程，发展把理论和实际联系在一起的能力，发展理解一定现象的相互关系的能力，而在职业学校里，重点是使学生获得一些劳动技巧”②。克鲁普斯卡娅还指出，对儿童劳动兴趣的培养很重要，要“通过对劳动过程的研究等等来千方百计地培养这种兴趣”。

克鲁普斯卡娅认为劳动教育的内容应当多样化，她批评了部分学校只提供自我服务劳动的做法。她指出应该将多种劳动联系起来，将劳动和儿童的学习联系起来。“把学生的学习活动同家务劳动、自我服务性劳动、各种社会公益活动以及生产劳动结合起来，通过校内外的各种劳动活动使学生深入了解各种自然现象和人类生活。”克鲁普斯卡娅还特别强调集体劳动的意义，因为集体劳动为共产主义建设奠定基础，“共产主义的基础乃是为了集体的利益而合理地、妥善地组织社会劳动”。因此，“共产主义学校的教学、劳动和生活应该建立在集体主义的原则上，这将有助于儿童社会本能的发展。此外，组织集体劳动是培养劳动技巧的最好办法。重要的是要让孩子们在这方面尽可能表现出自己的首倡精神和独立精神”。集体劳动的习惯将培养出具有集体主义思想情感的儿童，他们将学会共同生活。同时，她也强调集体劳动不是在同一个地方从事同一种工作，“所谓集体的工作，是指具有共同目的的工作。为了达到这一目的，往往可以，甚至要进行一定的、通常还是非常复杂的分工”。她认为，劳动的教育作用在很大程度上取决于如何组织。因此，集体劳动中不仅要求学校和教师进行大量而细致的组织工作，还要注重发挥学生组织的作用，“使学生自己也获得组织经验，而不是简单地让他们参加劳动”③。在集体劳动中，她特别强调儿童“自治”的作用。她指出，“自治是把这种生活和劳动引上一定轨道的一种手段。要学会共同生活，

① [苏联] 克鲁普斯卡雅．克鲁普斯卡雅教育文选（上卷）[M]．卫道治，译．北京：人民教育出版社，1987：235.

② [苏联] 克鲁普斯卡雅．克鲁普斯卡雅论教育 [M]．卫道治，译．北京：人民教育出版社，2017：810.

③ [苏联] 克鲁普斯卡雅．克鲁普斯卡雅教育文选（下卷）[M]．卫道治，译．北京：人民教育出版社，2006：116.

就要学会尊重别人的劳动、知识和爱好，就要学会为他人着想，给别人以方便，与别人同甘共苦。要学会共同工作，就要学会了解自己的和别人的力量究竟有多大"①。

克鲁普斯卡娅还指出，在组织劳动教育时，选择恰当的途径很重要。例如，在增进儿童对劳动的认知时，可以选择参观、观看影片、看着图片听讲解等形式，也可以通过直接参加劳动并对其进行全面研究的形式。她认为，相对于前者而言，后者是更重要更有效的。她把学生自己参与生产劳动并研究劳动的方法称作劳动教学法。她认为劳动教学法是最为有效的学习方法。"劳动乃是教学大纲中研究的中心，劳动是学校生活的组成部分；劳动是一种教学方法！"② 在这里，劳动作为一种中介，既能够引发新的学习，"学生在劳动过程中可以很好地学习物理、化学、力学原理"③，又能够综合利用已经获得的经验，"把科学资料运用于日常劳动"④。

为了避免劳动教育的机械化，克鲁普斯卡娅强调劳动应当是有兴趣的和有创造性的。她还指出，儿童的兴趣需要保护。对于幼儿来说，他们的"劳动常常带有游戏的性质。例如，制作小船或飞机模型，等等。成人最好别去干涉这种游戏性的劳动，可以给他们出些主意，但不要过多地干涉他们，妨碍其主动性的发挥"⑤。同时，为了防止拔苗助长给儿童带来的伤害，克鲁普斯卡娅特别强调在组织劳动教育时，要依据儿童的年龄特点，不能把七岁的孩子与成年人同等看待。她说，"我们往往损伤儿童的力量，让他们做些力不胜任的工作，我们一点也不考虑他们的身体发育情况，我们常常把用于成人的竞赛方式用到儿童身上，采用与成人完全一样的形式，而不考虑是否有什么别的形式适用于儿童"⑥；"参观，在工厂里干少部分工作——这是一回事，而经常从事现代技术所要求的繁重的工作，这又是一回事。如果你把儿童弄到传送带旁边去工作，而在这里工作又

① [苏联] 克鲁普斯卡雅. 克鲁普斯卡雅教育文选（下卷）[M]. 卫道治，译. 北京：人民教育出版社，2006：325.

② [苏联] 克鲁普斯卡雅. 克鲁普斯卡雅教育文选（下卷）[M]. 卫道治，译. 北京：人民教育出版社，2006：323.

③ [苏联] 克鲁普斯卡雅. 克鲁普斯卡雅教育文选（下卷）[M]. 卫道治，译. 北京：人民教育出版社，2006：301.

④ 同③.

⑤ [苏联] 克鲁普斯卡雅. 克鲁普斯卡雅教育文选（下卷）[M]. 卫道治，译. 北京：人民教育出版社，2006：35.

⑥ [苏联] 克鲁普斯卡雅. 克鲁普斯卡雅教育文选（下卷）[M]. 卫道治，译. 北京：人民教育出版社，2006：212.

是一点也不能休息的，那你就损伤了儿童的力量”①。

（三）苏联的幼儿园劳动教育实践

苏联的学前教育学是在遵循克鲁普斯卡娅和马卡连柯的劳动教育思想上来实施幼儿园劳动教育的。1932 年，苏联教育人民委员部颁布的课程纲要《幼儿园教育大纲草案》中规定幼儿园的教学内容包括社会政治教育、劳动教育、认识自然的作业、体育、音乐活动、美术活动、数学活动和识字等。但是该大纲没有考虑到儿童的身心发展水平，让幼儿卷入大量的社会政治运动中。1934 年，苏联教育人民委员部颁布了经过修订的《幼儿园教育大纲》②，更多考虑到了学前儿童的年龄特征和兴趣，将幼儿园主要的教育内容分为社会教育、体育、绘画、泥工、劳动作业、语言的发展、看小画书、看画片、有关自然界的初步知识、初步数学概念的发展和识字作业。劳动仍然作为教育内容的重要组成部分。此后，一个适用于学前早期儿童到入学年龄儿童教育和教养工作的统一大纲在 1962 年首次颁布，其后，苏联《幼儿园教育大纲》不断修订。在此后修订的《幼儿园教育大纲》中，强调劳动作为儿童活动的重要性；强调游戏、劳动、学习和生活等共同构成了儿童在园的活动；认为学前初期的主要活动是游戏，学前晚期幼儿的劳动实践能力大大增长，帮助幼儿获得在小学学习时所必须具备的知识、技能、技巧和个人品质。③

苏联幼儿园劳动教育的任务包括“使儿童认识并尊重成人的劳动；交给他们最简单的劳动技能和技巧；培养他们的劳动兴趣、勤劳精神和独立性；使之养成劳动的社会动机并学会在集体中和为集体而劳动”④。简言之，苏联幼儿园劳动教育的主要目的在于培养儿童对劳动的认识、基本的劳动能力、劳动精神、劳动兴趣以及劳动的社会动机。苏联的幼儿园中，幼儿具体的劳动内容分为四种，包括自我服务、日常生活劳动、接触自然的劳动和手工劳动。同时要保证劳动内容的多样化，从而保持儿童对劳动的兴趣，也能够让儿童获得全面的教育；每个年龄阶段的劳动内容组成是不同的。幼儿园劳动教育基本的组织形式有三种：交付任务、值日和集体劳动活动。除此以外，苏联幼儿园还注意为劳动教育提供必要的条件。具体包括物质条件，即为儿童劳动提供必要的设备和材料；心理环境条件，教师要关注劳动中儿童的身体可能性和心理特点，来确定适当的劳动量；劳

---

① [苏联] 克鲁普斯卡雅．克鲁普斯卡雅教育文选（下卷）[M]．卫道治，译．北京：人民教育出版社，2006：212－213.

② 唐淑，何晓夏．学前教育史 [M]．大连：辽宁师范大学出版社，2001：470.

③ [苏联] 亚德什科，[苏联] 索欣．学前教育学 [M]．北京师范大学外国教育研究所，译．北京：人民教育出版社，1981：127.

④ [苏联] 亚德什科，[苏联] 索欣．学前教育学 [M]．北京师范大学外国教育研究所，译．北京：人民教育出版社，1981：307.

动卫生条件，例如要求视力紧张的工作（如缝纽扣、修补书）应当在光线充足的地方进行。认为劳动教育还要注意与家庭合作，对家长进行教育，引导幼儿在家庭中参与劳动。

但是，苏联的幼儿园劳动教育也存在着一些问题，尤其是在二十世纪二三十年代时。当时克鲁普斯卡娅的劳动教育理论受到了质疑，质疑者认为应设置与工作需要相适应的课程，应以青年人的职业准备为目标。他们指责花太多的时间在教授学龄前儿童自助技能上，而花太少的时间满足国家对训练有素的劳动力的需要。因此，一些幼儿被要求参加身体难以承受的体力劳动，还有的学校要求儿童在工厂进行长时间的参观，把社会的复杂情况讲给孩子们听，而那些对于学龄前儿童来说是很难理解的。[①] 过于复杂的面向小学的技术教育活动被机械地转移到幼儿园劳动中，鼓励一种所谓“多技术”性质的复杂劳动。苏联对儿童在知识和技能上的要求大大超过了其他国家的要求，学前儿童要学习的知识的复杂程度和知识量与西欧的小学课程更为一致。在 1936 年以后，部分有远见的实践者和研究者努力克服学前儿童劳动教育内容过载和过于复杂的问题，同时注意将儿童对成人劳动的观察与儿童自己参与劳动活动结合起来。

尽管苏联探索实施的幼儿园劳动教育存在着一些问题，但多年的实践以及后续对儿童发展心理学研究的重视，使得苏联的幼儿园劳动教育实践和研究在总结经验教训的基础上获得了长远的发展。目前实施的《幼儿园教育与教学大纲》和《幼儿园教育与教学方法指南》是幼儿园阶段开展活动的纲领性文件。在新版《幼儿园教育与教学大纲》与《幼儿园教育与教学方法指南》中，劳动教育仍然占据了重要的位置，劳动教育与体育、智育、德育、文学、艺术—审美教育等并列为幼儿园重要的教育内容。

二、以裴斯泰洛齐和杜威思想为基础的劳动教育起源

与基于马克思主义劳动教育思想的苏联幼儿园劳动教育更关注劳动教育的社会价值属性不同，以裴斯泰洛齐和杜威思想为基础的劳动教育起源则更关注劳动教育的个人价值属性。

（一）裴斯泰洛齐劳动教育思想及其实践

受卢梭自然主义教育的影响，裴斯泰洛齐改变了自己的人生规划，放弃学业，踏上了教育实践和理论探索的道路。裴斯泰洛齐的劳动教育思想之所以重要，是因为他不仅提出了教育与劳动的结合，而且“真正辅助实践，把二者的结

① 朱苗苗．苏联的公共学前教育研究（1917—1939）[D]．吉林大学，2021：42.

合看作和谐发展的基本途径、并在实践中不断深化认识”①。

裴斯泰洛齐非常重视劳动教育，他认为劳动教育可以发展儿童的身体、力量和智慧。他说，“可是有些孩子，从来没做过什么活儿，好像除了拿匙吃饭以外就一无所能似的，所以他们对功课就特别感到困难”，而“贫困人家的孩子们，一般的手、脑都是很巧很灵的，超过他预期的程度”②。他认为，劳动和教育结合起来，能够发展个人的品德、劳动能力，能实现家庭幸福、满足社会需要。他在《天鹅之歌》中总结了自己的教育实验的目的：“我的初等教育思想，在于依照自然法则，发展儿童道德、智慧和身体各方面的能力，而这些能力的发展，又必须照顾到它们的完全平衡。”③ 由此可见，实现儿童身心全面和谐发展是裴斯泰洛齐劳动教育的最终目的。这一教育目的与卢梭的自然主义教育思想一脉相承。

裴斯泰洛齐认为，通过劳动这种方式展开学习，其学习效果更好、学习更加扎实。他指出，“无论要他学什么实用的东西，或是要培养他具有学识和艺术修养，都非通过流汗学习不可。如果缺少了流汗锻炼，那么即使学的是科学或是艺术，结果总像大海里的泡沫，从老远看，好像深渊里冒出来的岩石，可是，徒有其形，而无其实，经不起风浪，一碰就会消灭”④。

裴斯泰洛齐的劳动教育思想随着他的教育实验的深入而不断发展。在裴斯泰洛齐新庄孤儿院和斯坦兹孤儿院里，他都进行了劳动教育的实践。在新庄学校，孩子们在一个小工厂里学习纺纱织布，在一块土地上学习农作，几个手工业工人作为他们的老师。到了晚上，男孩子们从事园艺，女孩子们进行烹调和缝纫。就这样，儿童们在孤儿院里一边接受文化教育，一边从事劳动。他的所有的穷人教育计划始终以生产劳动实践为核心。但是，在新庄孤儿院里，裴斯泰洛齐所理解的教育和劳动结合，主要是为了让贫困儿童不脱离家庭手工劳动，以免降低生活收入，劳动与学习之间并无内在意义的联系，只是一种机械的外部结合。从1978年到1799年初，他到阿尔卑斯山区创建了斯坦兹孤儿院，进行他的第二次教育实验。此时他的劳动教育思想和实践发生了两个重要的变化。第一，对儿童的劳动已经较少注重眼前的利益。儿童的劳动不再是为了获得维持生活的费用，而是看重劳动活动中儿童劳动技能的获得，培养儿童勤劳、精细、有计划、重条理等品性，劳动的生产性已经被教育性所替代。第二，在学习和开展手工劳动之前，要让儿童在手工劳动和学习方面分别打好基础。他已经认识到，发展孩子们的劳

① [瑞士] 裴斯泰洛齐．裴斯泰洛齐教育论著选 [M]．夏之莲，等译．北京：人民教育出版社，2001：262.

② 张焕庭．西方资产阶级教育论著选 [M]．北京：人民教育出版社，1979：170.

③ 张焕庭．西方资产阶级教育论著选 [M]．北京：人民教育出版社，1979：206.

④ 张焕庭．西方资产阶级教育论著选 [M]．北京：人民教育出版社，1979：171.

动能力和技巧，必然能给予他们以后谋生的手段。因此，他把教育与生产劳动相结合放在教育心理化的基本原则下来进行，他相信，这样一来，劳动必将在全面发展个性中发挥真正的作用。

教育与生产劳动相结合作为一种思想主张，不是裴斯泰洛齐第一个提出的，但真正付诸实践，把二者的结合看作人的和谐发展的基本途径，并在实践中不断深化认识，却是他的功劳。裴斯泰洛齐的劳动教育思想和实践对欧美各国的劳动教育实践产生了影响，对英国欧文的实验有启示，苏联教育家克鲁普斯卡娅也曾介绍并赞誉裴斯泰洛齐的劳动教育思想。

（二）杜威劳动教育思想及杜威学校的实践

考虑到杜威劳动教育思想的丰富性及其对我国陈鹤琴、张雪门、陶行知教育思想及实践的深远影响，我们将在后面关于劳动教育思想变迁的章节中详细加以讨论，此处重点介绍其在杜威学校展开的劳动教育实践。

杜威在 1894 年刚到芝加哥大学时就参观了库克县师范学校的实习学校，他对在实习学校所见到的一切都表现出浓厚的兴趣。出于对儿童研究的兴趣，1896 年杜威夫妇创建了芝加哥大学实验学校，即杜威学校，用以检验杜威的一些教育理论及其社会意义。到 1904 年，杜威离开芝加哥大学到哥伦比亚大学任职时，这所实验学校在美国教育界已经成为最引人注目的教育实验园地。

杜威学校的编制按照儿童发展情况分为三个阶段，每个阶段按儿童年龄分为若干小组。第一阶段 4—8 岁，第二阶段 9—12 岁，第三阶段（中等教育）13—15 岁。以上各个阶段，不是截然划分的，而是逐步过渡的。在第一阶段，学校生活与家庭、邻里间的生活密切联系。在这个阶段，“儿童大体上从事直接的社会的外向活动，忙于做事或说话。相对地很少努力进行理智的阐述、有意识的思考或掌握专门的办法”①。第二阶段儿童学习的重点是获得读、写、操作、算的能力，不是为了这些能力的本身，而是为了获得规律性的知识和掌握使用工具的技巧。第三阶段即中等教育的开始，在儿童掌握每门学科所使用的工具的基础上，一门一门地进行学习，并在一定程度上进行专门化的活动。杜威学校的课程就是由相互联系的种种活动的计划组成的。与幼儿园更为相关的是第一阶段的课程。

在杜威学校中，儿童头三年的学习任务是以家务作业和为家庭服务的社会性作业为主的。儿童的游戏从对他家庭中人的模拟游戏，扩展到对家庭日常生活做出贡献的人们的模拟游戏。他的兴趣逐步扩展到他们的活动和他们做的事情、造的东西或买的东西等方面。食物被追溯到它们的来源，木材或衣着用品被追溯到

---

① 单中惠．现代教育的探索——杜威与实用主义教育思想［M］．北京：人民教育出版社，2002：133.

它们的原料。在他力所能及的范围内，他重演这些活动，自己学会处理材料和工具，以达到他的目的或形成他的观念。① 具体而言，儿童在学校进行着木工、纺织、烹饪等主动的作业。例如，儿童参与午餐准备工作和餐后收拾工作，因为这“为孩子提供很多自己管理和发挥创造性的机会”。在将所有物件搬出来安放好、倒水、上菜和洗擦碟子的所有操作中，儿童进行思考，做出决定。又如，杜威学校的儿童有一次到五金店去考察木工用什么工具造屋子，有一个孩子提出自己制造屋子带回家去。于是，年龄较大的儿童把所有的纸量好、剪好，当墙壁。年龄较小的儿童把席子钉在地板上，把一块木板装上脚做成餐室的桌子。至于椅子，他们在木块上钉上靠背，坐垫又钉上皮。年龄较大的儿童用没有锯开的木料做桌子和椅子，他们自己量自己锯。桌子和椅子做好以后，涂上虫胶清漆，座位装上人造革和棉布的套子。有些孩子把屋子外面加了油漆，保护墙壁“不受坏天气侵蚀”。屋子内部，糊纸“装饰”，还讨论决定了每个房间必要的家具，家具用纸板、木料或铅皮做成，安放妥当。再如，有一次，6 岁儿童在教室里建造了一个示范农场后，又在校园里种了些冬小麦，经历了从播下种子到做成面包的整个进程。

简而言之，在杜威学校中，学龄前儿童所进行的作业符合儿童经验生长的要求，源于社会生活。同时，这种作业也作为儿童理解自然的原料和过程的中心，可以不断指向科学的逻辑经验的发展。② 杜威学校所进行的“手工作业”训练，不是一种针对劳动能力和技术的职业训练，是培养自主自由的学习者的教育，是促进儿童各领域经验发展和后继课程学习的教育，也是指向民主社会改造目的的教育。杜威基于其在实验学校的探索，形成了他对课程的基本认识，并在《儿童与课程》一书中进行了阐述，后续又将其写进了《民主主义与教育》中。作为 20 世纪最伟大的教育家之一，杜威学校的实践模式及其精神对世界范围的教育实践都产生了影响。例如，我国幼教之父陈鹤琴就形成了丰富的劳动教育思想，并在南京鼓楼幼稚园中进行了劳动教育的实践。

三、两种起源：差异与融合

梳理幼儿园劳动教育起源的两条脉络，我们不难发现二者有一些明显的区别。首先，劳动教育的任务有所差异。以马克思劳动教育思想为基础的劳动教育起源，尽管同样看重劳动教育对促进个人全面发展的作用，但以对学生的劳动素

① [美] 凯瑟琳·坎普·梅休. 杜威学校 [M]. 王承绪，等译. 北京：教育科学出版社，2007：75.

② 张华. 经验课程论 [M]. 上海：上海教育出版社，2001：105.

养（如劳动能力、劳动情感）的培养为核心目标。而以裴斯泰洛齐、杜威劳动教育思想为基础的劳动教育起源，则更看重劳动教育对儿童个性发展、能力获得、后继学习的综合价值。其次，劳动教育的内涵有所差异。前者更多地将劳动教育看作一种“关于劳动”的教育，参观、听故事、音乐活动等都作为儿童认识劳动的途径（当然，他们也强调参与劳动是一种重要的途径），而后者则更加指向直接参与劳动的途径。再次，劳动教育的最终旨归存在差异，前者强调劳动教育为共产主义社会和社会主义社会建设服务，突出劳动教育的社会价值，而后者尽管也指向改造社会的理想，但改造社会的理想是在关照个人价值、实现个人自由的基础上实现的。

在实践中，这两条脉络并不是毫不相关的。如前所述，苏联教育家克鲁普斯卡娅还曾高度称赞卢梭和裴斯泰洛齐的劳动教育思想，称赞其劳动教育观念的正确性。同时，仔细分析，也会发现两条源流的相似之处，例如，杜威所选择的劳动内容是那些满足人类基本生活需求的劳动，这与马克思发现的人类历史的发展规律是高度一致的。这样两种劳动教育思想和实践模式曾先后在中国的幼儿园中出现，它们的差异和相融在中国幼儿园劳动教育发展史上能清晰地展现出来。

第二节
我国幼儿园劳动教育的发展与变革

1903年，湖北巡抚端方成立了湖北也是中国第一所官办幼稚园——湖北幼稚园，开启了幼儿教育的先河。我国幼儿园劳动教育也在彼时萌芽，并在探索中发展。我国幼儿园劳动教育的发展变革历程并不是线性的改良与完善，其受到政治、经济、文化等诸多因素的影响，在震荡中发展。总体来看，依据幼儿园劳动教育的相关政策与实践样态，我国幼儿园劳动教育的发展变革历程可以大体上划分为以下几个阶段：

一、萌芽与起步：西学东渐的探索

从第一所幼儿园诞生以后，我国幼儿园劳动教育就逐渐萌芽和起步。从清末到中华人民共和国成立之前，我国学前教育受到日本和欧美学前教育思想和实践的影响。与此同时，一批庚子赔款赴美留学生回国以后，对有中国特色的幼儿园教育展开探索。这一时期的幼儿园劳动教育也体现出类似的特点。

（一）中国幼儿园劳动教育的萌芽（1903—1918年）

我国幼儿园创办之初，师法日本，日本则很大程度上学习德国。1903年创办的第一所官办幼稚园选取了3名日本保姆负责经办①，拟定了《湖北幼稚园开办章程》。幼儿园所教授的科目与日本幼稚园大致相同，其中，手技也作为七门科目之一被列入课程中。1904年，我国近代学前教育第一部法规《奏定蒙养院章程及家庭教育法章程》（以下简称《章程》）颁布。在《章程》中，明确了幼儿园教授学科与小学教授学科不同，包括游戏、歌谣、谈话和手技四种。其中手技就有劳动教育的雏形。《章程》中提到，手技包括儿童用木片制作房屋、用纸制作物体、用黏土制作碗壶，以及播种草木花卉进行观察。《章程》中，手技科目

① 唐淑．学前教育思想史［M］．北京：人民教育出版社，2009：56.

的教育目的主要在于发展儿童的手眼协调性，“诸如此类，要在使引导幼儿手眼，使之习用于有用之处，为心知意兴开发之资”①。在此之后开设的蒙养院，大多都开设手技科目。例如，1905 年开设的湖南蒙养院，其手技科目中包括编织、折纸、剪纸、刺纸、缝纫等诸多手工劳动的类型；天津蒙养院的儿童手工包括编织、折纸、剪纸、黏土、画图等。② 1907 年，上海公立幼稚舍附设保姆传习所成立，旨在培养幼稚园保姆。除了保育法、儿童心理学、教育学等理论科目以外，学生还学习手工等科目。上海公立幼稚舍还面向 5—8 岁幼儿招生，其每天的课程安排几乎皆有手工内容，每天的具体形式不同。③ 1912 年，在外国教会创办的民德婴儿园的教育活动中包括日常生活中的家事活动，如：扫地抹桌、剥豆摘菜。④

总体来看，这个时期的幼儿园劳动教育尚在萌芽状态，内容较为单一，以手工劳动为主，部分蒙养院也在开展家事劳动。劳动教育目的较为单一，主要指向锻炼儿童的手眼协调能力和精细动作。劳动教育的实施较为呆板，以课表固定的时间段的形式展开，与其他内容的活动“不会混杂也不许混杂，保姆高高地坐在上面，孩子们一排一排地坐在下面”⑤。在课程上基本沿袭日本幼稚教育的模式，未能结合本国和当地的现实情况展开劳动教育。

（二）中国幼儿园劳动教育的起步（1919—1948 年）

“五四运动”前后，陶行知、陈鹤琴等学者先后回国任教，对当时的幼稚教育进行了调查研究，并开始着手进行使幼稚教育中国化和科学化的实验研究。⑥陶行知和陈鹤琴都曾在哥伦比亚大学教育学院求学，师从杜威、克伯屈等人，深受实用主义教育思想的影响。同一时期，张雪门也在进行着幼儿园课程的实践和研究。张雪门虽未曾出国留学，但他非常关注国内外对幼儿园课程的研究，熟知美国学校教育的话语体系。张雪门有关经验、课程的很多想法与杜威有非常类似

---

① 中国学前教育史编写组．中国学前教育史资料选（全一册）[M]．北京：人民教育出版社，1989：102.

② 中国学前教育史编写组．中国学前教育史资料选（全一册）[M]．北京：人民教育出版社，1989：103.

③ 中国学前教育史编写组．中国学前教育史资料选（全一册）[M]．北京：人民教育出版社，1989：104.

④ 王会．我国幼儿劳动教育政策的发展演变及启示——基于 NVivo 11.0 的编码分析 [D]．天津师范大学，2022：27 - 28.

⑤ 中国学前教育史编写组．中国学前教育史资料选（全一册）[M]．北京：人民教育出版社，1989：173.

⑥ 唐淑，钟昭华．中国学前教育史 [M]．北京：人民教育出版社，1995：108.

的地方，应该说，张雪门也是深受杜威教育思想的影响。[①] 陈鹤琴、张雪门和陶行知对劳动教育及幼儿园劳动教育有非常深入的研究，形成了很有启发性的劳动教育思想体系。

从政策层面来看，这一时期的幼儿园劳动教育也发生了很大的变化。1932年，南京国民政府教育部颁布了《幼稚园课程标准》（以下简称《幼稚园标准》），将“工作”与音乐、故事和儿歌、游戏、社会和常识、静息、餐点并列为幼儿园课程的内容。劳动教育目标不再只指向手眼的协调，而是综合考虑到儿童身体运动水平发展、社会性发展、智力发展、语言发展等诸多方面。具体而言，包括“满足对于工作的自然需要；培养操作习惯，增进工作技能，并锻炼感觉能力；训练关于群体的活动力（例如自信、自重、坚忍、专心、勤奋、互助、热心、服务等精神）；自动的能力；领袖才能和服从领袖的精神；批评能力和接受批评的肚量；不浪费时间和材料的习惯；遵守秩序的习惯；爱护公共的用具；发展智力（包括锻炼思想；培养发表、创造、建设的能力；发展欣赏能力）”。事实上，这些目标中既包括对儿童劳动情感态度和习惯的培养，更指向儿童多领域的发展。具体的教育内容包括纸工、泥工、缝纫、木工、织工、园艺和其他利用自然物或废物做玩具、装饰品的手工劳动。在《幼稚园标准》中，还列举了对幼儿最低限度的期望，包括劳动能力上“能独立做简单的工作而不求助于人”“能用剪刀”“能种活一两种蔬菜或花卉”等。此外，还提出了劳动情感上的要求（“能爱惜工具和材料”），以及合作劳动能力的要求（“能与人合作做成一件工作”）。另外，在教育方法上，特别强调所有课程内容（包括工作）“应该打成一片，无所谓科目”[②]。所谓“打成一片”的方法，就是陈鹤琴所说的单元课程模式，以某一个事物或事件作为作业的中心，一切活动都不离开这个中心。《幼稚园标准》还指出，工作应当大部分由儿童个别活动，教师进行个别指导；也可以进行分组活动，以两三人为一组。同时，该文件中还特别指出，幼儿应该参与到园所的劳动中，“凡儿童能做的，如扫地、擦桌子、拔草、分工管理园具等，应充分的由儿童去做”[③]。因为劳动教育在幼儿园课程实践中占据了重要的地位，所以，对师范生的培养也重视其劳动素养的养成。南京国民政府教育部公布《师范学校规程》（1933年），明确指出师范学校学生要“养成勤劳习惯”“培养终身服务教育之精神”，幼稚师范科教学科目中包括了劳作一项（含农艺、家事、工艺），与国

---

① 虞永平，张帅．从模仿借鉴到规范创新——新中国成立70年来幼儿园课程的发展［J］．南京师大学报（社会科学版），2019（06）：34－48.

② 中国学前教育史编写组．中国学前教育史资料选（全一册）［M］．北京：人民教育出版社，1989：215－216.

③ 中国学前教育史编写组．中国学前教育史资料选（全一册）［M］．北京：人民教育出版社，1989：220.

文、历史、地理等学科知识学习和儿童心理、幼稚园教材及教学法等课程并列，占到了三年制师范生学时的8.5%。《三民主义教育实施原则》明确，要“养成儿童对于筋肉劳动的兴趣，以及生产的观念”①。

当时的幼儿园教育实践中也对劳动教育有了进一步的探索。厦门集美幼儿园的教学内容中包括饲养动物、栽培植物，以及黏土、缝纫、剪贴、园艺等各种工作。南京高等师范附属小学的幼稚园的课程中，除了涉及黏土、编织、木工、纸工等各种手工工艺以外，还提及生活自理劳动，如刷牙、洗脸等。浙江大学培育院所列举的设计单元，围绕养蚕、种毛豆、制作风筝、烹饪请客、做豆浆等劳动活动展开。陈鹤琴先生在其创办的南京鼓楼幼稚园中进行了内容丰富的劳动教育探索，除了纸工、泥工、木工、缝纫、织工以外，还有园艺、烹饪、洗涤等劳动内容。同时，幼儿园中还设置了小农场、小花园、小动物园，幼儿能进行饲养或培植。鼓楼幼儿园还重视儿童基本生活自理能力的养成，提出了12条自助技能，如戴帽子、擤鼻涕等。在师资的培养上，同样重视对幼儿园未来教师的服务意识的培养。江西省立实验幼稚师范学校踏实地践行陈鹤琴的思想，加强教师的生活训练。陈鹤琴指出，“凡是自己能做的事，都由自己来做。田由自己来种，路由自己来筑，饭要自己做，菜要自己烧”。这种精神自江西实验幼师创校起就一直保持着，“劳动服务是幼师的一贯作风……文江是由荒山变成天堂的，这话并不夸张。即使后来在流亡生活中，也无一处不用师生的血汗……”②。

此外，在老解放区中，为了更好地为革命战争和生产服务、为劳动人民及其子女服务，在中国共产党领导下，开设了保育院，为入托幼儿提供了保教合一、以保为主的服务。同时，受当时的社会政治背景的影响，他们也高度关注幼儿的劳动教育，并将劳动教育作为品德教育的一部分展开。以延安第一保育院为例，他们在品德教育的目标中就明确要“教育儿童热爱劳动、敬爱劳动人民，并特别关心帮助劳苦群众”，“培养吃苦耐劳、勇于自我批评的精神”，并且在教育内容中明确要开展劳动教育，具体的内容包括自我服务劳动、为集体和同伴服务的劳动、手工劳动，以及观察和参加一些成人劳动。其中带领幼儿观察农民耕种、育苗、追肥、除草、收割，在保育院看阿姨、叔叔做饭、烧菜、洗衣等，以及有计划地让幼儿参加一些社会性劳动，如帮助农民拣土豆、拾麦穗、拔萝卜等，都是此前的教育实践中不被关心的劳动教育内容。此外，保育院还对幼儿的劳动提出了具体的目标，主要涉及劳动能力，如“会搬椅子、提壶打水、拾洋芋、摘西红

① 中国学前教育史编写组．中国学前教育史资料选（全一册）［M］．北京：人民教育出版社，1989：229.

② 中国学前教育史编写组．中国学前教育史资料选（全一册）［M］．北京：人民教育出版社，1989：313.

柿、拔萝卜等；会用剪刀剪纸、剪指甲，用手揉泥、折纸；会用针缝布娃娃、裤子、袄”等，也部分涉及劳动认知（如“知道爱护庄稼”）、劳动情感（如“喜欢劳动、勤快”）。除了通过直接劳动或者观察劳动的方式展开劳动教育以外，保育院还通过讲故事等让幼儿获得间接经验的方式开展劳动教育。① 延安第二保育院同样注重儿童劳动观点的形成，指出要“培养幼儿尊敬劳动人民，爱护劳动成果，热爱劳动，初步养成劳动习惯，学会力所能及的一般生活技能”②。在教育方法上，他们除了让儿童参与日常的劳动以外，还注意增强劳动和游戏的关系。例如在游戏中提供一些劳动的元素，如劳动模范的玩具，幼儿会自发地展开为劳动模范送饭的游戏。又如，在年龄较大的幼儿中开展生活技能的表演和竞赛活动，提高幼儿学习生活技能的兴趣，帮助他们养成爱劳动的习惯。③ 延安的洛杉矶托儿所明确提出要养成儿童爱劳动的习惯，形成“劳动是光荣”的认知。因此，他们尝试实施劳动教育，让大班儿童可以学会自理、值日、做手工、帮助他人、种植、饲养动物。同时提出，在劳动教育中要关注儿童的发展水平和个体差异，不能超过限度。④

总体来看，在陈鹤琴、张雪门等教育先贤的实践探索下，这一时期的幼儿园劳动教育已有明显的进展。《幼稚园课程标准》中对劳动教育目标的擘画更为全面，并且目标具有层次性，既有最终目标也有切近的目标；劳动教育的内容以手工劳动为主，包括了种植劳动、自我服务劳动、值日劳动等；劳动教育的组织方式上，以儿童为中心，注重个别活动的形式。各地幼儿园劳动教育的实践也更加多元化。同时，我们也能看到，在老解放区，幼儿园劳动教育被提高到一个新的高度，劳动情感和劳动认知的发展目标被提及，在劳动内容上也更关注为集体和他人服务的劳动，这与老解放区开始学习苏联，强调“教育与劳动联系起来”的文化教育总方针是密不可分的，但总体上是将劳动教育放在德育的框架下进行的。

二、借鉴与波折：全面学习苏联

（一）中国幼儿园劳动教育的成长（1949—1966 年）

中华人民共和国成立初期，面临着恢复生产、发展建设的现实需求和新民主

---

① 唐淑，钟昭华．中国学前教育史［M］．北京：人民教育出版社，1995：174－176.

② 姚淑平．马背摇篮——忆战火中的延安第二保育院［M］．北京：中国妇女出版社，1995：151.

③ 姚淑平．马背摇篮——忆战火中的延安第二保育院［M］．北京：中国妇女出版社，1995：168.

④ 中国学前教育史编写组．中国学前教育史资料选（全一册）［M］．北京：人民教育出版社，1989：391.

主义向社会主义过渡的历史任务，因此，劳动教育思想从“救亡图存”转变为“国家建设”，培养有社会主义觉悟和建设能力的劳动者迫在眉睫。与此同时，随着新民主主义革命的胜利，马克思主义劳动教育思想被中国社会各界广泛关注和传播。1950 年，时任教育部副部长的钱俊瑞在讲话中谈到，要把劳动教育作为“为生产建设服务”的重要内容。同年，《人民日报》登载《苏联的劳动教育》一文，全面介绍了苏联教育学家马卡连柯等人的劳动教育理论，还从劳动教育培养劳动价值观、丰富劳动知识、塑造青年道德面貌、培养劳动精神等角度，阐述劳动教育的重要意义。[①] 与中小学劳动教育全面凸显劳动教育的生产性不同，幼儿园的劳动教育在学习苏联幼儿劳动教育理论和实践的同时，考虑了儿童发展的年龄特点。

1950 年，苏联学前儿童教育专家戈林娜来到北京师范大学任教，介绍苏联的学前教育，使新中国的幼儿教育界有了新的借鉴。同时，凯洛夫的《教育学》、苏联的《幼儿园教养员工作指南》《我的儿童教育工作经验》等书都是当时幼儿园重要的学习与参考书籍。可见当时苏联的学前教育理论和实践对我国产生了重要影响。

在苏联专家的指导下，我国在 1952 年编制了《幼儿园暂行教学纲要（草案）》（以下简称《暂行纲要》）。《暂行纲要》中明确幼儿教育促进儿童体、智、德、美发展的目标。其中，幼儿德育教育中，不仅明确了要“培养幼儿以劳动为中心的爱劳动、爱人民、爱科学、爱护公共财物的国民公德”的目标，还对其进行了细化和列举，如“习惯劳动；自己能做的事，自己做；敬爱劳动人民；细心观察培植植物，饲养动物……”。此版《暂行纲要》还对不同年龄班幼儿的年龄特点和教育要点进行了说明，为幼儿园劳动教育的开展提供了具体的支持。例如，在“认识环境教学纲要”“图画、手工教学纲要”“音乐教学纲要”中都涉及劳动教育的具体目标，相应的，在其所提供的教材大纲中也明确了不同年龄班幼儿学习的内容。在“认识环境教学纲要”的目标中，明确要“培养幼儿饲养动物、种植和灌溉植物的兴趣及责任感；并增进其爱自然、爱科学、爱劳动等的优良习惯”。在具体的活动内容上，要求幼儿观察幼儿园的工作人员和父母的劳动、邀请解放军和劳动模范与儿童联欢。中班扩大了观察范围的要求，大班则要求更系统、深入地观察成人劳动。同时，还要求幼儿通过电影、照片、图画、故事等间接经验的方式来认识劳动人民、了解劳动模范的故事。对自然环境的观察中，首先要求幼儿饲养常见家畜家禽，中班以后则要参加植物的种植、灌溉、整理和收获、洗涤、贮藏等工作。但是，整体来看，这种认识环境的劳动，其重点是增

---

① 李小尉．中国共产党与新中国劳动教育的理论与实践考察［J］．北京科技大学学报（社会科学版），2021，37（04）：383－388.

进儿童对社会环境和自然环境的认知。“体育教学纲要”提出要“培养幼儿良好的生活习惯和卫生习惯以及独立性”的目标，并且在日常生活习惯和卫生习惯中分年龄段提出了儿童在生活自理劳动和服务他人劳动方面的内容。例如，小班幼儿要学会独立、有次序地穿衣、脱衣和叠衣，学会独立、有规则地进食；中班幼儿要学会独立地洗脸、洗手、刷牙、梳头，整理自己的床铺，游戏和作业时要保持秩序和清洁等；大班幼儿除了继续提高生活自理的能力以外，还要学习服务他人，例如做值日生，负责做好规定的工作，互相检查整洁（情况）等。① 除此以外，“图画、手工教学纲要”目标中，明确要“培养幼儿运用双手的能力，使其懂得劳动是最崇高的道理，以养成爱劳动、爱护公共财物的习惯”；“音乐教学纲要”的目标明确“培养幼儿爱祖国、爱人民、爱劳动等的国民公德”。相应的纲要中也提供了具体的教育内容。

1957 年，在苏联专家指导下，由北京师范大学学前教育系编撰的《幼儿园教育工作指南（初稿）》（以下简称《工作指南》）出版，进一步理清了这一阶段幼儿园劳动教育的重点。《工作指南》中明确了“幼儿爱劳动”的教育在幼儿园教育工作中的重要地位。同时，《工作指南》也指出，“幼儿还不可能真正参加劳动生产，自幼儿园培养儿童爱劳动的目的主要是为了进行教育，为了道德品质的培养”。具体的教育内容则包括，“要求儿童能尊重家庭、幼儿园以及所熟悉的成人劳动；初步了解劳动和人的关系；培养幼儿穿衣、盥洗、进食等自我照顾的能力，并能初步担任为集体取放和整理玩具、用具及美术作品，照顾自然角（动植物）和布置餐桌等值日工作”②。《工作指南》还将劳动和游戏、作业并列为对幼儿进行全面发展教育的重要手段。文件指出：当我们将劳动作为一个手段来考虑时，能够看到劳动促进儿童全面发展的重要价值，例如“在劳动中培养儿童独立能力，克服最简单的困难，初步的创造性和友好关系，爱劳动和尊敬劳动，忠实地完成任务，认识物品的属性和特征，了解事物之间的关系，发展和锻炼儿童的身体”③。该文件还强调了劳动过程中要重视儿童的积极性、创造习惯、个别能力、需要和兴趣，关注儿童劳动与成人劳动的区别。

在《暂行纲要》和《工作指南》的指导下，各地幼儿园也在进行幼儿园劳动教育的探索。北京市第二幼儿园在五一劳动节前后，利用游戏、参观等活动引导幼儿认识劳动和劳动人民，他们还通过作业引导幼儿学习赞美劳动的诗歌，用图

① 中国学前教育研究会．中华人民共和国幼儿教育重要文献汇编［M］．北京：北京师范大学出版社，1999：580.

② 中国学前教育研究会．中华人民共和国幼儿教育重要文献汇编［M］．北京：北京师范大学出版社，1999：639.

③ 中国学前教育研究会．中华人民共和国幼儿教育重要文献汇编［M］．北京：北京师范大学出版社，1999：644.

画作业绘画自己对劳动人民的认识，讨论他人劳动过程和结果的关系。除了这种间接认识劳动的活动以外，幼儿园还让幼儿参与活动室布置、准备礼物等活动，亲身感受劳动。幼儿园认为，“孩子们的亲身经历和实际体验，比说教要重要得多”，以此来实现“培养爱劳动人民的情感”的目的。[①] 北京市东四五条幼儿园在劳动教育中强调以劳动教育来促进幼儿个性的全面发展，他们以“让幼儿在德育、智育、体育等方面获得发展，奠定幼儿成为有社会主义觉悟、有文化的劳动者的基础”为教育目标，通过让幼儿认识周围成人的劳动和让幼儿参与力所能及的劳动两条道路来实现劳动教育。同时，该幼儿园还特别重视集体劳动的作用。[②] 南京市孝陵卫小学附属幼儿园主要通过讲故事、唱歌等作业形式增进儿童对劳动的认识，通过教师以身作则影响幼儿参与生活自理劳动，同时与家庭合作，共同展开劳动教育。[③]

综上，在中华人民共和国建立伊始的这十多年，受到苏联学前教育理论与实践的全面影响，同时为了回应社会主义国家的建设需要，劳动教育在我国的学前教育政策中被提到了一个崭新的高度。与苏联学前教育学不同的是，劳动教育并未作为与德育、智育、体育、美育并列的一种教育被列入我国当时的课程指导性文件。在《暂行纲要》中，劳动教育更多的是作为幼儿德育的一部分被强调的。在劳动教育的价值取向上，更多强调的是劳动教育的社会价值，为社会主义社会培养合格人才。因此，幼儿园劳动教育的目标主要指向培养儿童的劳动情感“爱劳动”和劳动认识“劳动最光荣”。同时，在《暂行纲要》中也提到了培养幼儿劳动素养的多种方法，强调要在德育、智育、体育、美育中共同实现强化幼儿劳动情感、深化幼儿劳动认识、培养幼儿劳动技能的目标。在《暂行纲要》的指导下，这一阶段幼儿园劳动教育的实践特点是突出以作业等间接经验和参观、观察劳动等直接经验相结合的方式来增强幼儿的劳动认识，提升幼儿的劳动情感。部分幼儿园也在逐渐探索如何通过让幼儿主动劳动来锻炼其劳动的能力，深化劳动认识和情感。

这一时期，劳动教育未能与其他“四育”有机融合，劳动教育作为一种能实现儿童德、智、体、美全面发展的教育途径的价值并未被充分认识，劳动教育的途径和内容还不够多样和丰富。同时，劳动教育中只关注体力的倾向仍然存在，并未充分认识到体力劳动和脑力劳动结合的必要性。此外，这一阶段的幼儿园课程是分科实施的，并未充分关注到儿童学习的心理逻辑，更多是以学科逻辑来进行教学的，这也影响了幼儿园劳动教育与幼儿生活之间的紧密关系。

---

① 董景玉．通过五一节对幼儿园大班儿童进行爱劳动人民的教育［J］．北京师范大学学报（社会科学），1959（04）：81－85.

② 魏振高．北京市东四五条幼儿园的劳动教育调查报告［J］．北京师范大学学报（社会科学），1960（01）：127－131.

③ 吴觉先．我们是这样对幼儿进行劳动教育的［J］．江苏教育，1954（08）：10－11.

（二）中国幼儿园劳动教育的困顿（1967—1976年）

1966年以后，“文化大革命”使得党的政治建设受到了极大的破坏，幼儿园劳动教育也无可避免地受到了影响。原本幼儿在日常生活中开展生活自理劳动的活动部分被取消，餐点被取消，饭后用餐巾擦嘴、用水漱口等被停止。对幼儿劳动情感和劳动认识的教育不再依靠引导幼儿观察环境与生活，也没有给幼儿提供适宜的故事、歌曲、图画等，而是让幼儿背诵领导人语录、诗词，劳动教育完全脱离了幼儿的认知水平和学习方式。还有很多幼儿园停课、关闭。① 应该说，这一时期的幼儿园劳动教育如同我国教育事业的其他发展方面一样，陷入了困局。幼儿园劳动教育非但没有能够在原来的基础上继续发展，对陈鹤琴、杜威等教育家及其思想的批判以及对心理学等基本科学的否认使得幼儿园劳动教育的根基被动摇。

三、继承与变革：自主创新

1979年，第五届全国人民代表大会第二次会议《政府工作报告》指出，要十分重视发展托儿所、幼儿园。1981年的《政府工作报告》又指出要培养大批合格的幼儿教师，使更多的学龄前儿童能够进入幼儿园，并且能够受到适应他们身心的教育。在党中央的领导下，我国学前教育事业迅速恢复。

（一）中国幼儿园劳动教育的迅速恢复（1979—1988年）

1979年7月，教育部联合卫生部、国家劳动总局、全国总工会、全国妇联召开了全国托幼工作会议，并通过了《全国托幼工作会议纪要》，强调要坚持“两条腿走路”的方针，恢复、发展、整顿、提高托儿所和幼儿园等各类托幼组织，通过扩大资源、加强师资建设等方式和途径满足社会对幼儿教育的需求。同时，该会议指出要从小培养孩子爱祖国、爱人民、爱劳动、爱科学、爱公共财物等美德，明确了这一时期幼儿教育以及劳动教育发展的目标方向。同一年，教育部印发的《城市幼儿园工作条例》开篇明确指出，“幼儿园是对三岁至六岁幼儿进行学龄前教育的事业机构。幼儿教育是社会主义教育事业的组成部分，是培养有社会主义觉悟的有文化的劳动者的基础”。这一教育任务的确定，不仅指明了学前教育发展的方向，而且充分说明了幼儿园劳动教育的重要性。该文件还强调了幼儿园阶段实施初步的“五爱”教育的重要性。在思想品德教育中，明确了要教育幼儿形成正确的劳动态度和品质，萌发热爱劳动的情感，引导幼儿参加“力所能及的自我服务和为园内集体服务的轻微劳动”②。

---

① 唐淑，钟昭华．中国学前教育史［M］．北京：人民教育出版社，1995：328－239.

② 唐淑，钟昭华．中国学前教育史［M］．北京：人民教育出版社，1995：128.

1981年颁布的《幼儿园教育纲要（试行草案）》（以下简称《教育纲要》）的教育内容中较多地体现了劳动的因素，例如，在生活卫生习惯部分强调了要培养幼儿独立生活的能力，大、中、小班根据幼儿的发展水平对幼儿洗手、洗脸、进食、刷牙、穿脱衣服、穿脱鞋袜、整理床铺等生活自理能力方面设定发展目标；在思想品德部分强调要向幼儿进行初步的“五爱”教育，根据幼儿的年龄提出培养自我服务、为同伴和集体服务的意识，基本的劳动能力，热爱劳动人民的品质等方面的要求。在常识部分对儿童形成初步的劳动认知（如认识各种劳动、认识机器、认识五一劳动节等）提出了期望。在美术领域，对幼儿用泥工、纸工、自制玩具等表现自己对周围生活的认知和情感的能力提出了期望。

需要关注的是，这是我国第一次在国家的课程纲领文件中明确提出劳动是幼儿园重要的教育手段，指出幼儿园的教育任务、内容与要求是通过游戏、体育活动、上课、观察、劳动、娱乐和日常生活等多种活动完成的，不可偏废，要纠正那种认为只有上课才能完成《教育纲要》，忽视游戏、观察、劳动、日常生活等重要活动的倾向。《教育纲要》中还指出，幼儿劳动的目的主要是“培养幼儿良好的品德、爱劳动的习惯以及简单的操作能力”，将通过劳动这种形式的教育主要框定在劳动情感、劳动习惯和基本劳动能力等劳动品质上。幼儿劳动的内容主要是自我服务，“随着年龄增长，可增加为集体服务、种植、饲养等劳动内容”。

在《教育纲要》的指导下，幼儿园开展形式更加多样、内容更为丰富的劳动教育探索。所有的幼儿园都会引导幼儿展开自我服务的劳动，幼儿园针对如何有效地培养幼儿的生活自理能力进行了研究。①②有的幼儿园进行烹饪劳动，希望以此培养幼儿热爱劳动的情感和动手能力，培养幼儿的毅力和集体主义精神。③④有的幼儿园对混龄开展劳动教育进行了探索，他们指出，制作玩具的劳动，由于其与幼儿将要玩的游戏有联系，因此幼儿有较强的兴趣，但是需要设计、实施，对幼儿要求较高，混龄班中需要根据幼儿不同发展水平提出不同的要求。⑤ 与此同时，我国的学前教育理论研究者也对如何开展幼儿园劳动教育、苏联和日本的幼儿园劳动教育实践，以及劳动教育对幼儿心理发展的影响等问题进行了研究，有关劳动教育的研究更加深入。

总体来看，我国幼儿园劳动教育在这一时期迅速恢复，继承和吸收了自解放区建立以来幼儿园劳动教育的实践经验以及苏联劳动教育的优良传统，并努力探

---

① 程月玲．我们是怎样培养小班幼儿自我服务能力的［J］．幼儿教育，1984（03）：20.

② 钱进．培养幼儿生活卫生习惯的要求和注意点［J］．幼儿教育，1984（03）：19.

③ 吴华．劳动教育的好形式——幼儿自制点心［J］．幼儿教育，1988（10）：12.

④ 艾智．教三四岁幼儿学做厨事［J］．幼儿教育，1985（09）：33－34.

⑤ 谢冬梅．混合班幼儿的劳动教育［J］．早期教育，1987（04）：13.

索和完善我国幼儿园劳动教育的体系。在我国的幼儿园课程指导文件中首次明确地提出了劳动是幼儿园教育的重要手段，清晰地阐明了劳动教育的目的、内容、组织形式，使得幼儿园劳动教育更加规范地发展。同时，理论和实践工作者也开始逐渐深入地对幼儿园劳动教育展开探索，为建设有中国特色、符合中国国情的幼儿园劳动教育奠定了坚实基础。但是，这一时期我国幼儿园课程仍然存在课程模式单一、分科教学中各科之间缺乏联系的弊端，并且普遍存在"重智育轻德育、体育，重教师教轻学生学，重上课轻游戏"等倾向。① 在此背景下，我国幼儿园劳动教育的价值定位仍然被一定程度地窄化，存在着通过统一的教材、依靠集中上课的方式来培养劳动品质特别是劳动认识的倾向。同时，由于劳动教育仍主要被视作德育的一部分，因此，在"重智育轻德育，重教师教轻学生学"的课程实践背景下，劳动教育并没有得到充分的重视。

（二）中国幼儿园劳动教育的改革、规范与发展（1989—2014 年）

20 世纪 80 年代，西方儿童心理学研究、教育学研究的影响逐渐深入，同时，陈鹤琴、陶行知等人的课程思想重新得到重视和研究。针对幼儿园课程实践中分科教学的弊端日益暴露的问题，一"南"一"北"② 先后开始了幼儿园课程综合化的改革实验，打破了分科教学模式一统天下的局面。此后，多地开始进行强调课程整体性、综合性的课程改革。在课程改革实验的基础上，国家教委于 1989 年制定并颁布了《幼儿园工作规程（试行）》（以下简称《规程（试行）》）。《规程（试行）》指出，幼儿园体、智、德、美诸方面的教育要"互相渗透，有机结合"，要"合理地组织各方面的教育内容，并渗透于幼儿一日生活的各项活动中"，活动的开展要"遵循幼儿身心发展的规律，符合幼儿的年龄特点，注意个体差异，因人施教"。这些要求系统地体现出主动活动、充分活动、自主活动、集体活动和个别活动等一系列相关概念，强调活动是儿童学习的主要方式，活动是经验产生的根本原因。《规程（试行）》强调了儿童的主体地位，关注儿童活动的过程，阐述了新的儿童观、教育观和教师观。③ 这为我们重新思考幼儿劳动作为一种强调儿童身体参与的活动对于幼儿全面发展的价值、在幼儿园课程中的地位等提供了思想基础。

1996 年国家教委修订出版的《幼儿园工作规程》（以下简称《规程》）不再使用"上课"的说法，而是强调了"活动""引导"，进一步强化了课程观的转变。《规程》在幼儿园保育和教育的主要目标中重申要萌发幼儿爱劳动的情感，

---

① 唐淑．幼儿园课程基本理论和整体改革［M］．南京：南京师范大学出版社，1998：136.

② 一"南"指南京师范大学和南京市实验幼儿园合作，率先开展了"幼儿园综合教育结构"的试验；一"北"指中央教科所与北京市第五幼儿园及崇文区第二幼儿园共同开展了以常识教育为核心的综合教育课程研究。

③ 虞永平，张帅．从模仿借鉴到规范创新——新中国成立 70 年来幼儿园课程的发展［J］．南京师大学报（社会科学版），2019（06）：34－48.

培养幼儿良好的生活习惯，培养幼儿的动手能力。强调“幼儿园日常生活组织，要从实际出发”，“培养幼儿的良好习惯和初步的生活自理能力”。因此，尽管《规程》中阐述活动组织形式的说法有了较大的变化，强调幼儿园“以游戏为基本活动”，劳动教育形式没有再在政策文件中被着重强调，但是，幼儿园课程活动价值取向的深化以及对生活活动的关注，让劳动教育能以更适合儿童的方式、更贴近儿童一日生活的方式展开。

在总结以往幼儿园课程改革经验、吸收国外优秀的教育教学思想和课程研究成果的基础上，教育部于2001年颁发了《幼儿园教育指导纲要（试行）》（本段中简称新《纲要》）。与《教育纲要》相比，新《纲要》将原来的八个方面的教育内容融合为健康、语言、社会、科学和艺术五大领域，各领域的内容相互渗透；同时，不再按照年龄阶段具体规定相应的发展目标、教育内容和要求，而是对幼儿五大领域的发展提出概括性的目标和指导要点。在新《纲要》颁布以后，全国各地掀起了学习新《纲要》精神的高潮，课程改革实践在全国范围内展开。这些课程实践提出了关注幼儿的经验、兴趣及需要，尊重幼儿发展的主体性，关注课程情境的动态变化，注重不同领域的融合等特点。① 关注领域之间的融合，关注儿童发展的主体性，为幼儿园劳动教育基于幼儿的兴趣和需要，与其他“四育”有机融合，强化幼儿亲身劳动、主动参与的形式奠定了观念的基础。当然，新《纲要》在政策文本内容上进一步弱化了“劳动”的说法，目标中没有再出现“劳动”的字眼，通篇文件只有三处提到“劳动”。但是在健康、社会等领域，仍能够看到以其他表述方式呈现的对幼儿劳动素养的要求。例如，“有基本的生活自理能力”，“能努力做好力所能及的事，不怕困难”。在社会领域的教育要求中提到，要“与家庭、社区合作，引导幼儿了解自己的亲人以及与自己生活有关的各行各业人们的劳动，培养其对劳动者的热爱和对劳动成果的尊重”。

为了规范幼儿园保教工作，纠正幼儿园“小学化”的倾向，进一步贯彻落实《纲要》，我国教育部于2012年9月颁布了《3—6岁儿童学习与发展指南》。《指南》对五大领域的细化目标做了清晰的描述，指明了不同年龄阶段的学前教育目标，并结合细化的目标举例说明了指导策略。对劳动素养的要求分散在健康、社会等领域的目标中。例如，能使用劳动工具（如“能熟练地用勺子吃饭；能用筷子吃饭；能使用简单的劳动工具或用具”）；具备基本的生活自理能力；有基本的劳动认知，珍惜劳动成果（如“知道父母的职业，能体会到父母为养育自己所付出的辛劳”，“尊重为大家提供服务的人，珍惜他们的劳动成果”）。劳动教育的要求融进了“四育”中。

这一时期的幼儿园劳动教育有几个特点：首先，政策和课程改革实践所倡导

① 虞永平，张帅．从模仿借鉴到规范创新——新中国成立70年来幼儿园课程的发展［J］．南京师大学报（社会科学版），2019（06）：34-48.

的课程观、儿童观和教师观的转变，为幼儿园劳动教育的生活化、综合化、游戏化提供了观念基础。其次，政策文本中对幼儿劳动素养的期待集中在劳动情感态度、劳动认识和基本的劳动能力上，同时，对幼儿劳动素养的期待有所调整，例如，在劳动情感上，是“萌发幼儿爱劳动的情感”；在劳动态度上，是“尊重为大家提供服务的人，珍惜他们的劳动成果”；在劳动认识上，是“知道父母的职业”；在劳动能力上，是基本的生活自理能力和使用工具的能力。再次，这一时期的政策文件弱化了“劳动”用语，不再强调劳动的活动形式，“劳动”概念出现的次数减少，在《学前教育学》等教材中也很少再提及幼儿园劳动教育的内容。

之所以会出现第三种变化，我们认为首先是改革开放以后，我国学前教育界独立探索、努力进行幼儿园课程改革，主要受到西方心理学和教育学思想的影响，而劳动教育方面的理论研究更多源自苏联，因而不可避免地发生了话语体系的转换。其次，在强调游戏是幼儿园基本的活动形式时，各地幼儿园课程改革更关注的是怎样把以上课为主的活动形式转变为以游戏为主的活动形式，对包括劳动在内的其他活动形式探索和研究不多。再次，在过去曾经发生过的“劳动万能论”、将劳动取代一切活动的教训对幼儿园教育产生了极大的负面影响，我们试图去纠正这种负面影响。最后，在整个学段，中小学阶段是劳动教育实施的重心，但中小学劳动与技术被纳入了综合实践活动，客观上削弱了劳动教育在学校教育中的课程地位，也在一定程度上使其在家庭教育和社会教育中被软化、淡化。①

（三）中国幼儿园劳动教育的新发展（2015 年至今）

中国幼儿园劳动教育迎来了新的发展契机。一方面，党和国家针对劳动教育在学校中被弱化、在家庭中被软化、在社会中被淡化，学生轻视劳动、不会劳动、不珍惜劳动成果的现实，于 2015 年出台了《关于加强中小学劳动教育的意见》。此后，党和国家领导人在多个重要场合反复强调劳动教育的意义，国家出台了多项针对劳动教育的文件。尽管这些政策文件大多针对大、中、小学学段，并未提及幼儿园，但是，基于幼儿园教育的奠基性，学界还是比较认同幼儿园劳动教育对整个劳动教育体系建立的不可或缺性。

在这一阶段，劳动教育在多项政策中被强调。2016 年修订出台的《幼儿园工作规程》中延续了“萌发幼儿爱劳动的情感”的德育目标。教育部在 2021 年颁布的《幼儿园入学准备教育指导要点》（以下简称《指导要点》）中提出了幼儿入学的“四个准备”——身心准备、生活准备、社会准备和学习准备。在“生活准备”的四个项目中，列举了两个与幼儿劳动高度相关的项目——生活自理和参与劳动。在“生活自理”方面，强调幼儿既要有基本的生活自理能力，还要坚持

---

① 杨晓萍，樊亚博，李音．幼儿园劳动教育的百年回眸与展望［J］．教育与教学研究，2021，35（11）：7－23.

自己的事情自己做，能分类整理和保管自己的物品，有初步的时间观念。在“参与劳动”项目中，要求幼儿能够主动承担并完成分餐、清洁、整理等班级劳动，能做一些力所能及的家务劳动。希望通过让幼儿参与劳动，观察身边人的劳动，使得幼儿尊重身边的劳动者，珍惜劳动成果，养成劳动习惯，提高自理能力和动手能力，增强自信心，培养初步的责任感。应该说，在这个文件中，对幼儿劳动素养的培养和劳动教育在幼儿园和家庭中的重要性再次被强调。同时我们还能看到，劳动教育主要是“通过劳动”的途径来实现教育的思想在《指导要点》中得到了体现。这也是近20年来我国幼儿园课程改革强调幼儿园课程的综合化、生活化和活动化精神的成果。

在“劳动教育”第一次被写进我国教育方针和教育法以后，我国最新出台的《中华人民共和国学前教育法（草案）（二次审议稿）》（以下简称《学前教育法》）也将“劳动教育”写进了我国学前教育领域具有最高效力的法律文本中。《学前教育法》在总则部分即明确，学前教育要为“培养德智体美劳全面发展的社会主义建设者和接班人奠定基础”；在“保育教育”部分特别提出，要促进学前儿童养成劳动意识。

在中央政策的推动下，各地研究和探索幼儿园劳动教育的热情空前高涨。江西省教育厅在2021年出台了《推进新时代大中小幼劳动教育一体化实施方案》。强调幼儿园劳动教育注重启发性，以劳动启蒙教育为主，培养幼儿自己的事情自己做的劳动观念，养成专注劳动、喜欢劳动的习惯，掌握基本的自理能力。在幼儿园的劳动教育内容方面强调自我服务的劳动、种植养殖的劳动，以及社会公益劳动。江苏省南京市以遴选实验区、实验学校的形式推动幼儿园劳动教育的开展，同时研究出台了《南京市中小学幼儿园劳动教育清单（参考项目）》，为不同学段开展劳动教育提供操作指南。就劳动教育研究来看，中国知网上主题为“幼儿园劳动教育”的文章数量显著增长（2016年仅为5篇，到2023年为355篇），幼儿园劳动教育成为当下幼儿园课程研究的热点问题。研究者主要针对劳动习惯、劳动意识、劳动教育的实施路径与策略、种植劳动、劳动教育的家园共育等方面展开了研究。就幼儿园教育实践场域而言，更多的幼儿园投入劳动教育的实践探索中。我们课题组也组织了全国12所幼儿园，分别就幼儿园的种植劳动教育、饲养劳动教育、生活自理劳动教育、社群服务劳动教育、工艺劳动教育和工程劳动教育进行了实验和研究，拟出版12本幼儿园劳动教育实践研究成果。

总体来看，这一阶段，幼儿园劳动教育在学前教育重大政策文件中得到了强调，重新成为学前教育研究和实践的热点问题。幼儿园劳动教育主要应“通过劳动”过程来实现的观点得到了普遍认可，也有了较丰富的实践；劳动教育的价值不再被框定在德育范畴，其综合育人的价值得到了重视；随着时代的演进和劳动形式的更迭，幼儿园劳动教育的内容和组织样态也更加多样化、丰富化。

第三章 幼儿园劳动教育思想

幼儿园劳动教育的思想，根植于古今中外教育家的深邃智慧之中。我们将分别阐述马卡连科关于劳动塑造人格、苏霍姆林斯基将劳动视为全面发展的基石、杜威“做中学”、陈鹤琴“活教育”，以及陶行知“生活即教育，社会即学校”理念中的劳动教育思想的深刻内涵。这些思想精髓将帮助我们共同勾勒出对幼儿园劳动教育意义深远的蓝图。

第一节
马卡连柯的劳动教育思想

马卡连柯是卓越的苏联教育家。在其三十多年的教育实践中，马卡连柯形成了非常丰富和具有洞见性的教育思想，对苏联乃至世界的教育实践都产生了深远的影响。[①] 在马卡连柯的教育思想中，劳动教育思想占据着重要的地位。在二十世纪八十年代以前，我国学者对马卡连柯的劳动教育思想进行过系统的研究。时至今日，在新的时代背景下，重新阅读马卡连柯的劳动教育思想，并思考其对幼儿园劳动教育的启发，仍然具有启示性的意义。

一、劳动教育是社会主义教育体系中不可或缺的部分

马卡连柯继承了马克思、恩格斯和列宁等人的劳动学说，强调了劳动及劳动教育在社会主义教育体系中的重要作用。

（一）劳动教育是培养热爱劳动的社会主义新人的教育

教育从来不是一个简单的技术问题，而是一个政治问题。马卡连柯的劳动教育理论首先回应了劳动教育是培养什么人的问题。他在《儿童教育讲座》的开篇就明确指出，“正确的苏维埃教育如果不是劳动的教育，那是不可能想象的。劳动永远是人类生活的基础，是创造人类生活和文明幸福的基础。在我们的国家里，劳动已经不是被剥削的对象，而成了光荣、荣耀、豪迈和英勇的事情。我们的国家是劳动者的国家，我们的宪法里明白规定：‘不劳动者不得食。’”[②]。与资本主义社会劳动为被人驱使和剥削不同，社会主义社会的劳动是为自己和为社会而劳动。因此，社会主义社会的劳动应该是一种普遍的义务和神圣任务，是光

---

① 何国华，燕国材．马卡连柯教育思想研究［M］．长沙：湖南教育出版社，1986：259.

②［苏联］马卡连柯．马卡连柯教育文集（下卷）［M］．吴式颖，等编．北京：人民教育出版社，2005：179－180.

荣、勇敢和荣誉的事业①，每个社会公民都应该形成对劳动珍惜和爱好的情感，在社会主义教育体系中也必然要给予劳动教育充分的重视。因而，马卡连柯指出，“在教育工作中，劳动也应当是最重要的因素之一”②。

（二）劳动教育是实现人的全面发展、使人幸福的教育

马卡连柯不仅看重劳动教育的社会价值，同样也看到劳动教育对个人发展的价值。在他的论述中，劳动教育对个人道德发展、集体感形成、坚持性、组织能力和管理能力乃至生活的幸福都有重要的意义。

马卡连柯特别看重劳动教育的道德发展价值。他指出，“认为在劳动教育中仅仅发展筋肉或视觉、触觉等认识手段，仅仅发展手指动作等等的看法是完全错误的。当然，劳动中的体力发展也有重大的意义，也是很重要的，同时也完全是体育所必不可缺少的因素。但是，劳动最大的益处还在于人们的道德上和精神上的发展”③。他强调，“努力劳动不只可以培养人的工作能力，而且可以培养同志的关系，即培养一个人对其他的人应有的正确态度，这就是一种道德修养。在一举一动中竭力想摆脱工作的人，或者安然看着别人如何工作、坐享别人劳动成果的人，是苏维埃社会里最没有道德的人……只有参加集体劳动才能使人对人有正确的和道德的态度——对一切劳动者保持亲属般的爱护和友谊，对懒惰分子和躲避劳动的人表示愤慨和谴责”④。劳动的道德教育属性在马卡连柯那里是居于首位的。

与此同时，马卡连柯也注重劳动教育培养儿童劳动能力的功能。他认为，所有的人从出生以来就有大致相同的劳动本能，但是实际生活中，有些人工作得好一些，有些人工作得差一些，有些人只能从事简单的劳动，有些人却能够从事较为复杂的劳动。“不同的劳动能力，不是由于人类的天赋，而是在人类生活的过程中——特别是青年时代——经过教育而获得的。”⑤ 同时，在他看来，这种劳动能力又是个体在社会上作为公民价值的基础。在马卡连柯组织的捷尔任斯基公社社员的劳动中，他就非常注重让孩子获得劳动能力，让每一个儿童都有机会参与劳动的不同工序，掌握各种复杂的技术操作本领。

马卡连柯还指出了劳动对组织集体的作用。集体教育是马卡连柯另一个重要

---

① 何国华，燕国材．马卡连柯教育思想研究［M］．长沙：湖南教育出版社，1986：58.

②［苏联］马卡连柯．马卡连柯教育文集（下卷）［M］．吴式颖，等编．北京：人民教育出版社，2005：180.

③［苏联］马卡连柯．马卡连柯教育文集（下卷）［M］．吴式颖，等编．北京：人民教育出版社，2005：530.

④ 同③.

⑤［苏联］马卡连柯．马卡连柯教育文集（下卷）［M］．吴式颖，等编．北京：人民教育出版社，2005：529.

的教育贡献。在社会主义的教育体系中，集体是非常重要的概念。马卡连柯认为，劳动可以培养人的集体主义感，可以养成尊重自己和他人劳动成果的重要品质。他指出，“只有在劳动中共同努力，只有在集体中工作，只有人们的劳动互助和他们经常的相互劳动依存，才能建立人们彼此间的正确关系”①。

除此以外，马卡连柯还强调劳动教育有知识学习的价值。他认为，合理的劳动不仅不妨碍学生的学习，相反，它还有助于学生取得优良成绩。他指出，“学校里的学习过程和生产产品的生产活动之所以能有力地决定个性的发展，原来是因为学习过程和生产活动消灭了体力劳动和脑力劳动之间的界限，并造就出有高度熟练技术的人来”。在马卡连柯所主持的捷尔任斯基公社中，就把复杂技术设备工厂的生产劳动和中学的教育活动结合起来，在进行劳动教育的同时，学生的数学、物理、自然、化学等课程的知识得以应用。

二、在游戏中培养劳动品质

有关游戏和劳动的关系，马卡连柯也进行了深入的讨论。他指出，游戏和劳动具有一定的相似性，当然二者也存在不同。此外，在儿童早期，教育者应当在游戏中逐步培养起儿童对劳动的向往，为劳动做好准备。

（一）游戏和劳动存在着区别

在马卡连柯看来，幼年时，儿童的主要活动是游戏，相对来说劳动是比较少的，而且主要是以吃饭、盖被子和穿衣服等自我照顾的形式开展的。在这些有限的劳动中，仍然含有很多游戏的性质。而游戏和劳动是存在不同的，马卡连柯认为，作为教育者的父母，应当好好思考游戏和劳动的区别。不认真研究这个问题就不能指导儿童，不仅不能教育好儿童，还可能伤害儿童。

在他看来，游戏和劳动之间存在着很多共同点。例如，游戏和劳动一样，需要积极和努力。他指出，“工作，缺乏积极主动性，不惯于在工作中创造新事物，也不惯于克服困难。游戏没有努力，游戏没有积极的活动，永远是不好的游戏。这是很明白的。就这一点说，游戏跟工作很相像”②。同时，他还认为，劳动和游戏一样，也有愉快的体验。他指出，游戏的愉快属于创造、属于胜利，并在本质上属于美感，这样的愉快在好的工作里也是有的。此外，他还认为游戏和劳动一样是有责任的。

---

① ［苏联］马卡连柯．马卡连柯教育文集（下卷）［M］．吴式颖，等编．北京：人民教育出版社，2005：530.

② ［苏联］马卡连柯．马卡连柯教育文集（下卷）［M］．吴式颖，等编．北京：人民教育出版社，2005：349.

他认为，游戏和劳动的关键区别在于社会价值。“工作（劳动）是人类参加社会生产、参加创造物质和文化价值的活动，换句话说，就是参加创造社会价值的活动”①，工作具有社会价值，而游戏没有直接的社会价值。“游戏并不追求这样的目的，它与社会目的没有直接的关系，但是有间接的关系：游戏训练人们，使他们习惯于做那种在工作中所必需的生理上和心理上的努力。”②

（二）教育要引导幼儿为劳动做好准备

游戏有着间接的社会目的性，教育者也要发挥游戏的这一特点，逐步引导儿童为劳动做好准备。

首先，马卡连柯指出，要关注到在儿童早期的生活中，游戏不能成为儿童唯一的嗜好，不要让儿童的游戏完全脱离了社会目的；其次，要注意在游戏中培养起工作中所必须的那些心理上和生理上的习惯。具体如何引导儿童来参加劳动，为劳动做准备呢？马卡连柯提出了两条重要的路径。第一，要逐渐吸引儿童参加劳动，让劳动缓慢地替代游戏。第二，正确地指导游戏、选择游戏和帮助游戏。例如，在家庭中，家长要引导幼儿从游戏开始劳动，例如整理玩具，负责玩具放置地点、玩耍地点的清洁和整齐。随着儿童年龄的增长，劳动工作日趋复杂，并且跟游戏慢慢地区分开来。

同时，马卡连柯也指出，不应为劳动而放弃游戏，不能以劳动来替代幼儿的游戏，也不需要尽早让幼儿不去注意游戏而转向努力工作、关心工作。这种转变不会有什么益处，这是加于儿童的一种压力，“只能使儿童设法躲避工作，一心想去游戏”③。“教育未来的活动家，不应当有意避免游戏，而应当在游戏的时候好好地组织游戏，其实在游戏中就培养着未来公民和工作者的品质。”④

三、劳动与教育应当紧密结合

马卡连柯指出，劳动教育要求劳动和教育应当紧密结合在一起。劳动与教育的结合，一方面是劳动必须与各种形式的教育相结合，才能成为劳动教育，才能发挥教育的效果。另一方面，教育要通过劳动的形式展开，生产劳动是劳动教育

① [苏联] 安·谢·马卡连柯．马卡连柯全集（第四卷）[M]．耿济安，高天浪，王云和，译．北京：人民教育出版社，1957：427.

② [苏联] 马卡连柯．马卡连柯教育文集（下卷）[M]．吴式颖，等编．北京：人民教育出版社，2005：511.

③ [苏联] 马卡连柯．马卡连柯教育文集（下卷）[M]．吴式颖，等编．北京：人民教育出版社，2005：160.

④ 同③.

的最好最有效的高级形式。[①]

（一）劳动必须与各种形式的教育相结合

马卡连柯指出，要把劳动和各种形式的教育紧密结合在一起，将劳动纳入教育体系中去。他认为，“单纯劳动本身对于培养新的行为动机所起的教育作用很小”[②]。一般而言，劳动只是一个中性的过程。“在任何情况下，劳动如果没有与其并行的知识教育——没有与其并行的政治的和社会的教育，就不会带来教育的好处，会成为不起作用的一种过程……只有把劳动作为总体系的一部分时，劳动才能成为教育的手段。”我们在实践中能够看到很多不能被称为劳动教育的劳动过程，尤其是当这种劳动是强迫性的、与负面体验和情绪相联系时。在马卡连柯所处的时代，苏联也存在着很多没有教育意义的劳动。他指出，“最初，劳动被了解为单纯的劳动，被了解为为自我服务的劳动，以后又把劳动看作没有目的、不事生产的劳动过程——耗费精力的操作”。他认为，这种无生产目的、单纯为了锻炼肉体、消耗精力、填满学生空闲时间的劳动过程，对学生的知识、品德、才能等各个方面的发展都是不会有丝毫好处的。[③] 学生的任何劳动都要服从学校一般的教育目的，劳动教育要成为培养儿童德、智、体、美发展，培养社会主义劳动者的强有力的手段。

（二）生产劳动是劳动教育的高级形式

马卡连柯多次指出，“一般地说，我不仅是劳动教育的拥护者，而且是生产教育的拥护者。马克思直率地说过：所有的儿童从九岁起，就应当参加生产……只有在生产过程中，人的真正性格——生产集体成员的真正性格——才能够成长起来。正是在生产过程中，在需要执行工业生产计划的时候，人们才会感觉到对每一部分工作应负的责任”[④]。在所有形式的劳动中，马卡连柯最为重视生产劳动的教育作用，他在劳动教育实践中也贯彻和践行着这一思想。因此，从公社“教育出来的人，懂得生产，懂得生产组织，也懂得生产过程”[⑤]。

（三）劳动和教育要自然结合，不要机械结合

马卡连柯既反对将劳动和教育割裂开来（只抓知识教育，不抓劳动，或只有

---

① 全国比较教育研究会，全国教育史研究会．马卡连柯教育思想研究论文集［M］．北京：北京师范大学出版社，1988：93.

②［苏联］安·谢·马卡连柯．马卡连柯全集（第一卷）［M］．许磊然，译．北京：人民教育出版社，1958：810.

③ 何国华，燕国材．马卡连柯教育思想研究［M］．长沙：湖南教育出版社，1986：87.

④［苏联］马卡连柯．马卡连柯教育文集（上卷）［M］．吴式颖，等编．北京：人民教育出版社，2005：227.

⑤［苏联］安·谢·马卡连柯．论共产主义教育［M］．刘长松，杨慕之，译．北京：人民教育出版社，1981：334.

劳动，以劳动代替知识教育），也反对把劳动和教育机械地简单地捏合在一起。马卡连柯曾经讲到在学校中将劳动和教育进行机械联系的教训，“劳动过程应当和教学计划‘联系’起来。在这个伤脑筋的问题上，我们真是费尽心机了。例如，孩子们做一个凳子，就应当使这个凳子跟地理、数学联系起来（笑声）。参观团来了，没有发现凳子跟俄语之间有一致的关系（笑声），我还感到很不好意思呢”①。他指出，在学校里如果有了生产劳动，学生就自然会运用他们在课堂中学到的知识去解决他们在生产过程中遇到的问题。由此可见，马卡连柯并不是反对教育教学与劳动的结合，而是反对一种生拉硬拽的结合。他认为教育的目的和内容会自然融入劳动过程，同时也要从劳动的过程中自然地生成各领域的学习。

四、在集体中、通过集体和为了集体开展劳动教育

集体教育是马卡连柯劳动教育思想中另外一个灵魂。经过多年的总结，他提出了“通过集体、在集体中和为了集体”的集体教育理论。他强调，集体首先是有共同目的的，是共同劳动、共同斗争的，并在这共同目的、劳动和斗争的前提下，把人们团结起来的社会有机体。② 所以，在马卡连柯的思想体系中，劳动、劳动教育和集体教育是紧密联系在一起的。他认为，在集体中、通过集体和为了集体而展开的劳动才更有价值。“从我们的观点来看，劳动过程在教育上是中立的过程……只有在集体生产条件下的劳动，对我们才是宝贵的，这种劳动之所以有价值，是因为劳动中每时每刻都对经济加以关心，而不单纯是劳动上的努力。”③ 简言之，没有集体，不进行集体教育，也很难在真正意义上组织劳动和进行劳动教育，很难充分发挥劳动教育的价值。同时，另一方面，没有劳动，不进行劳动教育，集体也不能真正建立起来。“与此相反，只有在劳动中共同努力，只有在集体中的工作，只有人们的劳动互助和他们经常的相互劳动依存，才能建立人们彼此间的正确关系。”④

---

① [苏联] 马卡连柯．马卡连柯教育文集（上卷）[M]．吴式颖，等编．北京：人民教育出版社，2005：234.

② 全国比较教育研究会，全国教育史研究会．马卡连柯教育思想研究论文集 [M]．北京：北京师范大学出版社，1988：94.

③ [苏联] 马卡连柯．马卡连柯教育文集（下卷）[M]．吴式颖，等编．北京：人民教育出版社，1985：338.

④ [苏联] 马卡连柯．马卡连柯教育文集（下卷）[M]．吴式颖，等编．北京：人民教育出版社，2005：530.

五、劳动教育应该具有长期性、复杂性、多样性和量力性

马卡连柯对劳动教育的性质也提出了期待，他认为劳动教育应当具有长期性、复杂性、多样性和量力性。首先，马卡连柯不赞同那种短时间或者一次性的劳动任务。他认为，在儿童面前，应当提出应用某种劳动工具就能解决的若干任务。这种任务不是必须在短时间里、在一天或两天里完成，而是可以有较长的时间，甚至要持续几月或几年。① 同时，马卡连柯也强调，劳动教育不应该是单纯的活动筋骨，而应该要有思维参与，有一定的复杂性，为儿童发挥聪明才智提供空间。他指出，“你们给儿童提出了带有组织性的任务，这就好得多、有意义得多”，“劳动的任务愈复杂，愈具有独立性，它在教育方面也就愈好”。同时，他还认为，学生如果只从事一种单调的枯燥的劳动，则必会减低其劳动兴趣；相反的，只有劳动任务的复杂化和多样化，才能使学生自觉地、兴致勃勃地从事该种劳动活动。而且不论是简单的还是复杂的劳动任务，都应当是有计划的和经常性的，并且要把它贯彻到底。量力性则是指，劳动任务应当是儿童力所能及的，要考虑他们的年龄特征和体力健康状况，“不应该使儿童负担过多的工作”②。

① [苏联] 马卡连柯．马卡连柯教育文集（下卷）[M]．吴式颖，等编．北京：人民教育出版社，2005：532.

② [苏联] 马卡连柯．马卡连柯教育文集（下卷）[M]．吴式颖，等编．北京：人民教育出版社，1985：186.

第二节
苏霍姆林斯基的劳动教育思想

苏霍姆林斯基是苏联著名的教育家，他的教育思想对我国的教育实践产生了深远的影响。迄今为止，我国中小学教师还常常将他的《给教师的 100 条建议》等作为必读书目。相对而言，学前教育界对苏霍姆林斯基教育思想的研究较少，深入分析他的劳动教育思想，能够给新时代的幼儿园劳动教育理论和实践建构带来诸多启发。

一、劳动教育促进人的全面发展

（一）劳动是个人全面发展的核心和基础

苏霍姆林斯基认为，劳动，特别是体力劳动匮乏，给文明社会发展带来制约。在他看来，在古代社会，体力劳动和脑力劳动存在着的分离状况使得劳动特别是体力劳动受到了鄙视。“鄙视体力劳动不可能造就人的真正的和谐，因为排斥体力劳动的和谐是有局限性的……在强制劳动的基础上建立起来的文明、文化和精神生活，被各种不可避免的矛盾所支解，因而停止了发展。”① 因此，我们应当在教育中积极回应这一问题。

劳动教育就是回应这一社会问题的良策。同时，在苏霍姆林斯基的论述中，劳动教育在根本上具有促进个体全面发展的作用。苏霍姆林斯基继承了马克思关于劳动促进人全面发展的思想，并对此展开了详细的论述。他旗帜鲜明地指出了劳动在人的全面发展中所起到的核心作用，他认为“劳动，只有劳动，才是一个人全面发展的基础。如果一个人根本体会不到劳动的乐趣，那全面发展就无从谈起”②。

---

① 蔡汀，王义高，祖晶．苏霍姆林斯基选集（第 1 卷）［M］．北京：教育科学出版社，2001：80.
② 蔡汀，王义高，祖晶．苏霍姆林斯基选集（第 5 卷）［M］．北京：教育科学出版社，2001：200.

（二）劳动素养是人全面发展不可或缺的部分

苏霍姆林斯基认为，劳动对人的全面发展的作用首先体现在劳动素养是人的全面发展必不可分的部分。他指出，“一个人的全面发展，首先是劳动与这个人的精神生活系统的和谐统一”①，即人在本质上需要劳动，在劳动中获得一种精神生活的满足感，这是个人全面发展的必要成分，“一个人的和谐全面发展、富有教养、精神丰富、道德纯洁——所有这一切，只有当他不仅在智育、德育、美育和体育素养上，而且在劳动素养、劳动创造素养上达到较高阶段时，才能做到”②。

（三）劳动使人实现德、智、体、美多领域发展

苏霍姆林斯基认为，劳动教育促进人的全面发展还体现在劳动对个体其他发展领域的作用上，劳动不仅是“发展孩子们劳动技能的重要条件，同时也是发展他们的智力、爱好和各种才能的重要条件”③，“有些劳动活动和长时间的劳动过程，在其内容上就起着重要作用：有的在智育、有的在美育、有的在体育、有的则在综合技术教育方面。个性的全面发展，全靠共产主义教育各个重要组成部分在劳动中的反映深度如何而定”④。劳动与道德发展有着密切关联。苏霍姆林斯基指出，劳动教育，特别是有关热爱劳动的教育，能使人精神充实、道德高尚，他特别指出劳动具有“崇高道德性及其明确的公益目的性”⑤。在讨论体力劳动和脑力劳动的关系时，他反复强调劳动对于个体思维、智慧发展的重要性，例如，他认为所谓的简单的农业劳动，也“不仅是一种体力（劳筋骨的）活儿，而且完全可以和脑力劳动融合在一起”，让简单劳动成为“促使儿童刻苦勤奋，努力掌握知识的手段”⑥。苏霍姆林斯基还特别看重劳动的美育价值，认为儿童的很多劳动，例如栽培花卉并进行照看，其“实用价值主要在于它们的美，其作用在于满足审美要求”⑦。简而言之，即劳动可以育德、培智、强体、悟美。

（四）劳动确证人之所以为人的自我

人的全面发展是人的意志得到自由体现、人的需要得到充分满足、人的权利得到充分保障、人的潜能得到充分开发、人的尊严得到充分尊重、人的价值得到充分实现的过程。苏霍姆林斯基在其论著中反复强调，劳动能使个人发现自我的价值，确证作为人的尊严。他指出，“一个人所热爱的工作，就是这个人的根。

---

① 蔡汀，王义高，祖晶．苏霍姆林斯基选集（第5卷）[M]．北京：教育科学出版社，2001：217.
② 蔡汀，王义高，祖晶．苏霍姆林斯基选集（第4卷）[M]．北京：教育科学出版社，2001：452.
③ 蔡汀，王义高，祖晶．苏霍姆林斯基选集（第5卷）[M]．北京：教育科学出版社，2001：91.
④ 蔡汀，王义高，祖晶．苏霍姆林斯基选集（第5卷）[M]．北京：教育科学出版社，2001：468.
⑤ 蔡汀，王义高，祖晶．苏霍姆林斯基选集（第5卷）[M]．北京：教育科学出版社，2001：453.
⑥ 蔡汀，王义高，祖晶．苏霍姆林斯基选集（第5卷）[M]．北京：教育科学出版社，2001：802.
⑦ 蔡汀，王义高，祖晶．苏霍姆林斯基选集（第4卷）[M]．北京：教育科学出版社，2001：468.

根扎得越深，你的自尊感就越强。没有根，即没有自己所热爱的工作，这个人就将一事无成”。他认为，劳动并不只是巩固已经获得的知识，或者更好地组织或丰富教学，劳动还是一种创造，在劳动中能展示人的能力、禀赋和天才，从而能够确立人的尊严感。①

二、幼儿劳动教育的奠基性

在苏霍姆林斯基看来，劳动教育应该尽早展开。他指出，要使得一个人从童年开始的劳动生活就成为他的精神生活的最重要的元素，就让孩子尽早地开始劳动。在他看来，幼年时期尽早地参与劳动，不仅能够让儿童认识到劳动创造财富的价值，更能够让儿童理解生活的意义和乐趣。他指出，“我们力求使每个孩子从幼年起就感到，他若不积肥，不往田里施肥，若不在炎热的夏天和严寒的冬天紧张地劳动，他就不会创造任何物质财富，也必然不会创造任何精神财富，因而他也不会享受到生活的乐趣”②。所有类型的劳动，包括具有各种社会意义的劳动，创造和巩固了社会物质技术的种种劳动，都应该从幼儿时期起逐渐进入孩子们的生活中。劳动教育之所以要尽早地进入幼儿的生活中，一方面是因为儿童有劳动的天性。“他们什么事情都愿亲自动手，这就是他们想成为优秀者的根源”③，教育应该遵循儿童的天性。另一方面，这也是为个体全面发展进行奠基的需要。“培养全面发展的人的‘秘诀’之一，就在于从学校生活的最初几步开始，就要使儿童在认识周围世界的同时就认识劳动，把劳动看成是需要智慧的、非常复杂的事情，从而在这种认识的基础上逐步树立起年轻劳动者的人的尊严感”。④

三、教育视域下的劳动应是真实的、产出结果的活动

苏霍姆林斯基的劳动教育思想中，也对劳动的本质进行了深入的讨论。总结来看，在苏霍姆林斯基的理论体系中，在学校教育中，劳动应当是具有真实性、生产性、紧张感的活动。

（一）劳动要有真实性

劳动的真实性体现在儿童的劳动过程、劳动目的、劳动工具都应该源于真实的生活。他曾指出，“孩子们的劳动必须与成年人的生产劳动有尽可能的共同因

① 蔡汀，王义高，祖晶．苏霍姆林斯基选集（第1卷）［M］．北京：教育科学出版社，2001：104.
② 蔡汀，王义高，祖晶．苏霍姆林斯基选集（第4卷）［M］．北京：教育科学出版社，2001：466.
③ 蔡汀，王义高，祖晶．苏霍姆林斯基选集（第5卷）［M］．北京：教育科学出版社，2001：830.
④ 蔡汀，王义高，祖晶．苏霍姆林斯基选集（第1卷）［M］．北京：教育科学出版社，2001：103.

素，不论在社会意义方面还是在劳动过程的技术和工艺方面，都应如此。孩子们的劳动越接近成人的劳动，其教育作用也就越大”①。他指出，儿童的劳动在我们看来，是游戏性的劳动，但对孩子来说，就是真实的、有益的、有用的，而且是有趣的劳动。苏霍姆林斯基还举了一个例子：假如给孩子们一个好玩的电动玩具，他们对玩具很快就冷淡了，但是如果给孩子们一台小型钻床，孩子们各个都要力争尽量多用钻床做工。孩子们为自己能使用真实的劳动工具、展开真实的劳动场景、生产真正的劳动产品而高兴。当然，这里讲儿童的劳动类似于成人生产劳动，并非是要以成人劳动的成果来要求儿童，也不是拔高儿童劳动的难度，更多的是强调儿童劳动要是一种“真劳动”，而非一种被游戏或其他活动形式过度包装的“假劳动”。

（二）劳动要产出结果

劳动是创造性的活动，换句话说，劳动是能够创造出物质成果或精神成果的。苏霍姆林斯基特别指出了劳动成果的出现对儿童形成劳动信念和劳动情感的意义。当儿童看到在自己紧张、努力和付出辛劳的劳动过程后，能够收获劳动成果，在自己的行为和结果之间建立联系后，更能理解劳动的意义。因此，让幼儿的劳动产出一定的成果，特别是物质成果，在苏霍姆林斯基来看，也是重要的。具体来说，他把成果分成了四类，“在一种情况下，物质成果在劳动过程中创造出来，是学生当时可以看见的（如少年技术家小组的制品）。在另一种情况下，劳动是为在不远的将来获得物质成果作准备（如收割成熟的麦子、准备播种）。在第三种情况下，劳动只是在较遥远的未来获得物质成果的一种条件（如以提高土壤肥力为目的的农林土壤改良工程）。第四种情况则全无有形的物质成果，劳动只以精神价值丰富生活（如帮助老人和病人）”。苏霍姆林斯基认为，“劳动的物质成果的意义越显著，信念形成的可能性就越大，伴随劳动过程的情感也越深沉”②。基于此，我们要帮助幼儿理解劳动的过程与劳动成果之间的关联，越是那种不够外显的、不够贴近当前生活的劳动成果，越需要教师引导幼儿明确劳动的目的，支持幼儿在很长一个时期内克服困难，为了获得未来的物质成果而努力。

四、从劳动走向劳动教育

尽管劳动具备促进个体全面发展的价值，但劳动的类型是多样的，既有作为人的本质的自由自主的劳动，也有为外在目的所驱动的劳动，甚至有外部强加的

① 蔡汀，王义高，祖晶．苏霍姆林斯基选集（第 4 卷）[M]．北京：教育科学出版社，2001：457.
② 蔡汀，王义高，祖晶．苏霍姆林斯基选集（第 4 卷）[M]．北京：教育科学出版社，2001：470.

劳动。因此，在学校开展了劳动并不等同于进行了劳动教育。苏霍姆林斯基明确指出，劳动和劳动教育不是一回事。那么如何从劳动走向劳动教育呢？在继承马克思、马卡连柯等人思想的基础上，苏霍姆林斯基认为，应该把教育与生产劳动结合起来，但这个过程并不是想象得那么简单。具体来说，要让劳动实现充分的育人效果，与个人德、智、体、美的发展紧密结合起来，“只有当劳动能使个人和集体的智力生活得到丰富，智力兴趣、创造兴趣得到多种内容的充实，道德更加完美以及美感得到提高时，它才能成为教育力量”①。在劳动走向劳动教育的路径中，苏霍姆林斯基特别强调思维参与的意义，他指出，对于那种最平凡的劳动，只要将它与“研究、试验、创造相联系”，就会产生巨大的教育意义。

在苏霍姆林斯基看来，“劳动教育”一词是有机的，不可分割的，一方面，教育缺少了劳动，也难以成为完整的教育。苏霍姆林斯基指出，“超然于劳动，离开了劳动，就无所谓教育，现在如此，将来亦然，因为不靠劳动就不能培养人各种各样的、方方面面的素质”②。另一方面，劳动的过程也不能缺少教育，如果缺少有意识的引导、支持，不注意让体力与脑力劳动相结合，让劳动与个人德、智、体、美的发展关联起来，劳动未必能够真正充分发挥巨大的教育意义。因此，他指出，“学校的任务，是使每个学生真正认识到所谓简单的体力劳动的实质，认识到它与思维、知识、科学和劳动技巧的关系”③。

五、丰富劳动教育的内容体系

苏霍姆林斯基针对劳动教育的内容提出了一条重要的原则——劳动内容的多样化，即劳动活动的内容应该丰富，不应该给儿童提供单一的劳动内容或者把孩子固定在某一个劳动小组或劳动小队。

（一）不同类型的劳动分别具有独特的价值

苏霍姆林斯基认为劳动活动应多样化，一个重要的原因是不同的劳动内容有着不同的价值。在他的论著中，他提到了多种类型的劳动，并分别分析了这些劳动的价值。他详细分析了为他人服务的劳动、农业劳动（包括种植和饲养）、自我服务劳动、手工劳动等的展开形式和价值。

1. 关心社会利益——公益劳动是公民教育的基础

苏霍姆林斯基特别关注公益劳动的价值。他指出，在学生用自己的劳动获得报酬之前，应该大量经历为社会创造物质财富的没有酬劳的劳动，获得相关的精

---

① 蔡汀，王义高，祖晶．苏霍姆林斯基选集（第 4 卷）[M]．北京：教育科学出版社，2001：452.
② 蔡汀，王义高，祖晶．苏霍姆林斯基选集（第 5 卷）[M]．北京：教育科学出版社，2001：827.
③ 蔡汀，王义高，祖晶．苏霍姆林斯基选集（第 5 卷）[M]．北京：教育科学出版社，2001：801.

神体验。在他看来，“一个人在童年、少年和青年时期在为社会的无酬劳动中付出的力量越多，他就越会关心看来似乎与他个人没有直接关系的事”①。这种为了社会和为了未来的劳动是具有显著的社会意义的劳动，是特别能陶冶学生品德的劳动，“去完成那种需要花费许多时间和气力的、超出本集体乃至本乡本区利益的劳动任务，在青少年的品德教育中起着很大作用”②。通过这种劳动，儿童逐渐学会关心他人和社会利益，而“凡在童年和少年时期就非常关心社会利益的孩子，都会养成一种义务感和荣誉感。每次遇到有关社会财物的事情时，他的良心都不会使他无动于衷”③。因此，从这个意义上来看，苏霍姆林斯基认为公益劳动是公民教育的要义。为了让儿童真正理解公共利益，他指出，“尽力使学生的劳动尽可能多地越出学校的圈子和学校的利益之外，使每个学生都感到自己已成为社会生活的参加者”④，即要让儿童的劳动能够超越自我利益的范畴；同时，他还指出，在这种劳动中，不能只关心劳动的技能和技巧，不能只有劳动的习惯，摆在首位的是“人为何而劳动”的思想。

2. 让大自然走进儿童的生活——农业劳动增进儿童的智慧及对自然的理解

苏霍姆林斯基指出，农业劳动看起来是很简单、单纯依靠体力的劳动，但应该在劳动教育中占据重要的位置。特别是对年龄较小的儿童来说，农业劳动是非常重要的。对儿童来说，农业劳动活动难度是适宜的，儿童也有兴趣，“农业生产中的绝大多数劳动，都可以变为纯属儿童式的劳动活动”⑤。他强调，“我们的教育理想是，让儿童自幼心系农业劳动，乐意终生从事这种劳动，并在这种充实有意义的未来劳动生活的感召下用这种劳动激发自己的情怀，陶冶自己的情操”⑥。同时，农业劳动蕴含了丰富的价值。在苏霍姆林斯基看来，农业劳动具有促进劳动者的科学认知、帮助劳动者认识自然的价值，“世世代代被认为是单调苦重的农业劳动并不简单，它是一种复杂的，饱含智力的劳动”⑦，儿童在这个过程中对大自然有所认识，对大自然的奥秘有所了解。与此同时，这些认知还有助于儿童形成对待自然、对待世界的正确态度，为形成正确的世界观奠定基础。在他看来，“一个人立场和世界观的形成，取决于他如何认识大自然，他从小如何看待、理解和感受大自然，大自然如何进入他的生活”⑧。

---

① 蔡汀，王义高，祖晶．苏霍姆林斯基选集（第4卷）[M]．北京：教育科学出版社，2001：453.
② 蔡汀，王义高，祖晶．苏霍姆林斯基选集（第4卷）[M]．北京：教育科学出版社，2001：534.
③ 同①.
④ 蔡汀，王义高，祖晶．苏霍姆林斯基选集（第4卷）[M]．北京：教育科学出版社，2001：467.
⑤ 同①.
⑥ 蔡汀，王义高，祖晶．苏霍姆林斯基选集（第5卷）[M]．北京：教育科学出版社，2001：802.
⑦ 同⑥.
⑧ 蔡汀，王义高，祖晶．苏霍姆林斯基选集（第5卷）[M]．北京：教育科学出版社，2001：803.

3. 人人都应负担的普遍义务——自我服务劳动养成劳动自觉

自我服务劳动是最基础的劳动。苏霍姆林斯基指出，尽管这种劳动最平凡、最简单，并且不具备公益劳动的社会意义，但是，自我服务劳动也有其有益之处。其一，这种劳动具有基础性，因此通过自我服务形成的劳动习惯可以成为其他劳动的基础。“自我服务，这是最简单的一种日常劳动，劳动教育一般都从自我服务开始，而且日后不管每个人从事何种生产劳动，自我服务都将成为他的义务和习惯。”① 其二，自我服务劳动也有助于让儿童理解劳动的普遍义务，即每个人都要劳动，生活中时时刻刻都需要劳动，让个体的劳动成为一种自觉。正如他指出的，自我服务能使劳动变为人人都负担的平等的普遍义务范围，“并教他们履行这些义务，以做到劳动的经常化，做到自我服务成为毫无例外的所有人的义务”②。其三，自我服务劳动于个体而言，能够培养其爱整洁的习惯，以及对生活的积极态度，能使生活变得更美好、更快乐、更可爱。缺少了这种态度，就缺少了劳动的信念和劳动的自觉性。其四，自我服务劳动还能让个体树立起对普通劳动者和平凡劳动工作真正的尊重之情，能够让儿童“尊重那些平凡的劳动和以普通的、不引人注意的劳动为职业的人们”③。

4. 智慧在指尖——手工劳动为更复杂的劳动打基础

在苏霍姆林斯基的著作中，还多处提到手工劳动、机械劳动。相对而言，前面已提到的三种劳动主要以劳动对象来区分，手工劳动和机械劳动则主要从劳动工具的角度来区分。尽管在一个机械化的时代，还在用简单的工具进行手工劳动，似乎太是古非今了，但是，苏霍姆林斯基却坚持必须使手工劳动和机械化劳动相结合，既发展头脑，又发展双手。他指出，手工劳动的特点是，劳动者不需要付出繁重的体力，主要依赖的是劳动者的技能、技巧和灵活性。展开手工劳动，在手工劳动中获得基本的劳动技能技巧是儿童后续展开机械化劳动的基础。苏霍姆林斯基强调，“操纵自动化机械的技能是在简单的手工性劳动技能技巧的基础上形成和发展起来的”④，“那些掌握了多种手工性劳动技能的人，更易于从一种劳动形式转向另一种劳动形式”⑤。

5. 通过集体劳动形成热爱劳动的思想

与马卡连柯相同，苏霍姆林斯基同样强调集体劳动的价值，强调为了集体、在集体中、通过集体来开展劳动教育。他在《培养共产主义劳动态度》中明确指

① 蔡汀，王义高，祖晶．苏霍姆林斯基选集（第 5 卷）［M］．北京：教育科学出版社，2001：526.
② 同①.
③ 蔡汀，王义高，祖晶．苏霍姆林斯基选集（第 4 卷）［M］．北京：教育科学出版社，2001：466.
④ 蔡汀，王义高，祖晶．苏霍姆林斯基选集（第 5 卷）［M］．北京：教育科学出版社，2001：89.
⑤ 蔡汀，王义高，祖晶．苏霍姆林斯基选集（第 5 卷）［M］．北京：教育科学出版社，2001：91.

出，作为一种道德品质，热爱劳动的思想只有在集体中才能形成，而为集体而劳动，为集体创造物质财富，为集体服务——这些都是集体在劳动中的极重要的作用，缺少了这些就不可能进行热爱劳动的教育。在苏霍姆林斯基看来，学校劳动教育的关键之处就在于要建立一个良好的劳动集体，从而保证所有的成员都处在一个相互影响、相互督促的劳动关系中。这有利于维持和激发个人的劳动意志和劳动动机。真正的集体劳动是每个学生都力求达到共同目标，同时“集体中的每一个成员都对其他同志负有个人责任，都要完成劳动中个人应当完成的那个部分”①。

（二）多样化的劳动要交替开展

在苏霍姆林斯基看来，不同类型的劳动要交替开展。首先，这是符合儿童的天性的，孩子“总希望把两三种操作方式和工作技巧不同而且各具不同特点的劳动活动相互交换、交替和结合着进行”②。其次，多样化的劳动活动可以给儿童更加丰富的经验，“孩子们可以从活动的多样化中，从事情的更新中得到满足”③。再次，多样化的活动能够更好地彰显儿童的个性倾向。苏霍姆林斯基认为，劳动是彰显个性倾向的活动，为儿童青少年提供的劳动越多样化，他们选择专业的自觉程度也就越高，他们的个人倾向也就越能充分地发挥出来。最后，多样化的活动能够让儿童胜任那些看起来困难的劳动任务。由于不同类型的劳动活动交替进行，幼儿的身体、脑力也可以交替得到休息，“那些在单一情况下本会使孩子无法胜任和疲惫不堪的劳动，在这种交替下就会变为力所能及的了”④。

六、劳动教育要坚持体力劳动与脑力劳动的结合

在苏霍姆林斯基所论述的劳动教育原则中，体力与脑力的结合是其中最为重要的教育原则，在此基础上，苏霍姆林斯基还进一步阐释了创造性劳动。这对我们在新时代背景下思考如何培养儿童的创造性劳动的能力，如何避免就劳动谈劳动，都有很大的启发。

（一）避免体力劳动、脑力劳动相分离：跨时间、阶段与个体的必要性

苏霍姆林斯基指出，体力劳动和脑力劳动相分离，是奴隶制社会以来的积习，将精神生活与劳动分开，实际上限制了人们的精神生活。他指出，如果我们

① ［苏联］B. A. 苏霍姆林斯基．苏霍姆林斯基论劳动教育［M］．北京：教育科学出版社，2019：14.

② 蔡汀，王义高，祖晶．苏霍姆林斯基选集（第4卷）［M］．北京：教育科学出版社，2001：455.

③ 同②.

④ 蔡汀，王义高，祖晶．苏霍姆林斯基选集（第4卷）［M］．北京：教育科学出版社，2001：460.

不把体力劳动与脑力劳动活动结合在一起，“就会产生思维的惰性、对新事物的恐惧感，就不会从劳动过程本身中寻找出创造性地解决问题的可能性”①。他认为任何时候都不应该让体力活动和脑力活动相分离。例如，在一个小组劳动中，不能只让那些积极性高、才能较强的同学负责思考，而认为那些才能较低的、积极性较差的同学只能充当一个单纯的执行者的角色。苏霍姆林斯基在若干年的教育实践中，“努力把学生的劳动活动赋予实验、试验的性质”②，“以实验性的研究态度来对待形式最普通的劳动活动”③，并且强调，在学生入学之初，就要将劳动建立在智力构想的基础之上，让每一个受教育者在接受劳动教育的一定阶段都能产生多少有一些复杂程度的创意。简言之，体力与脑力的结合应该体现在任何形式的劳动当中，体现在任何受教育阶段，体现在每一个受教育者身上。

（二）体力劳动、脑力劳动相结合是儿童形成劳动兴趣的前提条件

脑力劳动要和体力劳动紧密结合在一起，是因为这是让儿童形成劳动兴趣的重要前提。苏霍姆林斯基指出，“驱使孩子进行体力劳动的最强大的动力之一，就是这种劳动的重大意义和手脑的结合，意义越重大，做这种最平凡的工作的兴趣就越强烈”④。他指出，农业劳动当中有很多单调的劳动过程，要尽力使“那些与作物栽培和家畜饲养有关的各种工作都能以创造意图为其基础，使孩子为实现这些意图而激发智力去思考，去观察，去研究自然现象”。他还举了一个常见的农业劳动的例子来说明——种植甜菜就有许多单调无趣的劳动过程，如果抱有研究性的目的，那么它们也会变成创造性劳动。⑤

（三）体力劳动、脑力劳动相结合能使儿童获得对未来生活更有价值的知识

脑力劳动要和体力劳动紧密结合在一起，还因为通过动手和动脑结合而获得的知识，是对儿童当下和未来生活更有价值的知识。苏霍姆林斯基指出，“只有当一个人通过积极的脑力活动并在将动手的工作与创造性的思维结合在一起的条件下来获取知识时，这些知识才有可能对他未来的生活起到决定性的作用”⑥，“在这种劳动过程中所获取的知识，能在记忆中存留得更加牢固，更加深刻，而且特别重要的是学生们会努力把这些知识尽量充分地运用于自己未来的实践中去”⑦。

---

① 蔡汀，王义高，祖晶．苏霍姆林斯基选集（第5卷）[M]．北京：教育科学出版社，2001：99.
② 蔡汀，王义高，祖晶．苏霍姆林斯基选集（第5卷）[M]．北京：教育科学出版社，2001：81.
③ 蔡汀，王义高，祖晶．苏霍姆林斯基选集（第5卷）[M]．北京：教育科学出版社，2001：86.
④ 蔡汀，王义高，祖晶．苏霍姆林斯基选集（第4卷）[M]．北京：教育科学出版社，2001：458.
⑤ 蔡汀，王义高，祖晶．苏霍姆林斯基选集（第4卷）[M]．北京：教育科学出版社，2001：450.
⑥ 蔡汀，王义高，祖晶．苏霍姆林斯基选集（第5卷）[M]．北京：教育科学出版社，2001：68.
⑦ 蔡汀，王义高，祖晶．苏霍姆林斯基选集（第5卷）[M]．北京：教育科学出版社，2001：73.

（四）创造性劳动要坚持体力劳动、脑力劳动相结合

在苏霍姆林斯基的劳动教育理论中，有关创造性劳动的论述被视为他最大的创新和贡献。① 他反复强调创造性劳动的重要性，认为创造性劳动是培养人将劳动视为本能的需要、涵养其热爱劳动之情的关键，进行创造性劳动还能够发展儿童的思维，激发个体求知和学习的愿望。他指出，“为培养一个人把劳动视为本能的需要，而对无所事事和游手好闲深恶痛绝，应当把趣味盎然、内容充实的创造性劳动教育贯串于青少年教育的全过程”②。

创造性劳动就是一种在体力劳动中不断地运用智慧力量的活动，它与维持人类经济与社会发展的简单再生产与扩大再生产相对应。儿童展开创造性劳动，既可以具备生产性目的，也可以具有创造性特点，甚至可以对劳动过程本身进行改善。在苏霍姆林斯基看来，任何类型的劳动都有可能成为创造性的劳动。“种植粮食作物和经济作物，同制作机器工作模型一样，都是一种创造性的劳动。”③ 在创造性劳动中，儿童必须有思维的参与，在活动之前要有创造性的计划，在行动之后，儿童要进行回顾和反思，“这一次他要把上一次工作过程中的每一步都经过深思熟虑：认真比较，上一次的每一道工序是怎么做的，这一次应该怎么做”。“这样一来，一种最普通的、不具任何特色的体力劳动就具有了创造性。如果没有这个过程，那么即使是一种需要发挥创造能力的劳动，也可能变成单调而又枯燥的事。”④ 当然，展开创造性劳动也是有一定前提的，社会要把人放到首位，让个人在安全的心理环境下进行劳动。

---

① [苏联] 苏霍姆林斯基．公民的诞生 [M]．黄之瑞，等译．北京：教育科学出版社，2002：382.

② 蔡汀，王义高，祖晶．苏霍姆林斯基选集（第 5 卷）[M]．北京：教育科学出版社，2001：65.

③ 蔡汀，王义高，祖晶．苏霍姆林斯基选集（第 5 卷）[M]．北京：教育科学出版社，2001：98.

④ 蔡汀，王义高，祖晶．苏霍姆林斯基选集（第 5 卷）[M]．北京：教育科学出版社，2001：97.

第三节 杜威的劳动教育思想研究

杜威是20世纪最有影响力的教育家之一，他所倡导的进步主义教育思想对美国乃至全球的教育理论和实践都产生了影响。但是，在追溯劳动教育思想渊源时，学者往往忽视了这位伟大的教育家的思想和实践贡献。对杜威劳动教育思想的忽视，有以下原因：首先，苏联的学者苏霍姆林斯基、马卡连柯、克鲁普斯卡娅等人对劳动教育进行了长期、系统的研究，而过去，劳动教育理论大多由苏联传入我国，我国的劳动教育实践也更多受到苏联教育学派的影响。因而，过去的研究者较少考虑苏联以外的其他学者对劳动教育的阐述。其次，因为杜威是对课程领域产生了极大影响的人物，这阻碍了美国研究者发掘杜威在“劳动教育”这种非传统课程理论议题上的贡献。① 再次，在杜威对劳动教育思想的论述中，他较少直接使用“劳动”“劳动教育”这些词汇，而他多次使用的“作业”（occupations）一词，与“劳动”有着密切的联系，在我国的教育学研究话语体系中，往往将杜威的“作业”或者“主动作业”强调为“以儿童为主体”和“儿童中心”，又或者将其翻译为“工作、职业”，与“职业教育”相混淆，因此，其“劳动”意涵被忽视。

实际上，杜威不仅关注劳动和劳动教育，他的劳动教育思想还非常丰富、极具特色。② 杜威进行了长达数十年的新教育改革，他创办了芝加哥大学实验学校，在学校中进行了长期的劳动教育实践研究。这些实践研究成为杜威劳动教育思想不断发展的源泉。因此，对杜威的劳动教育思想进行研究，对我国幼儿园劳动教育研究和实践的发展有着重要的意义。

---

① 王文智，刘正伟．重访“作业”：劳动教育视域下杜威课程理论与实践的当代启示［J］．教育科学，2023，39（05）：37－44.

② 夏剑．一种促进社会民主的劳动教育如何可能？——杜威劳动教育思想初探［J］．中国人民大学教育学刊，2023（06）：150－163.

一、开展劳动教育的背景

（一）社会分工带来的教育不足

在家庭中和学校中的教育构成了儿童所面对的教育的整体。杜威认为，在过去，儿童很容易在家庭生活和社会生活中看到家庭成员和邻居所从事的职业，同时，作为家庭的成员，儿童也亲身参与各类活动，分担着一部分工作，认识到不同工作背后所蕴含的知识和社会关系。杜威认为，这种生活中所包含的纪律和品格塑造因素，在秩序和勤奋的习惯方面的训练，在责任心和做某事、制造某物的义务等观念方面的训练，不应该被忽略。儿童在行动中塑造的人格，通过行动这个中介受到检验。在这些活动中，可以不断“培养一个人的观察力、才智、建设性的想象力、逻辑思维和现实感”。应该说，杜威非常详细地论述了儿童参与家庭、邻里的生活与工作，在帮助儿童养成品格、发展思维、理解社会关系和社会意义等方面的价值。

但是随着社会的发展，社会分工日益精细化，由于工业集中化和劳动力分化，社会已经在事实上取消了家庭工作和邻里工作。杜威认为，应对这种社会环境的变化，需要教育作出变革。在教育中，必须针对社会的变化进行相应的补偿——宽容精神的增长，社会见识的扩大，对人性的进一步了解，从外在表现识别人的性格和判断社会环境的敏锐性，准确地适应不同的人格和接触更多的商业活动。杜威指出，为了应对这种社会变化，要将手工训练、店铺劳作以及缝纫和烹饪等引入学校课程。

（二）为改造社会而开展劳动教育

与杜威将教育改革的最终旨趣指向改造社会一样，杜威教育思想中的劳动教育同样以改造社会为最终目的，旨在最终建立一个“以共同的精神、为共同的目标而共同劳作”[①] 的共同体。杜威的劳动教育思想同样回应了民主与教育之间的关系。

在杜威看来，民主既包括传统意义上的政治民主，还包括社会民主。社会民主是一种社会生活状态，“有广泛而多样的机会分配，有社会的流动性和位置、身份变更的余地，有经验和思想的自由流通”[②]。社会民主不会自发产生，教育要扮演助产婆的角色。在所处的时代背景下，杜威深切地感受到社会变革的重要

① [美] 杜威．杜威全集・中期著作：第一卷（1899—1901）[M]．刘时工，白玉国，译．上海：华东师范大学出版社，2012：8.

② [美] 杜威．杜威全集・中期著作：第十卷（1916—1917）[M]．王成兵，林建武，译．上海：华东师范大学出版社，2012：109 - 110.

性。在杜威的著作中，他批评了劳动中体力脑力相割裂的问题、阶级割裂的问题，以及在教育中进行自由教育和实用训练的分类。

他指出，每个人都必须劳动，“人类要生存下去，就必须通过工作为自己提供生活物资”①，但事实上却只有一部分群体在劳动，他们“不仅要为自身的生存而劳动，还要用劳动为上流阶层供应生活物资，让上流阶层不必亲身从事那些几乎占用了所有时间而在本质上不涉及智力活动不增长智力的事务”②。从古希腊开始，这种体、脑劳动的分离就存在了，并且也反映在教育中，有闲阶级和劳动阶级之间似乎存在着一条永恒的分界线，“一类人有能力过理性生活，由此拥有自己的目的；另一类人只能过欲望和劳动的生活，需要别人给他们提出目的”③。由此，也产生了自由教育与实用训练之间的分离，前者专注于为认识而认识的自足自理的闲暇生活，而后者则是为了机械地从事某些活动，毫无理智和美学内涵可言。

要变革劳动与教育二元对立以及社会阶层的分割状态，杜威指出了教育在这方面的重要性。他认为，“在一个民主社会中，教育的问题在于消除二元对立，制订一种课程，使思想引导所有人的自由实践，并使闲暇成为承担服务职责的回报，而不是成为免除这一负担的理由”④。劳动教育成为杜威的构想中进行社会变革的重要工具。杜威认为，当时的学校不能将自身组织为一个自然的社会单元，其主要原因就在于缺乏共同的要素和生活活动。而在工作中，就会涉及劳动力的自然分工、选择领袖和跟随者、互相合作和竞争。杜威认为，当各种作业成为学校生活的明确核心时，就给学校带来精神氛围的差异，儿童之间会出现“自由的交往，观点、建议和结果的交流”⑤，“学校生活以一种非正式但更为通行的方式在社会基础上组织起来”⑥。

① [美] 杜威．杜威全集·中期著作：第九卷（1916）[M]．俞吾金，孔慧，译．上海：华东师范大学出版社，2012：205.

② [美] 杜威．杜威全集·中期著作：第九卷（1916）[M]．俞吾金，孔慧，译．上海：华东师范大学出版社，2012：204.

③ [美] 杜威．杜威全集·中期著作：第九卷（1916）[M]．俞吾金，孔慧，译．上海：华东师范大学出版社，2012：212.

④ [美] 杜威．杜威全集·中期著作：第九卷（1916）[M]．俞吾金，孔慧，译．上海：华东师范大学出版社，2012：211.

⑤ [美] 杜威．杜威全集·中期著作：第一卷（1899—1901）[M]．刘时工，白玉国，译．上海：华东师范大学出版社，2012：9.

⑥ 同⑤.

二、“作业”的主体和核心是儿童的劳动

（一）作业是儿童对社会生活的复制或模仿

在杜威的著作中，反复出现“occupation（s）”一词。该词有“工作”和“职业”的含义，在杜威著作的中译本中，该词常常被交替翻译为“作业”“工作”“职业”“职业活动”“事务”等，有着很强的“劳动”意涵。在杜威的中期著作中，对“作业”的含义进行了详细的讨论。杜威在《学校与社会》一书中就明确提出了“作业”的定义：“我所说的作业，指的是儿童对社会生活所进行的复制或模仿。在芝加哥大学初等学校，这些作业包括利用木料和工具进行的工厂工作、烹饪工作和纺织工作……它维持了经验的理智状态和实践状态之间的平衡。”①

（二）作业是儿童身心参与的主动活动

杜威认为，“作业”这种儿童对社会生活的复制和模仿活动具有身心的积极性，同时又与社会有着密切的关系。他指出，作业通过身体器官——眼、手等表现出来，但是，它同样也意味着对材料的连续观察，以及连续的筹划和思考，以保证实践的或执行的东西可以顺利地完成。② 因此，杜威所提出的“作业”概念，又被称为“主动作业”（active occupations）。此外，在杜威看来，所有的作业都围绕人与世界的基本关系而展开，作业不仅具有个人属性，更重要的是具有社会属性。

（三）劳动作业是作业的主体

在杜威来看，作业可以分为劳动和游戏两种类型的活动。但是他指出，“游戏和勤勉，就它们内在的意义而言，决不像平常所假定的那样，是背道而驰的”③。并且，游戏在一定程度上是可以转化为劳动的，“当人们预知到具有明确特征而相当遥远的结果，并为实现这些结果付出持之以恒的努力时，游戏就转变为工作……随着活动变得越来越复杂，人们对所得的具体结果越来越关注，它们

---

① [美] 杜威．杜威全集・中期著作：第一卷（1899—1901）[M]．刘时工，白玉国，译．上海：华东师范大学出版社，2012：65.

② ANTHONY DEFALCO. An Analysis of John Dewey's Notion of Occupations: Still Pedagogically Valuable? [J]．Education and Culture，2010，26（1）：82－99.

③ 杜威．杜威全集・中期著作：第九卷（1916）[M]．俞吾金，孔慧，译．上海：华东师范大学出版社，2012：167.

便获得了额外的意义。因此，它们渐渐转变成工作”①。事实上，在杜威的“作业”概念中含有浓厚的“劳动”意义。有学者就曾指出，杜威的“作业”和“行动”（action）概念与马克思的“具体劳动”（concrete labor）有诸多相似之处。首先，它们都是有目的的活动，马克思的“具体劳动”旨在生产使用价值，满足人类的实际需要，杜威的“行动”同样强调目的性，即应当服务于满足基本的社会需求和促进个体与社会的融合。其次，他们都认为人类的基本需求是恒定的，这些需求构成了人类生活的连续性，并成为人的社会化过程的基础。此外，两者都具有突出的社会实践性。②

（四）作业具有自然性、探究性和艺术性

在杜威来看，作业作为人类经验的一种模式，与自然、探究、美学等都有着密切的关系。

杜威认为，作业活动是自然的一部分。他认为人类所有的经验都处于自然中，其中也包括作业活动。杜威实用主义认为人类和其他物种一样，是自然过程的一部分，人类行为存在于一个自然事件与另一个自然事件的联系中。自然是所有存在和经验的基础，而自然过程中的不确定性是人类经验的重要组成部分。经验是来源于自然、在自然之中的，所有的作业也是来源于自然、在自然之中的。以儿童烹饪为例，这个作业活动就是自然事件的一部分。生活在自然和文化环境中的个人，为了一定的目的，对自然之物进行操作。烹饪中需要利用食物、能源、锅碗瓢盆等自然之物或由自然之物转化而来的物体。在杜威学校中，烹饪活动被广泛实施的原因之一，就是儿童可以通过参与和探究了解自然以及与自然互动的人类活动。人类进食的冲动既是自然的，也是具有文化性的。

杜威认为儿童的作业过程就是他们的探究过程。探究是杜威实用主义哲学中重要的概念。在杜威看来，探究就是以受指导的或受控的方式，将不确定的情境转化为确定的统一的情境。③ 他认为，探究贯穿在人类生活中，是人类寻求安全感、确定性的重要方式。杜威思想中的探究包括“常识探究”和“科学探究”两种类型。④ 杜威指出，具体的行动逻辑在儿童身上表现得较早，通过它所形成的智力习惯是科学探究最好的准备。常识探究和科学探究虽然在取材、方式和结果上明显不同，但二者有着同样的探究模式，识别问题、实验、观察、推理、判断

---

① 杜威．杜威全集·中期著作：第九卷（1916）［M］．俞吾金，孔慧，译．上海：华东师范大学出版社，2012：170.

② HARRIS FRED. Dewey's Materialist Philosophy of Education：A Resource for Critical Pedagogues?［J］The European Legacy，2006（11）：259－288.

③ 同②.

④ 邹红军，柳海民．杜威的“探究认识论”与探究学习［J］．全球教育展望，2018，47（05）：56－70.

和确定事物关系都是常识探究和科学探究所固有的。同时，科学探究必须关注日常经验，也必须使知识回归日常应用领域。同样以儿童的烹饪活动为例，儿童在日常生活中可能会遇到饥饿，而此时如果没有现成的餐食，儿童首先就需要通过感知来理解当下的不确定情境，就是他们有多饿，以及手头有哪些食材和工具可以用来烹饪。在确定了这些问题之后，他们会思考并选择一个可能的解决问题的方案，然后实施方案。在这个过程中，儿童会进行探究性的实验，比如将不同的食材进行组合，尝试不同的烹饪方法，以验证哪种食材组合方式能够制作出既美味又能消除饥饿感的食物。在儿童判断烹饪材料的组合方式、烹饪的方法等对消除饥饿的结果有何意义之后，烹饪（探究）才会停止。

杜威还认为作业是获得审美体验的方式。杜威在《艺术即经验》一书中指出，审美存在于所有类型的经验中，而不仅仅是在博物馆中欣赏美术作品或进行特殊文化体验活动时才存在，审美经验是日常经验的一部分，可以在任何经验中找到，包括日常的烹饪、清洁或建造等活动。杜威认为，想象力是审美经验的核心。通过想象力，人们能够遇见可能的结果，探索不同的可能性，并在心中模拟不同的情境，杜威将其称作“戏剧排练”。杜威还强调审美经验具有完整性，他指出，“任何实际的活动，假如它们是完整的，并且是在自身冲动的驱动下得到实现的话，都将具有审美性质”①。他认为审美经验是一个整体的经验，不仅仅涉及感官的享受，还包括情感、思考和意义的整合。审美经验是对环境的全面参与、理解和整合。在杜威看来，任何经验，只要它是统一的、连续的、完整的、具有内在张力的，都是具有审美性的。因此，能够艺术地生活就是在日常生活中拥有“圆满的体验”，在这种体验中，世界向我们敞开了大门，揭示了我们所感受或感觉到的意义和价值。此外，审美无利害，审美不仅仅是闲暇之事，并不是脱离了使用目的的经验才是审美。他认为日常活动、艺术和科学之间存在着密切的、环环相扣的关系。仍然以烹饪为例，儿童在烹饪过程中，有着对家人朋友的关爱、对烹饪活动的热情、对成果的自豪感，这是他们在烹饪过程中强烈的情感体验；儿童还需要综合考虑食材的特征、烹饪环境、用餐者的喜好等，以实现最佳的烹饪效果，这体现了个体对情境的全面理解和信息整合；烹饪活动通常以制作出令人满足的菜肴为目标，这一目标使儿童有了开展烹饪活动的强有力的内在动机；烹饪活动中充满了想象的过程，儿童可能会对配料进行变化或者使用替代材料，这种想象力和创新是艺术经验中不可或缺的元素；烹饪过程中儿童需要使用多种感官经验，同时，他们需要去思考、创造，他们在当下的烹饪活动中，也可能在未来的烹饪活动中享受创造的意义和价值。综上，杜威认为，作业是获得审美经验的方式，因此，也是一种使人学会在未来更有意义地生活的方式。

---

①［美］约翰·杜威．艺术即经验［M］．高建平，译．北京：商务印书馆，2005：42.

三、劳动应当作为课程的核心

正是因为杜威并没有将劳动的价值框定为劳动素养的养成，因此，在杜威学校的课程规划中，以劳动为主的作业明显被放在更为重要的位置。杜威认为，作业不应该是课程的补充，而应该是课程的核心。他明确提出，“如果‘初等’这个词在‘初等教育’这个短语中不仅仅是一个时间要素，如果它意味着质量，如果它意味着根本的和基础的东西，那么，建设性的艺术和手工训练就可以被看作初等教育显著的、典型的特征”①。

杜威在《民主主义与教育》之《课程中的游戏与工作》一章中开创性地讨论了积极作业在教育中的地位。他首先批评了只把游戏和工作作为一种补充和调剂的做法。他指出，“人们有时只是为了这些理由，为了强调从‘常规的’学校作业的乏味和重负中解脱出来，才求助于游戏、运动和建设性事务。然而，没有任何理由只把它们当作宜人的娱乐活动”②。相反，杜威指出，“探索、利用工具和材料，构建、表达欢快的情绪等天然取向，具有根本性的价值……在课程中对游戏和积极作业作出明确定位的根据是理智的、社会性的，不是权宜之计和一时的欢愉”③。杜威指出，在小学课程中，有三个组成部分：主动的作业、其他与社会生活有关的学科内容、数学与阅读等能力。他从心理学发展规律的角度指出，离开了主动的作业，课程中其他两个方面的发展就无法理智地讨论。他强调了作业在课程中的中心位置，认为主动作业是比任何其他学习，比阅读或地理，比故事或神话，更能唤起和引导儿童最根本、最重要的东西。

杜威认为主动作业应该成为课程的核心而不是补充，主要基于以下理由。

（一）主动作业是儿童建构经验和学习的方式

以杜威的知识观为基础，主动作业被看作一种经验建构和学习的方式。在杜威早期的著作《知识问题的实质》一文中，他讨论了两种常见的知识观：感觉和思考。杜威指出，这两者都不足以被称为知识，只是一种行动和思想的二元论。他认为，在知识构成中，这两者都是必要的，共同构成了统一的知识结果。杜威认为知识是行动的陈述，而且陈述也是行动成功进行的必要条件。在主动作业中，能够看到儿童的行动，以及儿童对行动的反思，因此，主动作业是儿童建构

① [美] 杜威．杜威全集·中期著作：第一卷（1899—1901）[M]．刘时工，白玉国，译．上海：华东师范大学出版社，2012：168.

② [美] 杜威．杜威全集·中期著作：第九卷（1916）[M]．俞吾金，孔慧，译．上海：华东师范大学出版社，2012：161.

③ 同②.

知识的重要方式，不是一种没有教育价值的“娱乐”。

（二）课程应该从儿童的内在冲动开始

在杜威的课程观中，课程是与儿童的行动、冲动、兴趣有着密切关系的，作业是满足儿童冲动表达的重要方式。杜威希望学校教育从儿童的内在冲动开始。他指出，“起点始终是自我表达的冲动；教育过程是提供材料和条件（积极的和消极的），使表达在内容和形式或方式上都朝着正常的社会方向发展。这就为确定整个学校的运作和组织（无论是整体还是细节）提供了标准”①。而烹饪、纺织、建造等主动作业就是围绕儿童相关的表达冲动而形成的。主动作业是一种建设性的活动，杜威指出，“烹饪、木工和缝纫这三种典型的活动（从广义上讲）在心理方面为建设性工作提供了充分的机会，而在社会方面，它们代表了种族的基本活动”。课程中，如果缺少了儿童的主动作业，“就不可能保障有效学习的常态；也就是说，不能保障学习知识是自身有目的的活动自然发展的结果，而只是得益于学校下达的任务”。

（三）作业的教育效果需要在校内增强

校外活动中的游戏和工作是偶发的、消极的。杜威指出，很多人认为，学校教育和校外教育之间应该形成一种互补关系，学校教育不能简单地重复儿童在校外自己会做的事情。过去，儿童常常会在校外进行游戏和工作，但是，在杜威所处的时代，情况已经完全不同了。彼时年轻人的工作不再是一种源自内在冲动的主动作业，而更多地受到外部惩罚或奖励的驱使，因而对年轻人的发展造成了消极的影响。② 并且，在大多数校外的环境中，游戏和工作的教育结果只是副产品，“获得教育性的发展多多少少是偶然的”。因此，在学校环境中有组织、有计划、有目的地展开主动作业，是学校的责任。

四、劳动教育的目标、内容与组织

杜威强调，对学校而言，仅仅引入劳动也是不够的，甚至仅把劳动作为课程的核心都是不够的，“一切都取决于这些活动是如何得到应用的”。因此，在杜威的论著中，他对于劳动教育的目标如何定位、劳动教育的内容如何选择、劳动教育如何组织和实施都有详细的阐述。

---

① ANTHONY DE FALCO. An Analysis of John Dewey’s Notion of Occupations-Still Pedagogically Valuable? [J]. Education and Culture, 2010, 26 (01): 82-99.

② 杨勇. 以行动进入文明：杜威手工训练课程一解 [J]. 复旦教育论坛, 2023, 21 (01): 13-19+27.

（一）劳动教育的目标：指向社会性倾向的全人教育

杜威指出，在当时的教育实践中，手工劳动被引入学校，是将其看作未来职业的训练，“在某种程度上，它是他们以后生活的实践职责的准备：女孩成为更有效的家庭管理者，如果不是厨师和裁缝的话；男孩（如果我们的教育体系只是停留在职业学校层面的话）为他们未来的职业而作准备”①。但是，杜威并不赞同从让儿童为未来职业做好准备的角度来认识劳动的价值。在杜威的劳动教育体系中，他所构想的教育目标不是锻炼儿童的劳动技能，从而为个体未来的职业做好能力上的准备。他说，“我不想低估这些理由的价值……但总体来说，这些观点是不必要的、牵强的”②。

在杜威看来，手工劳动对个人发展的价值是全面的。作业能够吸引儿童的自发兴趣和注意力，“它能使他们主动、积极和保持活力，而不是消极和被动接受”③。由于儿童有着语言和交换本能、制作和建造本能、表现本能、探索与发现的本能，他们随时准备在做事和玩耍中将这些能力直接释放出来，转变为行动力。因此，手工劳动所提供的各种活动，能让孩子们直接投入行动，让他们身体中的自然力量获得训练，锻炼他们的手、眼、四肢和大脑等的协调运作能力，促进他们整个身体和智力有机体的发展。他指出，怀着真实的动机、期待着真实结果的出现而行事，注意力和判断力在这种过程中获得的训练毕竟远远胜于通过课程得到的训练。

杜威还强调作业不仅是能够吸引儿童的更好的学习方式，而且是具有道德属性的。他谈论道：“我们需要提醒自己，较新的学习方式、各种形式的社会作业、烹饪、商店工作、编织、音乐、绘画和泥塑，并不仅仅是为了让旧的学习方式更讨人喜欢，也不仅仅是为了掩盖它们给男孩和女孩固有的不愉快，它们并不仅仅是让孩子们比过去更多学习、更容易和更好地学好功课的有效方法，而是代表着一种根本的道德观。它们代表着一种信念，即世界上唯一最终的教育力量是参与现实生活，而这些现实生活本质上是道德的。”④

同时，杜威特别强调手工劳动的社会价值。他认为只为了学业目标而引入手工活动是令人遗憾和不明智的，错失了手工劳动最本质的价值——社会性价值。在杜威看来，主动作业为儿童提供了真实的动机，给儿童一手的经验，让儿童与现实接触。它不仅做到了这一切，而且还通过将自身转化为历史和社会价值以及

---

① [美] 杜威．杜威全集·中期著作：第一卷（1899—1901）[M]．刘时工，白玉国，译．上海：华东师范大学出版社，2012：8.

② 同①.

③ 同①.

④ ANTHONY DE FALCO. An Analysis of John Dewey's Notion of Occupations-Still Pedagogically Valuable? [J]. Education and Culture, 2010, 26 (01): 82-99.

科学等价物，从而变得更加自由。随着儿童智力和知识的增长，它不再仅仅是一种令人愉快的作业，而是越来越成为一种媒介、一种工具、一种理解的器官，并因此是变革性的。① 杜威还指出，“积极作业的教育意义还在于，可以象征各种社会的情境。人类共同关注的基本事务，围绕食、住、衣、家用设备，以及与生产、交易、消费相关的用具。这些东西既代表生活的必需品，也代表包装必需品的装饰物，因而它们在深层次上开掘人的本能，渗透着具有社会性质的事实和原则”②。

总体来看，杜威认为劳动的社会意义有以下几个方面：其一，通过劳动，儿童能够学会和他人共处、分工、合作、共同生活。杜威指出，“当积极工作在进行的时候……帮助他人不是一种使接受者更加依赖的施舍形式，而仅仅是一种帮助，使得被帮助者焕发活力、激扬斗志。自由的交往，观点、建议和结果的交流……成为课堂练习的主要特征……学校生活以一种非正式但更为通行的方式在社会基础上组织起来”③。同时，这种共同体成员的生活实践对社会的改造又是必须的。杜威强调，“如果学校带给每个儿童这样的社会中的小共同体成员身份，通过这种方式训练他们，让他们充分领会服务的精神，为他们提供行之有效的自我指导的手段，那么，一个有价值的、可爱的、和谐的社会即将到来。我们对此深信不疑”④。其二，通过劳动，儿童能够找到个人日常工作和生活的意义，也因此成为更加自由、自主的人。杜威指出，通过这种教育，人们能在自己的日常工作中找到全部重大的属于人的意义。“从事这些作业不是为了获得金钱，而是实现这些作业本身的意义。这些作业能够摆脱外部的联系和挣钱的压力，能够供给自身具有内在价值的各种模式的经验，因此，它们在本质上真正是具有使人自由的作用的。”⑤ 其三，劳动还将儿童与社会文明联系起来。通过劳动，儿童“可以追溯和继承历史中人类的进步，同时也可以了解工作中使用的材料和涉及的机械原理……这些作业联系起来，就无异于把人类历史的发展过程重演一番”⑥。杜威把劳动看作了一个工具或中介，一端联结了儿童的自然力量，另一端联结了当前社会的结构和条件。在杜威看来，手工劳动不仅是儿童通达现代社

①② ANTHONY DE FALCO. An Analysis of John Dewey's Notion of Occupations-Still Pedagogically Valuable? [J]. Education and Culture, 2010, 26 (01): 82-99.

③［美］杜威．杜威全集·中期著作：第一卷（1899—1901）［M］．刘时工，白玉国，译．上海：华东师范大学出版社，2012：9.

④［美］杜威．杜威全集·中期著作：第一卷（1899—1901）［M］．刘时工，白玉国，译．上海：华东师范大学出版社，2012：15.

⑤［美］杜威．杜威全集·中期著作：第九卷（1916）［M］．俞吾金，孔慧，译．上海：华东师范大学出版社，2012：165.

⑥［美］杜威．杜威全集·中期著作：第一卷（1899—1901）［M］．刘时工，白玉国，译．上海：华东师范大学出版社，2012：11.

会的中介，也是其通向人类文明传统的中介。① 他解释道，“锯、锤子和刨子，木头和泥土，针和布料，以及这些操作过程，本身都不是目的；它们更是媒介，通过媒介，儿童会主动探究需要人类努力去解决的典型问题，了解人类生产和成就的法则，了解人类控制自然的方法。这样，在生活中，使他的理想更加美好”②。渐渐的，更大的人类意义便从对技能问题的兴趣和手工训练过程中生长出来。

基于上述观念，杜威认为要充分发挥主动作业的价值，劳动教育的目标就应当打破狭隘化的倾向，不把目标限制在对劳动技能的培养上，而应该关注一种全面的育人价值的实现，尤其要关注通过劳动教育实现让儿童认识自我、建立社会关系、理解人类文明，帮助儿童成为自由、自主的劳动者和社会公民。

（二）劳动教育的内容：对人的基本社会生活的复制和选择

杜威在对“作业”进行定义时，就指出“作业”指的是儿童对社会生活所进行的复制或模仿。同时，杜威也指出，教育不能照搬社会生活的内容，需要对社会生活进行选择。

在《民主主义与教育》一书中，杜威指出，作业的内容是非常丰富的。有使用不同材料的劳动，有使用不同工具的劳动，“有运用纸、卡纸板、木材、皮革、布、纱、黏土和沙的劳作，也有运用金属的劳作。有些活动使用工具，有些不使用。学生参与的工序有：折叠、剪切、刺扎、测量、铸造、塑模、制模、加热和冷却，以及使用诸如锤子、锯子、锉刀等工具……除了数不胜数的各种游戏和运动之外，还有户外远足、园艺、烹饪、缝纫、印刷、装订书本、编织、喷漆、画图、歌唱、编戏剧、讲故事、阅读和写作。它们作为带有社会目标的积极事务，代表了作业的不同模式”③。在杜威学校中，烹饪、纺织、木工、缝纫占据了重要的地位。杜威认为，这些活动不仅需要各种技能，也代表了外界日常生活中最重要的工业。这些活动所创造的成果满足了人类的基本需求，让人类有居所、食物、衣服，这些问题是所有高级文明的事情。

需要注意的是，杜威之所以会在做课程规划时选择“社会方面最基本的事务”，一方面是因为这些事务与儿童的日常经验相关，“儿童的兴趣是直接的，这

---

① 杨勇．以行动进入文明：杜威手工训练课程一解［J］．复旦教育论坛，2023，21（01）：13－19＋27.

② 杜威．杜威全集·中期著作：第一卷（1899—1901）［M］．刘时工，白玉国，译．上海：华东师范大学出版社，2012：167.

③ 杜威．杜威全集·中期著作：第九卷（1916）［M］．俞吾金，孔慧，译．上海：华东师范大学出版社，2012：162－193.

些事情都对他们有吸引力”①。更重要的是，杜威认为，通过这些社会活动，学生能够理解劳动是如何满足人类的基本需求的，从而理解劳动是如何构建人际关系的，并逐步认识到更广泛的社会共同体的结构和运作方式。因此，杜威指出，“作业的选择必须把从事作业的人和发展着的生活的基本需要联系起来，既要求协作，又要求分工，要求相互交换意见和记录”②。

（三）劳动教育的组织逻辑：关注纵向和横向的联系

杜威在劳动课程的组织上非常重视课程纵向和横向之间的联系。从纵向上来看，他认为劳动教育课程要遵循儿童发展的顺序性和经验的连续性。在杜威学校中，在学校开学第一天，学生就动手制作了收纳学习用品的纸盒，低年级学生从摆放餐具、上菜、收拾碗碟等做起，逐渐扩展到木工、金工、烹饪、缝纫、编织等活动。但杜威学校的劳动课程并不总是由近及远地拓展的。在儿童年级略高以后，作业就以历史为线索，由远及近地安排——通过一个“模拟原始人”的活动，首先将学生从他们习惯的便利设施和舒适生活中抽离出来，让他们转而探究远古人类的生存方式，比如亲自尝试生火，使用石器烹饪食物或制作狩猎工具。随后，逐步引导学生体验从古代农业社会到古希腊时期的商业活动，再到欧洲殖民美洲时期的各种社会活动，让学生依次探索在特定历史时期所需的劳动生产方式。通过这种从古至今的顺序，学生被引导模拟各个不同历史阶段的劳动活动。随着学生年龄的增长，他们将接触到更为复杂的劳动类型，并学习分析更复杂的社会结构。由此可见，杜威将人类心理发展过程与种族历史演进趋势进行阶段性区分，并以此作为组织课程的思路。③

在课程的横向组织上，劳动教育通过作业这种生活活动形式把常见的学科都组织起来了。在《民主主义与教育》中，杜威举了多个例子，用以说明多种作业形式是如何与其他学科关联起来的。以制作风筝为例，儿童必须考虑木材的纹路及其他的属性，考虑风筝的尺寸、各部分的比例等，因此，自然科学、数学学科的学习就发生了。又如，在园艺作业中，儿童会对土壤的化学结构，阳光、空气和水的作用，有害、有益的动物的生活等进行研究，儿童还会了解农业和园艺在人类历史上以及当下社会组织中所占的地位，对历史、生物、化学等学科的学习也就发生了。杜威指出，“在人类历史上，各门学科都是从实用的社会作业中逐

---

① [美] 凯瑟琳·坎普·梅休，等．杜威学校 [M]．王承绪，等译．北京：教育科学出版社，2007：21.

② [美] 凯瑟琳·坎普·梅休，等．杜威学校 [M]．王承绪，等译．北京：教育科学出版社，2007：3.

③ 王文智，刘正伟．重访“作业”：劳动教育视域下杜威课程理论与实践的当代启示 [J]．教育科学，2023，39 (05)：37 - 44.

渐产生出来的”①，因此，主动作业能够也应该自然关联儿童各领域的学习。

五、劳动教育的基本原则

杜威在《课程中的游戏和工作》一文中着重说明了劳动教育应当遵循的几个原则，认为只有坚持依照这几个原则实施劳动教育，才能够让手工作业真正发挥其教育性，体现其主动性。

（一）劳动教育的游戏化

在杜威的著作中，对游戏和工作（劳动）的关系做了细致的探讨。首先，他认为游戏和工作都具有目的性，杜威认为“两者都涉及自觉地加以接受的目的，并为了实现所期待的目的而选择、调整材料和程序”②。杜威以成人的狩猎游戏为例，说明游戏也存在着预设的目的并根据目的来指导当下的活动。他指出，“做游戏的人，不只是在做某事（单纯的身体活动），而是设法做某事或设法取得结果，这种态度涉及刺激他们当下回应的那些预先的展望……因此，游戏是自由的，而且是可塑的”③。而工作的目的性则更加明确，假如一个儿童在制造一艘船，他必须坚持这个目的，并根据这个观念指导自己的行动。游戏和工作的目的性使得主动作业明确区别于无目的的兴奋和行动。杜威指出，“一个人完成这些动作，要么是盲目的，只是单纯的模仿；要么处于兴奋状态，耗费了心神”④。杜威还指出，游戏和工作都是自由的，而且都具有内在的动力。如果把工作的结果作为活动的目的，而将知识作为实现目的的手段，那么工作就变成了强制性的劳动。杜威指出，如果我们把工作的目的看作“从属于未来的实质性结果”，那么它的极端形式就是苦役。换言之，如果只是在外部压力或者强迫条件下进行活动，如果活动过程本身不令人满意，只是为了逃避某种惩罚，或者最终获得某种奖励，那么这些都不能被称为真正的劳动。对于真正的劳动而言，目的是“行动内在固有的，目的应该是行动的目的，是行动过程的一部分。这样，这个目的就激发人们努力工作，这和由于想到与活动毫不相干的结果而引起的努力很不相同”⑤。

---

① [美] 杜威．杜威全集·中期著作：第九卷（1916）[M]．俞吾金，孔慧，译．上海：华东师范大学出版社，2012：166.

② [美] 杜威．杜威全集·中期著作：第九卷（1916）[M]．俞吾金，孔慧，译．上海：华东师范大学出版社，2012：167.

③ [美] 杜威．杜威全集·中期著作：第九卷（1916）[M]．俞吾金，孔慧，译．上海：华东师范大学出版社，2012：168.

④ 同②.

⑤ [美] 杜威．杜威全集·中期著作：第九卷（1916）[M]．俞吾金，孔慧，译．上海：华东师范大学出版社，2012：169.

同时，杜威也指出，游戏和工作存在着一定的差别，“两者的差别不在于工作附属于某个外在的结果，而在于由于某个结果的观念而导致较长的活动过程。在工作中，对人们进行持续注意的要求更高；他们在选择和塑造手段时，也需要展现出更多的才智”①。换言之，工作和游戏主要的区别在于手段和目的之间的关系，在工作中，需要更长时间地集中注意，以最终结果为目的而进行持续的探究和努力，但游戏“不是根据所产生的结果去决定行动的持续”②。但是，杜威也认为游戏和工作的关系可以转化，“随着活动变得越来越复杂，人们对所得的具体结果越来越关注，它们便获得了额外的意义。因此，它们渐渐转变成工作”③，“当人们预知到具有明确特征而相当遥远的结果，并为实现这些结果付出持之以恒的努力时，游戏就转变为工作”④。

总体来看，在杜威的教育思想中，游戏、工作、苦役和无目的的妄动可以如下图进行区分。当一个活动无目的时，它很可能是一种妄动。而当活动是由外部目的推动时，这个活动可能是苦役或一种假游戏。当活动的目的内在于行动中，那么这个活动可能是工作或者游戏。结果的重要性和努力的持续性越强，这个活动越可能是一种工作。

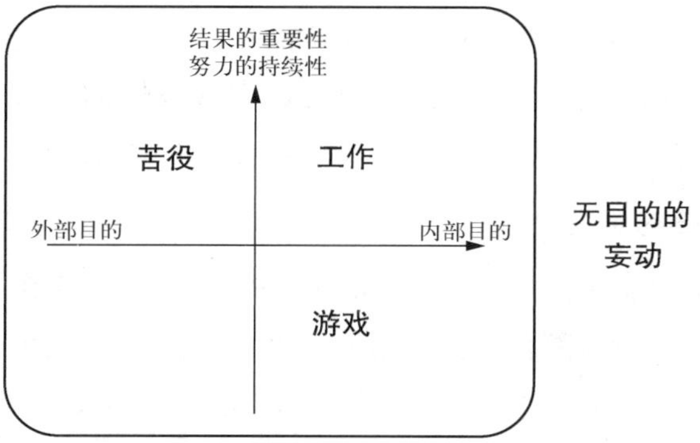

基于对工作、游戏、妄动、苦役等关系的分析，杜威指出了劳动教育游戏化的重要原则。首先，要让工作和游戏一样，是自由、自主的，是基于儿童内在的冲动和需要的。劳动教育的游戏化，其根本就是要让劳动有游戏的态度。如杜威所说，“始终充满游戏态度的工作是艺术——即使在传统中不这样称呼它，在性

① [美] 杜威．杜威全集·中期著作：第九卷（1916）[M]．俞吾金，孔慧，译．上海：华东师范大学出版社，2012：168—169.

② [美] 杜威．杜威全集·中期著作：第九卷（1916）[M]．俞吾金，孔慧，译．上海：华东师范大学出版社，2012：170.

③ [美] 杜威．杜威全集·中期著作：第九卷（1916）[M]．俞吾金，孔慧，译．上海：华东师范大学出版社，2012：168.

④ 同③.

质上它依然是艺术"①。不能让劳动因为过于看重外部目的而变成"苦役"。同时，劳动教育中的游戏仍然关注劳动与游戏的区别，一方面要确保劳动是有目的的活动，使其避免成为一种妄动，另一方面还要引导受教育者理解劳动的社会意义，理解手段和目的之间的关系，为了实现目的而持续努力。

（二）劳动教育的教育性

劳动教育的教育性就是杜威所说的"这些活动必须从属于教育，也就是说从属于各种智性的结果和某种社会化倾向的形成"②。换言之，杜威认为，劳动（作业）本身能够起到怎样的作用，劳动是否能够成为劳动教育，与如何实施这种活动关系密切。

杜威认为，如果作业是一种遵照明确指令和命令进行的活动，是"不带修正地复制现成范本的活动"③，那其实是一种错误的做法，没有实现劳动的教育性。劳动教育要实现教育性，就应当给予儿童充分的选择权、探索权，为儿童提供思考和判断的机会，要让儿童有犯错的机会。杜威指出，那种不容许探索和思考的劳动，不仅于发展无益，而且单调、机械、脱离生活。他认为，那种不允许犯错的手工操作不但会束缚学生的主动性，把他们的判断力减弱到最低点，还会强迫他们采取完全脱离复杂生活情境的方式，从而使获得的东西毫无用处。在劳动教育中，重要的是让学生保持一种有创造力的、有假设性的态度，而不是通过让学生从事那些极为琐细、规定太严的工作来保障完善的成果。

（三）劳动教育的生活化

"生活"是杜威教育哲学中一个非常重要的概念。杜威在《儿童与课程》中指出，儿童的生活是一个整体，一个总体。他们敏捷、欣然地从一个主题到另一个主题，正如从一个场所到另一个场所一样，但是他们没有意识到转变和终端，既没有意识到什么割裂，也没有意识到什么区分。儿童所关心的事物，由于他的生活所带来的个人和社会的兴趣的统一性，是结合在一起的。凡是在他心目中最突出的东西就暂时对他构成整个的宇宙，那个宇宙是变化的和流动的，它的内容以惊人的速度在消失和重新组合。但是，归根结底，它是儿童自己的世界。它具有儿童自己生活的统一性和完整性。④ 因此，课程应该关注儿童生活的统一性和

---

①［美］杜威．杜威全集·中期著作：第九卷（1916）［M］．俞吾金，孔慧，译．上海：华东师范大学出版社，2012：170.

②［美］杜威．杜威全集·中期著作：第九卷（1916）［M］．俞吾金，孔慧，译．上海：华东师范大学出版社，2012：163.

③ 同②.

④［美］杜威．我的教育信条：杜威论教育［M］．彭正梅，译．上海：上海人民出版社，2013：13.

完整性，将专门化和分门别类的学科知识以更加整合的方式提供给儿童。同时，这也意味着作业活动的开展应该是生活化的。这种生活化体现在儿童在积极的作业中要尽可能地使用天然无加工的材料并有目的地使用它们，体现在劳动教育的设计要尽可能贴近儿童的生活。正如杜威所指出的，目标越合乎人性，或目标越接近日常经验与需求，获得的知识也就越真实。

第四节 陶行知的劳动教育思想

劳动教育在我国的学前教育体系中一直有着重要的地位，它将教育的全面性与劳动的发展性相融合，进而培养个体成为具有自由性和创造性的主体，从而促进社会的发展变革。在幼儿园开展劳动教育，对幼儿的全面发展有着重要的意义，劳动教育能够培养儿童的劳动观念、劳动能力和劳动习惯，也是促进儿童全面发展的重要保障，是幼儿园课程实施的有效途径。在劳动过程中，儿童能够获得多方面的发展。著名教育家陶行知是现代中国学前教育体系的重要奠基人，他有大量关于学前教育的论述。他虽然没有将儿童劳动和劳动教育思想单独划分出来，但他一生却从事了大量的劳动教育实践工作，强调儿童的劳动及其重要意义，并将其对劳动教育的重视融入“生活教育”理论之中，融入对“教学做合一”的实践关切之中。仔细研读陶行知的著作，我们可以发现，陶行知认为劳动的生活就是劳动的教育，强调“做”是教的核心，“做”便是劳动，便是实践，而解放双手、手脑并用、劳力上劳心的劳动实践也是培养幼儿创造性的前提和基础。陶行知所论述的儿童劳动教育的基本精神与关注儿童生活的理念是耦合的，与其“生活教育”思想也是一致的。

一、劳动是儿童的本能和兴趣的需要

陶行知十分重视学前教育，早在 1928 年，陶先生就指出：“我们必须唤醒国人明白幼年的生活是最重要的生活，幼年的教育是最重要的教育。”[①] 陶行知旗帜鲜明地反对将“读书”误认为是“教育”，反对认为一切教育都从读书认字开始的传统教育观念。[②] 他认为，在那种传统观念下，“我们很漠视小孩的需要、能力、兴味、情感。因此，便不知不觉的漠视了他们的教育”。好奇好动是孩子

① 陶行知．陶行知全集（第 1 卷）［M］．成都：四川教育出版社，2005：115.

② 陶行知．陶行知全集（第 2 卷）［M］．成都：四川教育出版社，2005：437.

的天性，这种好奇好动又源于儿童强烈的求知欲，他们什么都想去动手摸一摸，用眼瞧一瞧，探个究竟。①

陶行知认为，教育儿童，第一步就要承认儿童是活的，要按照儿童的心理进行教育。② 儿童小时候有天赋的行动本能，不过一切工作都被仆人代做去了，被慈善的妈妈代做去了。长大了始费九牛二虎之力，挣扎着改变久受束缚的人生，还不能回复自然的行动本能。③ 同样，人之游戏倾向与生俱来。非拘束成习者，莫不乐为之。④ 儿童喜欢行动，这是儿童的本能需要，劳动就是行动的过程，让儿童做一些力所能及的劳动符合其本能的兴趣需要。倘若一味压制、代做，只会压抑其本能需要，造成“受束缚的人生”，使儿童失去行动本能。而教育贵在发舒。人之为学，固籍正当之外感，尤恃充分之反应。⑤ 行动的教育，要从小的时候就干起。要解放小孩的自由，让他做有意思的活动，开展他们的天才。⑥ 教育得越适宜，本能发舒得越多，越能激发其创造力。发舒足者，所获益亦多，小小的孩子，就是将来小小的科学家。因而，陶行知强调推动建立儿童工学团，每种小孩就其性之所近，并依“工以养生，学以明生，团以保生”之原则，把他们培养成自助长进的有用之人。“工学团”三个字，“工”就是做工，也就是充分的生活劳动，“学”就是科学的知识，“团”就是形成组织。工学团既是为了“养生”“保生”，亦是为了“明生”，即贴合儿童本能和兴趣的需要，实现其充分发展。

二、劳动的生活就是劳动教育

陶行知把劳动教育放在生活教育中进行论述，在《生活即教育》一文中，他说：“是生活就是教育，不是生活的就不是教育；是好生活就是好教育，是坏生活就是坏教育……康健的生活便是康健的教育；劳动的生活便是劳动的教育；科学的生活便是科学的教育；艺术的生活便是艺术的教育；社会革命的生活便是社会革命的教育。”⑦ 在陶行知的“生活教育”理论体系中，劳动的生活就是劳动教育。而在《教学做合一下之教科书》一文中，陶行知将劳动生活分为种菜、种树、种麦、养鸡、养蚕、养鱼、养鸟、纺纱、织布、扫地十种。事实上，除了劳动的生活包含劳动活动之外，他认为社会活动也包含劳动活动，他将社会活动分

① 陶行知．陶行知全集（第 2 卷）[M]．成都：四川教育出版社，2005：136.
② 陶行知．陶行知全集（第 2 卷）[M]．成都：四川教育出版社，2005：404.
③ 陶行知．陶行知全集（第 1 卷）[M]．成都：四川教育出版社，2005：10.
④ 陶行知．陶行知全集（第 1 卷）[M]．成都：四川教育出版社，2005：239.
⑤ 陶行知．陶行知全集（第 1 卷）[M]．成都：四川教育出版社，2005：239.
⑥ 陶行知．陶行知全集（第 3 卷）[M]．成都：四川教育出版社，2005：448.
⑦ 陶行知．陶行知全集（第 2 卷）[M]．成都：四川教育出版社，2005：7.

为师生创校、创造富的社会等。也不止一次号召教师要身教毅行，冲破“教读书易、教做事难”的难关，要学会做事、改造学校、改造环境。在陶行知劳动教育思想体系中，劳动包含学校劳动、家务劳动和社会劳动。他号召儿童积极参与劳动，从而能够自立立人。可以看到，在陶行知的劳动教育思想中，儿童劳动教育的内容和场域被大大丰富和拓展，延展到了田间地头、农家、社会，但无一例外，都是儿童真实生活的现实空间。陶行知认为，教育不通过生活是没有用的，需要生活的教育，用生活来教育，为生活而教育。① 在陶行知的“生活教育”体系中，生活教育是立足于生活、为生活而进行的教育，生活是教育的逻辑起点，亦是教育的逻辑终点。在尧化门中心小学的课外事务程序表中，劳动教育已经被纳入课程视野，主要安排在早晨、课前、休息时间和晚上，内容包含检衣服、检仪容、整理簿子等自我服务事项，及浇灌花木、菜圃工作、修剪冬青等为集体服务的事项。在儿童参与劳动的过程中，引导他们有意识地体会农民伯伯种地的艰辛，在出力、流汗中体会到劳动之不易和劳动之快乐。也正是有了这种扎根在经验里的对劳动的感受，儿童才能真正形成对劳动和劳动者的态度与情感。总之，陶行知强调在劳动的生活中培养儿童爱劳动的态度，帮助儿童掌握劳动的技能，养成劳动的情感和习惯。

同时，陶行知高度认可儿童的能力，指出“儿童不但有需要，而且有能力”②。“活的小孩子，他生长快，他的进步也快。他一时有一时的需要，一时有一时的能力。”③ 我们教育儿童，就要以儿童的需要为转移。文化进步，是没有止境的；世界环境和物质的变化，也是没有一定的。而活教育恰恰需要用活的人去教活的人，拿活的东西、活的环境去教育活的儿童。活的教育，就是要与时俱进，就是要随时随地拿活的东西去教活的学生，养成活的人才，要拿活的书籍去教小孩子。④ 大自然大社会正是充满变化的“活的材料”，陶行知认为书籍不过是人生工具的一种，和锯子、锄头是一样的性质，都是给人用的。⑤ 而要实现“福禄寿喜”这四大幸福，就要使小孩子得到四种东西：玩具（团体娱乐的玩具）、学具（进修学问之学具）、用具（日常生活之用具）、工具（手脑双挥之工具）。而用具和工具都指向现实生活中劳动材料的提供。可见，陶行知认为劳动对儿童身心圆满有着重要的推动作用，而现实生活恰恰是劳动教育最好的场域。

---

① 陶行知．陶行知全集（第1卷）[M]．成都：四川教育出版社，2005：106-107.
② 陶行知．陶行知全集（第1卷）[M]．成都：四川教育出版社，2005：405.
③ 陶行知．陶行知全集（第2卷）[M]．成都：四川教育出版社，2005：408.
④ 陶行知．陶行知全集（第1卷）[M]．成都：四川教育出版社，2005：345.
⑤ 陶行知．陶行知全集（第1卷）[M]．成都：四川教育出版社，2005：126.

三、在劳力上劳心的方法论

陶行知在《减少校工以实现劳动教育案》一文中说："劳动教育的目的，在谋手脑相长，以增进自立之能力，获得事务之真知，及了解劳动者之甘苦。"① 这句话言简意赅地表达了他对劳动教育的基本态度，陶行知并非主张用加法将劳动叠加至课程之中，而是主张在劳力上劳心，认为手到心到才为真劳动，即教学做合一。"教学做合一"是以生活为中心的——怎样做，就怎样学；怎样学，就怎样教。他认为所有的问题都是从生活中生发出来的，从生活中生发出来的困难和疑问，才是实际的问题，用这种实际的问题来求解决，才是实际的学问。它的实验室是大自然和大社会。②事怎样做就怎样学，怎样学就怎样教；教的法子要根据学的法子，学的法子要根据做的法子。教、学、做是一件事，不是三件事。我们要在做上教，在做上学。③ 可见，陶行知主张教学活动要以做为中心，注重让儿童在行动中获取直接经验。"教学做合一"既是"生活教育"的方法论，也是劳动教育的行动纲领，强调劳动、教育和学习都要在劳动的生活中进行。陶行知先生还列举了种稻这一劳动：关于稻的讲解，不是为讲解而讲解，乃是为种稻而讲解；关于因种稻而看书，不是为看书而看书，而是为种稻而看书；想把种稻教好，要讲什么话就讲什么话，要看什么书就看什么书。不能说种稻是做，看书是学，讲解是教。为种稻而讲解，讲解也是做；为种稻而看书，看书也是做。这是种稻的教学做合一。由此可见，陶行知认为做是学的中心，也是教的中心；关注劳动生活和行动过程，重视直接经验的获取，是劳动教育的重要前提和基本落脚点。

但是劳动不等同于劳作。教育为本，在幼儿园内的一切活动都要有利于儿童的身心健康，出力流汗的劳动要能够促进儿童发展，这也是劳动教育的应有之义。陶行知主张在劳力上劳心，以心制力，"运用心思指挥力量以求物之变化"，他认为劳动是在大脑作指挥之下的活动，是有目的、有计划、有创造的活动，而非盲目的行动。"真正之做只是在劳力上劳心"④，"手到心到才是真正的做"⑤。人家怎样做，我也怎样做，而不求其所以然，便是无意义的做。做有意义，即学有意义、教有意义。做什么事，便看什么书，问什么人，用什么工具，那么才做

---

① 陶行知．陶行知全集（第 2 卷）［M］．成都：四川教育出版社，2005：351.

② 陶行知．陶行知全集（第 2 卷）［M］．成都：四川教育出版社，2005：10.

③ 陶行知．陶行知全集（第 1 卷）［M］．成都：四川教育出版社，2005：106.

④ 陶行知．陶行知全集（第 1 卷）［M］．成都：四川教育出版社，2005：109.

⑤ 同④.

得好、学得好、教得好。① 简言之，陶行知认为教育是通过儿童的劳动进行的，这种劳动是有目的的、有预期结果的行动，儿童通过有目的的劳动活动获取经验，对已有的经验进行改造和重组，从而获得多方面的发展与成长。可见，幼儿园的劳动活动，是要伴随着对关系的把握和对整体的思考的。正如杜威所强调的，什么样的活动才能称之为教育？要能够增加经验的意义，使它具有教育的意义，一个重要的条件，就是要对所从事的各种活动相互间的关系和连续性有所认识。在幼儿园的活动中，儿童有所作为，产生一定的结果，当儿童感受到劳动活动的前后联系，而且活动的结果对儿童有所影响时，儿童就在这一劳动活动中获取了经验，达成了对已有经验的改造，这样的劳动就具有教育性，这一过程正是陶行知强调的“劳力上劳心”和“有意义的做”的过程。

四、劳动育人的综合教育价值

陶行知在《在劳力上劳心》一文中说：“人在劳力上劳心便可无废人。”② 在他看来，劳动具有重要的育人价值，健康、科学、劳动、艺术及民主将构成和谐的生活。③ 而劳动育人的价值也是多元的。

（一）在劳动中健体益智

儿童能够通过劳动强健身体，这是不言而喻的。陶行知认为应该要培养手脑双全、自愿自立立人的儿童，具体来说有五项目标，即康健的体力、劳动的身手、科学的头脑、艺术的兴趣和团结自治的精神。④ 除了体育运动之外，劳动也是实现强健身体的重要手段，更是农人身手所必不可少的锻炼。

同时，陶行知秉承了杜威的经验说，认为学习是经验的改造和重组，儿童通过劳动获取直接经验并完成对已有经验的改造和重组，进而获取知识。真知识是思想与行为结合而产生的，真知识是安根在经验里的。人家的真知识，接在我们素有的经验上，也可以变为自己的真知识，若自己一些经验没有，就是他人有真的知识也接不上去。⑤ 因此，劳动是获取知识、进行智育的重要手段。

（二）在劳动中培养公共精神

陶行知作为人民教育家，有着强烈的社会服务精神和社会改造意识，他认为教育为制造社会需要之事业。“教育为改良社会而设，为教育社会人才而设。故

① 陶行知．陶行知全集（第 2 卷）[M]．成都：四川教育出版社，2005：12.
② 陶行知．陶行知全集（第 1 卷）[M]．成都：四川教育出版社，1991：109.
③ 陶行知．陶行知全集（第 5 卷）[M]．成都：四川教育出版社，2005：316.
④ 陶行知．陶行知全集（第 2 卷）[M]．成都：四川教育出版社，2005：15.
⑤ 同③.

学校非寺院岩穴也，教员非孤僧隐士也。夫既为社会而设，若与社会不相往来，何以知社会之需要？"[①] 陶行知秉持着对社会福祉的关切，高度重视教育的作用和劳动的价值，强调劳动对人具有普遍的意义，想要通过劳动教育儿童，将其培养成合格的小公民，教小孩拿出小小的力量来为社会服务。幼儿园场域中的劳动，不是为衣食所迫，也非生计所必需，而是劳动这种带有创造、改造意义的活动对于人的普遍价值。[②] 在亲身的流汗出力的体验中积累对劳动的感受，才能真正同情劳苦大众，才能坚定为劳苦大众服务的决心，才能达到陶行知一直所提倡的"捧着一颗心来，不带半根草去"的境界，真正了解劳动者之甘苦，为社会服务。

（三）在劳动中提高审美水平

"生活教育"的目标中明确提出了艺术的兴趣这一要求，美是劳动的动力，劳动也能创造美。陶行知认为幼儿园首先要净，其次要美，净与美都依赖于劳动。通过劳动，园所变得整洁，通过具有审美性的劳动，园所变得美丽，而在美丽的园所里，儿童的审美能力和艺术品位也得以提升。在燕子矶中心小学的环境创设过程中，儿童通过种植冬青、布置假山，把校园美化得像一座小公园，儿童也正是在这样美化环境的劳动中自然获得了审美的情趣。

五、指向儿童创造力的劳动教育

解放儿童的创造力是陶行知儿童教育思想的精髓。陶行知认为，儿童是富有创造性的。儿童是新时代之创造者，儿童是创造产业的人，儿童生活是创造、建设、生产，新时代的儿童是小工人。儿童的生活也应当是小工人生活、小生产生活、小建设生活、小实验生活、小创造生活、小改革生活。[③] 陶行知对儿童的创造性和生产性寄予了极大的期望，关注在教育实践中通过服务社会和民众的劳动培养儿童服务于社会的公共精神。陶行知认为，儿童是打开新教育大门的钥匙，小先生是热烈无比的太阳，能赶在成人前面先过新时代的生活，并将学到的知识很快传播出去，从而不费成本地达到普及教育的目的，而跟小先生学习的成人们，也会因此浸染儿童的少年精神，从而迸发出更大的改造潜能。

而创造力的激发、养成与行动密不可分。陶行知认为："做的最高境界就是创造。"[④] 由行动而产生思想，由思想产生新价值，这就是创造的过程。创造有

---

① 陶行知．陶行知全集（第 1 卷）[M]．成都：四川教育出版社，2005：221.
② 陶行知．陶行知全集（第 2 卷）[M]．成都：四川教育出版社，2005：19.
③ 陶行知．陶行知全集（第 5 卷）[M]．成都：四川教育出版社，2005：638.
④ 陶行知．陶行知全集（第 4 卷）[M]．成都：四川教育出版社，2005：600.

“物质的创造”，也有“心理的创造”（新观念的成立）。① 有行动才能得到知识，有知识才能创造，有创造才有热烈的兴趣，因此陶行知认为“行动”是中国教育的开始，“创造”是中国教育的完成。② 做便是劳动，手和脑在一块儿干，是创造教育的开始；头脑双全，是创造教育的目的。③ “小孩要注意并指导他竭力运用手的活动”④，劳动过程，正是动手动脑的过程，手和脑在一块干，在劳力上劳心，才能形成行动、思想，才能产生新价值。行动是老子，思想是儿子，创造是孙子，非先有老子、儿子不可，这是一贯下来的。⑤ 简言之，在劳力上劳心必然有创造，手和脑并举，是儿童创造教育的开始。

那么如何在劳动教育中真正培养儿童的创造力呢？陶行知认为创造的教育是以生活为教育，就是生活中才可求到教育。⑥ 在生活中进行创造力的培养需要“六大解放”，即解放小孩子的头脑、解放小孩子的双手、解放小孩子的眼睛、解放小孩子的嘴、解放小孩子的空间、解放小孩子的时间。创造的儿童教育，首先要为儿童争取时间之解放。⑦ 因而，在劳动教育中应当让儿童充分体验劳动过程，充分动手动脑，打破幼儿园、社会的围墙，让儿童能够在生活空间中充分劳动，允许他们有发问和探索的自由，从而真正让劳动活动产生价值，激发儿童的创造本能。

总之，陶行知是一贯重视儿童的行动的，并将行动作为教、学乃至创造性教育的基础。他注重在现实生活中培养儿童的劳动意识和劳动能力，养成儿童自立立人的精神，并在切实的劳动过程中感受劳动者的辛苦，体验劳动的艰辛，从而形成尊重劳动、服务社会的公共精神和可贵品质；他主张在劳动的生活中学会劳动，教学做合一，在劳力上劳心。这些思想对于我们今天开展幼儿园劳动教育仍然具有重要的指导意义。儿童的劳动，不是为衣食所迫，不是生计所必需，其根本目的在于使劳动这种带有创造、改造意义的活动实现对儿童发展的普遍价值，在于儿童劳动的具体过程，即让儿童在劳动过程中学会工具的使用，形成对环境和他人关系的整体认知，在面临新的挑战时不断整合已有经验克服困难、解决问题，从而获得新经验。因此，幼儿园的劳动教育，指向的是儿童综合的学习和整体的发展，我们要充分利用劳动教育的契机，真正促进儿童全面健康成长。

---

① 陶行知．陶行知全集（第 2 卷）[M]．成都：四川教育出版社，2005：446.
② 陶行知．陶行知全集（第 3 卷）[M]．成都：四川教育出版社，2005：451.
③ 陶行知．陶行知全集（第 3 卷）[M]．成都：四川教育出版社，2005：448.
④ 陶行知．陶行知全集（第 3 卷）[M]．成都：四川教育出版社，2005：505.
⑤ 同②.
⑥ 陶行知．陶行知全集（第 3 卷）[M]．成都：四川教育出版社，2005：453.
⑦ 同②.

第五节
陈鹤琴的儿童劳动教育思想

劳动教育在我国的学前教育体系中一直拥有重要的地位。劳动教育一方面是养成儿童基本生活能力和服务精神的重要途径，另一方面也是儿童综合的学习，是幼儿园课程实施的重要途径。在劳动过程中，儿童能获得多方面的有益经验。著名教育家陈鹤琴是现代中国学前教育体系的重要奠基人，他有大量关于学前教育的论述。他虽然没有专门系统论述过儿童劳动和劳动教育，但在他的著作中，儿童劳动教育的思想贯穿始终，在不同的年代和历史时期，他都强调了儿童的劳动及其重要意义。仔细阅读陈鹤琴的著作，我们可以发现，陈鹤琴强调儿童劳动和劳动教育，主要是从儿童天性、动作能力和习惯、学习方式、良好品行四个方面加以论述的。他论述的儿童劳动教育的基本精神与注重儿童生活的理念是合拍的，也是与“活教育”思想一致的。

一、劳动是儿童的天性

陈鹤琴认为，儿童是好动的。儿童喜欢做事，这是儿童的天性。劳动就是做事的过程，让儿童做一些力所能及的事，既符合儿童的天性，也是重要的教育方式。在《家庭教育》中，陈鹤琴首先分析了儿童心理，关注儿童的学习。他认为儿童的学习需要感觉和联念，还要有动作，因此提出了学习的刺激原则、联念原则和动作原则。所谓动作原则，就是要让儿童自己学、自己做，让儿童有亲身尝试的机会。这是儿童劳动或自我服务及为他人或为动植物服务的心理基础，就是在动作过程中接受刺激、引发联想、获得经验。在《家庭教育》第七章中，陈鹤琴指出“游戏就是工作，工作就是游戏”，重点强调的就是给儿童动手的机会，这些机会大部分讲的就是手工劳动。陈鹤琴认为儿童需要使用一些工具，在动手的过程中看到事物的变化，或形成自己的作品。他认为这些工作都是儿童喜欢的，有游戏的特性，也符合儿童的心理。在《活教育的教学原则》中，第一条原则就是“凡是儿童自己能够做的，应当让他自己做”①。陈鹤琴指出，没有一个儿童不好动，也没有一个儿童不喜欢做，儿童自己动手就可以得到肌肉运动的快感。生活中有很多练习的好机会，儿童做过了，就有了自己的感受，就建立了跟外部事物之间的联系。同样的，在学校里的一切活动，凡是儿童自己能做的，应当让他自己做，自己动手即是做，做了就与事物发生了直接接触，就得到直接的经验，就知道做事的困难，就认识事物的本质……做事的兴趣越做越浓，做事的能力越做越强。陈鹤琴说：“‘做’这个原则，是教学的基本原则，一切的学习，不论是肌肉的，不论是感觉的，不论是神经的，都要靠‘做’的。”“所以，凡是学生能够做的，你应该让他自己做。”陈鹤琴还认为儿童的“做”包括了游戏、实验、探索、劳动等。

二、动作能力和习惯是劳动的现实基础

儿童的劳动是建立在一定的能力基础之上的。在幼儿园阶段的劳动，不是生产劳动，而是自我服务和简单的为他人服务的劳动，是手工劳动。这是与儿童的能力、爱好、习惯相对应的。《幼稚生应有的习惯和技能表》②由陈鹤琴、张宗麟、俞选清于1925年共同草拟，最初在南京鼓楼幼稚园试验，继而在南京市幼稚园特别是在燕子矶、晓庄等乡村幼稚园试验，后在上海试验，几经修改。在这个表中，包含了卫生习惯、做人的习惯、生活技能、游戏运动技能、表达思想的技能及日用常识等，涉及健康、社会、艺术、科学等领域的内容。其中，在卫生习惯方面，有“会拍苍蝇、蚊子”等内容。在个人做人习惯方面，有“开关窗户要轻，放椅子也要轻”“用过的东西放好并且要放整齐”“拾起地上的纸屑等件放到纸篓里去”等内容。在社会性的做人习惯方面，有“帮助做家事”“帮助老师做事”“做值日生做得好”等内容。在生活的技能方面，有“会搬椅子、凳子”“会洗碗碟”“会扫地”“会拔草”等内容。在日用常识方面，有“会养护蚕”“会保护两盆花不使干死”等内容。在《家庭教育》第十二章《怎么样使小孩子的经验格外充分些》中，陈鹤琴明确提出了“凡是孩子能够自己做的事情，你千万不要替代他做”③。他认为代替儿童做事有三个弊端：一是剥夺小孩子肌肉发展的机会，二是养成小孩子懒惰的性质，三是养成小孩子不识世务、不知劳苦的性质。因此，他认为让儿童自己做事有四个好处：一是可以发展他的肌肉，二是可以养成他勤俭的性质，三是可以使小孩子知道做事的不易和世务的艰难，四是可

① 陈鹤琴．陈鹤琴全集（第五卷）[M]．南京：江苏教育出版社，2008：65.
② 陈鹤琴．陈鹤琴全集（第二卷）[M]．南京：江苏教育出版社，2008：90.
③ 陈鹤琴．陈鹤琴全集（第二卷）[M]．南京：江苏教育出版社，2008：631.

以养成他独立的精神。因此，做事不只是为了做，而是可以成就儿童多方面的发展。因而，陈鹤琴进一步讨论了如何让儿童做事，如“叫小孩子做事，不宜太易，也不宜太难，需在他的能力以内而仍非用力不可的”。其实就是说，劳动也要让儿童尽努力，以激发他们的兴趣，并达到促进儿童发展的目的；还应鼓励儿童去尝试，在尝试中有所发现，鼓励儿童好奇好问，这是儿童发展所必需的。因此，在幼儿园阶段，要发展儿童的基本能力和技能，这是劳动的现实基础。从这个意义上说，儿童劳动能力的发展是与游戏活动、生活活动、体育活动及美工活动紧密相关的。幼儿园的很多活动都是在为儿童的劳动活动打基础和做准备。如果只有能力，没有养成劳动的习惯，也是无法产生劳动活动，无法真正养成热爱劳动的品性的。因此，从小养成劳动的习惯对儿童一生的成长至关重要。

三、劳动就是现实生活

陈鹤琴主张“大自然、大社会都是活教材”，强调要充分发挥现实生活的教育价值。他认为，无论是家庭教育还是幼儿园课程，都是以现实生活为基础的，在现实生活中实施的。劳动教育是服务于儿童自己和同伴生活的教育，更是为了生活、来源于生活，并在生活中进行的教育。陈鹤琴指导下的南京鼓楼幼稚园园长周淑钟在《鼓楼幼稚园对幼儿进行教育与教学的情况（1945 年 10 月—1951 年秋）》① 一文中，介绍了幼儿园课程实施的情况。当时幼稚园的各种体操，都是在音乐的伴奏下反映人们的劳动过程的，如将拉索、打铁、锄地、割麦、划船、锯木、推磨、纺纱等动作都编入体操。同时注重对儿童自我服务的独立生活能力和个人卫生习惯的培养，引导儿童从穿脱衣服和鞋子开始做起，注意保持卫生和整洁，为自己和班级做力所能及的事。在饲养蚕、鸽子、小鸡、小鸭、兔子的过程中了解它们的习性，并模仿它们的特征开展相关游戏。大班儿童已经开始进行锄地、松土、下种子、除草等活动。“在饲养和种植活动中，培养孩子爱劳动、爱护动植物（的情感），教会孩子做事有始有终，加强责任感，负责做好教师给他所应做的事。”② 教师有目的地引导儿童去观察周围人们的劳动，如参观厨房，看看叔叔阿姨在做些什么、怎么做的，还了解附近农民伯伯怎么种地、工人叔叔怎么做工。这也是帮助儿童形成对劳动者和劳动的态度。总之，当时南京鼓楼幼稚园已经开始引导儿童关注现实生活，培养他们对劳动的态度、情感，以及劳动的习惯。

---

① 陈鹤琴．陈鹤琴全集（第二卷）［M］．南京：江苏教育出版社，2008：465－471.

② 同①.

四、劳动是重要的学习方式

陈鹤琴在在自己的文章中提到，抗战胜利后，回到南京，恢复鼓楼幼稚园，并开展第三单元课程的教学试验，目的是编制出符合大、中、小班幼儿需要的教学单元材料。在此过程中，南京鼓楼幼稚园继续以“活教育”思想为指导，陈鹤琴先生亲自指导。园长周淑钟在《鼓楼幼稚园对幼儿进行教育与教学的情况(1945 年 10 月—1951 年秋)》一文中，介绍了他们开展试验的有关情况。在这一阶段，劳动教育的意识更加明确，为儿童提供了劳动的工具和材料。如在园舍设备的准备方面，为儿童提供了“劳动用的木质小推车，劳动园艺小工具”，在教师的帮助下，儿童已经开始饲养小白兔、小鸡、小鸭和鸽子。除了有些必要的教学活动在室内，大多数实践都在户外，开展体育锻炼、体操、游戏、劳动、自由活动。由此可见，劳动已经成为当时幼儿园的重要的活动内容之一，也是重要的学习方式之一。在《家庭教育》第十三章《为儿童造良好的环境》① 的论述中，陈鹤琴明确提出了要为儿童创造“劳动的环境”。他认为儿童都是好动的。其实也是喜欢做事的，喜欢劳动的。“平时做父母的总喜欢自己劳动而不愿意孩子去帮助他们，如小孩子起居饮食种种事情，做父母的常常要为小孩子们代劳……”。陈鹤琴认为，儿童能自己做的事情就应该让他们自己去做，如穿脱衣服等。“其他如吃饭、扫地、叠被，甚至浇花、洗衣、烧饭种种活动，在可能范围内，我们应当让小孩子有劳动的机会来发展他们做事的能力。要知道做父母的主要工作，是培养儿童自己劳动的习惯，培养儿童自己独立的能力。”因此，劳动的意义不只在做事本身，不只在当下，而是在长远和未来，在儿童劳动习惯、态度和能力的养成方面。

五、劳动使人形成关键的品性

劳动教育是综合的学习，也有助于培养儿童良好的品性。陈鹤琴非常关注劳动教育的育人价值，这与他“活教育”的目的论是相吻合的。“活教育”就是要让儿童学会做人，做中国人，做现代中国人，还要做世界人。劳动教育具有引导儿童形成良好品性、学会做人的功能。

（一）在劳动中学会做人

1951 年，陈鹤琴在《幼儿教育的新动向》② 中提出新中国儿童教育的四大任

---

① 陈鹤琴．陈鹤琴全集（第二卷）[M]．南京：江苏教育出版社，2008：636.
② 陈鹤琴．陈鹤琴全集（第二卷）[M]．南京：江苏教育出版社，2008：445.

务，其中第三个任务是培养初步的国民公德和国际主义精神，以及其他优良品德；国民公德中有“五爱”公德，包括爱劳动。这再一次把劳动纳入儿童教育的目的和任务体系之中。

（二）在劳动中养成基本的习惯

陈鹤琴还在如何教儿童待人接物方面提出要使儿童养成收藏玩物的好习惯，主张儿童自己玩的物品要自己收拾，不能把责任推给别人，培养儿童初步的责任意识和保持环境整洁的习惯。尤其提出“小孩子在家里应当帮助他的父母做点事体”①。他提出，儿童从小愿意帮助父母做一些力所能及的事，父母应该加以肯定，让他们养成习惯。儿童能做的，应该尽可能让他们去做，儿童不能做的，成人给予适当的帮助，让儿童能做成；儿童是在做事的过程中获得经验、增长才干的，这对儿童未来习惯的养成非常重要。

（三）通过劳动养成基本的服务精神

陈鹤琴将劳动能力融于日常基本的习惯和技能之中。1934 年，陈鹤琴在上海《时事新报》庆祝儿童节的特刊上发表了《儿童教育的根本问题》一文，他指出：“现在的儿童，就是未来的主人，社会的进化，国家的繁荣，要看这些未来主人的品格才智如何而定。”因此，他提出要促进儿童健康和发育，强调要养成儿童“服务的习惯”②。他认为，有了健全的身心，不能做有益公众的事情，这不但对社会无益，或许是有害的，所以我们教育儿童，还要培养他们服务的习惯，包含三层意思：一是不自私；二是帮助人家，家庭中，遇到儿童能做的事情，做父母的就应当让儿童去做，学校里应当有公众服务的组织；三是守秩序。在《活教育的目的论》③ 一文中，陈鹤琴提出“活教育”的目的是“做人，做中国人，做世界人”。他认为要做现代中国人必须具备几个条件，其中之一是要有服务的精神。他说，我们要爱国家，爱人类，爱真理，便要为国家服务，为全世界的人类服务，为真理服务，如果我们只有知识和技能却不服务于社会，只知自私自利，就失去了教育的目的。因此，“必须培养儿童一种服务的精神。我们要指导儿童去帮助别人，去了解大我的意义，肯服务，这才配做一个现代中国人，现代世界人”④。而这种服务精神是需要劳动去实现的。因此，服务精神和服务习惯在一定程度上就是劳动精神和劳动习惯，并且是为了他人、集体、国家和人类的。

总之，陈鹤琴是一贯重视发展儿童的动手能力的，并将动手能力作为劳动的

---

① 陈鹤琴．陈鹤琴全集（第二卷）［M］．南京：江苏教育出版社，2008：613.
② 陈鹤琴．陈鹤琴全集（第二卷）［M］．南京：江苏教育出版社，2008：646.
③ 陈鹤琴．陈鹤琴全集（第五卷）［M］．南京：江苏教育出版社，2008：59.
④ 陈鹤琴．陈鹤琴全集（第五卷）［M］．南京：江苏教育出版社，2008：61.

基础。他注重在生活中培养儿童的劳动能力和习惯，培养儿童服务自己和他人的精神，在劳动中感受父母及他人的付出，养成孝敬、体谅等品质，在劳动中学会做事，学会做人。这些思想对于我们今天开展幼儿园劳动教育仍然具有重要的指导意义。儿童的劳动，主要不是社会生产劳动，根本的目的不在于生产产品，而在于让儿童在劳动过程中与环境、与他人建立相互关系，在于让儿童在劳动过程中面临新的挑战，获得新的经验，养成好的习惯和品性。在幼儿园教育中有很多劳动教育机会，我们要切实充分利用，将劳动教育作为儿童综合的学习途径，让劳动教育真正推动儿童健康成长。

第四章

幼儿园劳动教育的基本问题

在对幼儿园劳动教育的基本概念、理论及历史演进过程进行分析后，在总结课题组 12 所幼儿园研究成效的基础上，我们建构了新时代幼儿园劳动教育体系，提出了幼儿园劳动教育的目标和价值、内容与方式、组织与实施、管理与支持等方面的要求。以下分述之。

第一节
幼儿园劳动教育的目标与价值

幼儿园劳动教育是促进幼儿劳动态度、劳动习惯、劳动能力和劳动情感养成，实现幼儿德、智、体、美多方面发展的教育活动。幼儿园劳动教育的目标与其内涵、任务密切相关。

一、促进幼儿全面发展的目标

幼儿园劳动教育是培养全面发展的人的教育，应该渗透在幼儿多个领域的学习与发展过程中，也应该定位于促进幼儿多个领域的学习和发展。我们不能将幼儿园劳动教育的目标仅仅定位于对劳动素养的培养，只看重劳动素养，就舍弃了劳动教育对促进幼儿全面发展的重要价值。与此同时，将劳动素养与其他领域的教育目标割裂的做法，也会造成劳动素养培养目标的落空。幼儿的劳动活动，是多个领域综合、渗透的学习，是劳力与劳心的结合，正是在这种结合中，才能培养幼儿对劳动真正的兴趣和热爱。

开展幼儿园劳动教育就是在落实《3—6 岁儿童学习与发展指南》，其核心目的是促进幼儿各领域的经验增长。因此，实施幼儿园劳动教育，要考虑通过劳动的形式可以实现哪些幼儿发展目标，在幼儿劳动的过程中要帮助幼儿获得哪些经验，等等，最终促进幼儿全面发展。

二、萌发幼儿对劳动的积极情感

在幼儿劳动素养的培养中，劳动情感的涵养和萌发是最基础、最重要的。《规程》中指出，要“萌发幼儿爱祖国、爱家乡、爱集体、爱劳动、爱科学的情感”，《纲要》中要求“培养其对劳动者的热爱”。这些要求都指向幼儿“爱劳动”的情感。情感性目标是幼儿园阶段教育的首要目标，是激发幼儿持续劳动、获得深刻体验的重要驱动力量。幼儿对劳动的积极情感源于幼儿在劳动中体验到的快乐。在劳动活动过程中，要将激发和保护幼儿对劳动的积极情感作为首要目标，遵循幼儿的身心发展规律和学习特点，充分尊重和保护幼儿的好奇心及劳动兴趣，让幼儿在劳动中获得积极体验，让幼儿能真切地感受到劳动的意义和创造的快乐。

三、形成基本的劳动认识

劳动认识是指幼儿对劳动价值的看法和对成人劳动的认知。形成基本的劳动认识是幼儿园劳动教育的重要目标。《纲要》中指出，幼儿园要“与家庭、社区合作，引导幼儿了解自己的亲人以及与自己生活有关的各行各业人们的劳动”，就是对“劳动认识”方面的要求。俄罗斯的《幼儿园教育与教学方法指南》中提出，学龄前劳动教育的主要任务是培养孩子对劳动的积极态度，其中包括“使其了解成人的劳动，形成劳动决定社会的概念”①。幼儿园要帮助幼儿初步形成对劳动的正确认识，让幼儿认识到劳动最光荣，每个人都要劳动。同时，幼儿还要对自己的亲人以及周围人的劳动和职业有基本的认识。对成人劳动的认识是以形成正确的劳动价值观为根本目的的。正如卢乐珍指出的，“让幼儿认识成人的劳动，可以促进幼儿懂得劳动的意义，有助于他们形成正确的劳动观”②。

四、养成正确的劳动态度

尊重劳动是对待劳动的基本态度，包括对劳动者的尊重、对劳动资料的节俭、对劳动过程的体贴、对劳动成果的爱惜等。③ 尊重劳动建立在正确认识劳动的基础上，也是幼儿园劳动教育的重要目标。《指南》中指出，幼儿应“尊重为大家提供服务的人，珍惜他们的劳动成果”，就从尊重劳动者和尊重他人劳动成果两个层面提出了要求。《纲要》中指出，“引导幼儿了解自己的亲人以及与自己生活有关的各行各业人们的劳动，培养其对劳动者的热爱和对劳动成果的尊重”，这就是强调幼儿要在认识他人劳动的基础上，尊重劳动者、珍惜劳动成果。

五、奠定良好劳动习惯的基础

劳动习惯是个体在长期参与劳动的过程逐渐养成的，是在一定情境下主动地

---

①［俄］M. A. 瓦西里耶娃等．俄罗斯学前教育教学译丛·幼儿园教育教学方法指南［M］．汪彤，译．北京：北京师范大学出版社，2013：207.

② 卢乐珍．学前教育讲座——第八讲　幼儿园的劳动教育［J］．幼儿教育，1984（05）：24－26.

③ 顾建军．劳动教育要抓住灵魂科学实施［N］．中国教育报，2018－11－28（09）．

去进行劳动活动的特殊倾向。劳动习惯是个体多次、反复、经常参与劳动实践活动的结果。当个体养成劳动习惯以后，完成这种动作就成为个体的需要。教育者应当从培养幼儿的生活自理能力、养成良好的生活习惯入手，为幼儿养成自觉自愿、认真负责、坚持不懈参与劳动的习惯奠定基础。生活自理活动是幼儿服务自我、开展劳动的重要内容。例如，引导幼儿在饭前便后洗手，自己穿脱衣服、鞋袜，整理自己的物品等，这些良好的生活习惯能为幼儿今后劳动习惯和意志品质的养成奠定基础。

劳动习惯还包括拥有坚定的意志力、坚持把承担的工作做完而不在困难面前退缩的品质。幼儿参与劳动活动，同样需要他们以认真负责的态度完成，克服一些认知上或者能力上的困难。例如，幼儿在户外照料植物时，不仅要付出体力，而且要面对选择、使用工具的困难，还要有完成相对单一、重复的工作的坚持性，如在长期照料植物的过程中坚持浇水、观察、记录等。教师通过经常、定期组织适合幼儿年龄、发展水平的劳动活动，注重鼓励和支持幼儿持续深入地参与劳动，使幼儿形成对劳动结果的期待，给予幼儿积极、正面的反馈，都能够帮助幼儿在劳动活动中初步养成劳动习惯。

六、培养基本的劳动能力，引导幼儿创造性地劳动、合作劳动

劳动者参与劳动活动，不仅要有动机，还要有一定的劳动知识和劳动能力作为支持。对幼儿而言，掌握基本的劳动能力是可能的，这也是劳动活动开展的前提。幼儿需要掌握的基本劳动能力，既包括劳动过程中需要使用的动作技能，也包括使用劳动工具的能力。《指南》中就强调，5—6 岁的幼儿要“能使用简单的劳动工具或用具”。例如，幼儿在盥洗环节的生活自理劳动中，就要掌握挽袖口、按压、搓手、拧毛巾、擦手等劳动技能，也要学会使用牙刷等简单的劳动工具。幼儿在照料植物的种植劳动中，既要学会翻地、播种、除草、浇水、收割等劳动技能，也要学会使用锄头、铁锹、铲子、浇水壶、镰刀等多种劳动工具。当然，各年龄阶段的幼儿应掌握的劳动技能有层次性和阶梯性。俄罗斯的《幼儿园教育与教学大纲》中明确提出了各年龄班幼儿应当掌握的劳动技能和技巧，如：小班幼儿能按次序独立穿脱衣服；中班幼儿养成整齐地摆放和挂好衣物的习惯，能在成人的帮助下清洗和晒干衣物；大班幼儿能够整齐地摆放柜子里的衣物，并晒干潮湿的物品，打理鞋子（洗、擦、刷，摆放到位）。①

随着时代的变迁，人工智能等新事物纷纷涌现，社会对人才素养的期望也发

① ［俄］瓦西里耶娃，［俄］格尔博娃，［俄］科马罗娃．幼儿园教育与教学大纲（第 4 版）［M］．北京：北京师范大学出版社，2015：78，118，166.

生着变化，劳动的内容和形式在不断更迭，幼儿园劳动教育对幼儿劳动能力的期望也应有所更新。除了基础的劳动技能以外，新时代的幼儿园劳动教育还应当更关注对幼儿合作劳动能力和创造性劳动能力的培养。在幼儿园中，要培养幼儿在集体中劳动的能力，使他们在劳动过程中组合成人数不等的小组进行劳动。在集体劳动过程中，幼儿将逐步学会分工合作，学会互相帮助、共享成果，也学会为劳动的过程和结果共同负责。

第二节
幼儿园劳动教育的内容与方式

一、幼儿园劳动教育的内容构成

幼儿园劳动教育内容多种多样。亚德什科将学前儿童的劳动主要分为自我服务劳动、日常生活劳动、接触自然的劳动和手工劳动，其著作中还指出，各种劳动在各年龄阶段的比重是不同的。[①] 瓦西里耶娃也基本沿用了此分类方式，同时对各年龄阶段不同类型的劳动教育内容给出了具体建议。[②] 随着时代的变迁，幼儿园劳动教育的内容既有继承也有发展，我们根据劳动对象的不同，将幼儿园劳动教育的内容分为面向人的劳动、面向有生命的自然物的劳动以及面向无生命物质的劳动。

（一）面向人的劳动

面向人的劳动，主要是以幼儿为中心的，服务对象从幼儿自己扩展到班级、园所、家庭，再进一步扩展到社区，具体包括自我服务劳动（或称为生活自理劳动）、社群服务劳动。

1. *自我服务劳动*

自我服务劳动就是幼儿自己照顾自己（如盥洗、穿衣、脱衣、收拾床铺、整理材料等）的活动。自我服务劳动是幼儿日常生活所必需的，幼儿在园一日生活的各个环节都蕴含了自我服务劳动的机会。通过自我服务劳动，幼儿能够学会基本的生活技能，养成良好的生活习惯，形成基本的责任感，同时他们在劳动中还能体验到成功和快乐，增强独立性、自主性。自我服务劳动也能够锻炼幼儿的小

---

① [苏联] 亚德什科，[苏联] 索欣．学前教育学 [M]．北京：人民教育出版社，1981：309－313.

② [俄] 瓦西里耶娃，[俄] 格尔博娃，[俄] 科马罗娃．幼儿园教育与教学方法指南 [M]．冯晓霞，主编．汪彤，译．北京：北京师范大学出版社，2015：207.

肌肉，增强其手眼协调、空间知觉、控制手部肌肉的能力。开展自我服务劳动，要特别注意给予幼儿充分的探索时间和机会，关注对幼儿独立性的培养。当然，幼儿在刚开始进行自我服务劳动时，会遭遇一定的困难，比如小肌肉不够发达、动作顺序不清晰、注意力容易转移等。教师要耐心地给予示范，要细心地指导幼儿，必要时给予协助。

2. 社群服务劳动

社群服务劳动是指向与幼儿相关的他人及群体的劳动，是在自我服务劳动的基础上，随着幼儿社会交往的能力提高和交往范围的扩大而逐步开展的。社群服务劳动是关心他人的劳动，带有明显的利他性质，能够培养幼儿对他人的关怀态度。社群服务劳动是“在集体”中开展的劳动和“为集体”开展的劳动，能萌发幼儿爱集体的情感和合作劳动的能力，为培养具有同理心、对公共事务有参与热情的未来社会公民打下基础。社群服务劳动在不同年龄阶段有着不同的表现形式，幼儿协助保持室内外场地的整洁，作为值日生分发碗筷、玩具，参与建立班级的规则制度，帮助同伴，参与美化园所环境、社区环境，为社区中的其他成员提供帮助等，都是学前阶段可以开展的社群服务劳动。随着幼儿服务对象和空间的扩大，幼儿所面临的问题情境也会更加复杂，综合学习的机会更加充分，幼儿也更能体验到劳动的价值。

（二）面向自然的劳动

儿童与自然环境之间本来就有着密切的联系。在过去，儿童“理所当然地把自然视为生命的礼物”①。儿童喜欢亲近自然，他们在自然中玩耍，全身心地投入进去，调动自己的所有感官与自然亲密接触。同时，与自然的直接接触也有益于儿童的身心健康。② 幼儿对生命的关爱出自他们的内在本能，以自然物为对象开展劳动是符合幼儿需要和兴趣、贴近幼儿生活的综合活动。自然还可以为幼儿的劳动提供丰富的空间和材料，面向自然的劳动为幼儿提供了亲近自然、感受生命、体验人与自然关系的独特机会。种植劳动、饲养劳动都是非常重要的面向自然的劳动。

1. 种植劳动

种植劳动是幼儿照料植物的劳动活动，种植过程中的选种、栽培、管理、收获、制作等环节都为幼儿提供了劳动的机会。幼儿能够在种植劳动中学会使用工具，认识多种植物，了解植物各部分的形态和特性，理解植物成长的条件和生长

---

① [美] 理查德·洛夫．林间最后的小孩——拯救自然缺失症儿童 [M]．自然之友编译团队郝冰，王西敏，等译．北京：中国发展出版社，2014：3.

② [美] 理查德·洛夫．林间最后的小孩——拯救自然缺失症儿童 [M]．自然之友编译团队郝冰，王西敏，等译．北京：中国发展出版社，2014：23.

变化的规律；能够学习运用数量关系、空间关系等解决问题；能够尝试做计划、猜测与验证、记录、做表征以及分享交流。种植劳动还会引发幼儿之间的分工和合作行为，培养幼儿亲自然的情感，为幼儿提供欣赏自然美的机会。

2. 饲养劳动

饲养劳动是对动物进行培育和照料的劳动活动。在饲养劳动中，幼儿可以为小动物喂食、喂水，制作供动物居住的棚舍，清扫棚舍，清洗食盒，为动物制作饲料，帮助动物保持清洁、卫生和健康，等等。通过这些活动，幼儿能了解多种动物的习性，感受动物生长的过程和生命的规律。幼儿进行饲养劳动的过程，也是幼儿做计划、实施计划、发现问题、提出猜测并验证的过程，是幼儿综合探究能力与倾向发展的过程。幼儿在饲养小动物的过程中，能深刻体验到生物的独特性和多样性，能萌发珍爱生命、尊重自然、人与环境和谐发展的意识。

（三）面向物品的劳动

面向物品的劳动主要是指制作物品的劳动。此类劳动从儿童制作、建造以及艺术表现的本能出发，是强调解决问题和创造创新的活动。《指南》中指出，要“让大班幼儿能使用简单的劳动工具或用具，多提供原材料或半成品，让幼儿有更多机会参与制作活动”。面向物品的劳动主要包括工艺劳动和工程劳动，这两类劳动都是具有很强的综合性的劳动活动。

1. 工艺劳动

工艺劳动是幼儿利用各种天然材料、粗加工材料、废旧物品等，通过体验、构思、设计、制作而进行创作的创造性劳动活动。工艺劳动与幼儿审美能力的关系紧密，并能发展幼儿的创造力、想象力、构思能力。在制作过程中，幼儿还能熟悉各种材料的特性，熟悉对材料进行加工和连接的方法，并学会使用各种工具。工艺劳动中同样蕴含着数学、科学学习的机会，能激发幼儿进行交往、互动和合作。由于手工制作往往需要花费较多工夫，学前儿童完成手工活动必须有坚持精神，有耐心和一丝不苟的态度，因而手工劳动能够培养幼儿的坚持性。

2. 工程劳动

工程劳动是为了满足人类需求而进行的创造性劳动活动，是运用技术进行设计、解决问题并制作产品的过程。工程劳动能够帮助幼儿掌握科学方法、了解工作程序，能发展幼儿的批判性思维，使其获得解决问题的技能、组织和管理技能、交流的技能；工程劳动能激发幼儿有目的、有计划、有步骤地寻找解决问题的创造性方案。通过工程劳动，幼儿能够获得计划的经验、合作的经验、数学与科学认知经验、艺术经验等多领域综合性的经验。

需要说明的是，上述的将劳动内容分为三大类六小类的办法，只是对劳动内容的划分方式之一。2020 年，中共中央、国务院颁布的《关于全面加强新时代大中小学劳动教育的意见》中指出，“针对不同学段、不同类型学生特点，以日常生活劳动、生产劳动和服务性劳动为主要内容开展劳动教育”。《义务教育劳动课程标准（2022年版）》进一步指出，日常生活劳动包括清洁与卫生、整理与收纳、烹饪与营养、家用器具的使用与维护，生产劳动包括农业生产劳动、传统工艺制作、工业生产劳动、新技术体验与应用，服务性劳动包括现代服务业劳动、公益劳动与志愿服务。本书中所列举的生活自理劳动与《义务教育劳动课程标准》中提及的日常生活劳动在内容上存在交叉，种植劳动、饲养劳动与农业生产劳动相似，工艺劳动与传统工艺制作相似，社群服务劳动与志愿服务有一定的重合。

二、幼儿园劳动教育内容选择的原则

尽管我们已经对劳动教育的内容做了划分，但是在实践操作中，大家对具体的某所幼儿园、某个年龄班如何选择劳动教育的内容仍然存在疑问。例如，幼儿园小班主要应该开展哪种内容的劳动教育？有的幼儿园安排幼儿为社区打扫卫生，这是不是合适的社群服务劳动教育？幼儿园以某一种劳动为特色，让幼儿花大量时间从事相关劳动，劳动技能甚至超过成人，合不合适？……要正确回答这些问题、正确看待这些劳动教育实践中的现象，就需要明确幼儿园劳动教育内容选择的基本原则。

（一）支持劳动教育目标的达成

教育内容是支持教育目标达成的手段[①]，选择幼儿园劳动教育的内容，必须紧密围绕劳动教育的目标。这要求教师要有目标意识，要从课程目标的角度来选择教育内容。例如，为了达成“不怕困难”这个劳动品质的培养目标，教师就应该选择一些有挑战性的劳动内容，让幼儿有机会在想办法坚持解决问题的过程中发展自己“不怕困难”的劳动品质。劳动教育内容要紧密围绕劳动教育目标，这也就意味着劳动教育的内容要支持幼儿全面发展，要以对劳动情感、态度的培养为重点，尽可能考虑具有综合性发展价值的劳动内容，同时劳动内容也要尽可能多样化。那种以某一种劳动为特色，强化幼儿劳动技能的劳动教育内容设置不是合理的做法。教师要主动将思维与《指南》连接起来，思考《指南》中的目标可以通过哪些劳动教育内容来达成。或者反过来思考：现有的劳动教育内容可以支持《指南》中哪些目标的实现？有什么样的价值？例如，幼儿园饲养了一只小兔子，教师可以思考：幼儿给小兔子喂胡萝卜的劳动，能达成哪些教育目标？经过分析，可以发现，“给小兔子喂胡萝卜”的劳动不仅可以锻炼幼儿的精细动作，

① 虞永平，原晋霞．幼儿园课程［M］．北京：高等教育出版社，2014：50.

而且能够提高幼儿的自我保护意识，同时，还能激发幼儿爱动物、爱劳动的情感。因此，可以将其定为幼儿园劳动教育的一项内容。

（二）选择符合本地、本园、本班幼儿实际需要的内容

《纲要》中明确规定，教育活动内容的选择既要适合幼儿的现有水平，又要有一定的挑战性。这样的教育活动才处在幼儿的“最近发展区”，才能够真正促进幼儿在现有水平上的发展。幼儿园劳动教育的内容选择也应该遵循这一原则。举例来说，在上述所有类型的劳动教育内容的安排上，小班中自我服务劳动所占比例要多一些，其他劳动类型尤其是社群服务劳动和工程劳动所占的比例要少一些；随着幼儿年龄增长，更加复杂的劳动内容就可以进入幼儿园劳动教育范畴。又如，在选择社群服务劳动内容时，要考虑班级幼儿进行服务劳动的现有水平，如果幼儿已经有了比较丰富的在园所内部开展服务劳动的经验，那么教师可以引导幼儿关注园外社区中人们的需要，提供社区劳动服务。此外，不同幼儿园的资源不同，幼儿园也要根据资源的可得性来选择本园的劳动教育活动内容。例如，有的幼儿园所在地区有一些独特的手工艺品，那么可以尝试将制作当地手工艺品的内容纳入劳动教育中。

（三）选择来自幼儿生活的内容

生活是劳动的重要内容来源，劳动，尤其是幼儿的劳动内容，源于生活，即劳动以生活为背景而展开。生活中之所以蕴藏着劳动的机会，“是因为生活处于变化不拘的流动之中，生活中充满了偶然性、不确定性”，充满了需要通过劳动去解决的问题。无论是在园还是在家，一日生活各个环节中都蕴含着幼儿的劳动。如幼儿在生活中要学会自己照料自己，他们自己吃饭、喝水，自己上厕所、穿衣服、整理玩具和图书等；他们在生活中还会进行一些服务他人的劳动，如擦桌子、拿簸箕，帮父母择菜、剥豆，给小动物喂食、给植物浇水等。幼儿还经常进行剪纸、贴花、凉拌菜肴、编织等活动，这些活动都是幼儿劳动的重要内容。在选择幼儿园劳动教育的内容时，应抓住那些有价值的、与幼儿生活密切相关的劳动主题。幼儿园劳动教育的开展要求我们沉浸到儿童的生活中，深入观察幼儿，理解他们有怎样的劳动需要，选择贴近幼儿生活的、幼儿经常接触的事物或现象，提炼适合幼儿的劳动教育内容。

（四）考虑幼儿的兴趣

在幼儿熟悉的生活中，有一些是幼儿感兴趣的，有一些是幼儿不感兴趣的。兴趣是一种动机力量，能使人进入一种“情感性唤醒状态”，产生一种吸收信息、扩展自己认知的倾向，为观察、探索、追求和进行创造性努力提供可能性。因此，幼儿园劳动教育必须考虑幼儿的兴趣。让幼儿园劳动教育的内容关照幼儿的兴趣有两种具体的做法：其一，关注幼儿的兴趣，从幼儿感兴趣的事物中选择相关的内容，来开展劳动教育。其二，将必要的课程内容“转化”为幼儿的兴趣。

例如，教师给幼儿呈现了一些照片，从照片上可以看出幼儿园门口街道上有很多垃圾，这引发了幼儿进行调查并开展美化街道环境宣讲活动的兴趣。

三、幼儿园劳动教育的方式

劳动既是幼儿园劳动教育的内容，又是幼儿园劳动教育最主要的方式。幼儿园劳动教育可以通过劳动的方式来开展，也可以结合观察访问、讲授、讨论等，以渗透式教育方式来开展。

（一）做中学

幼儿园的劳动教育主要通过幼儿参与劳动的方式来开展，这是由劳动的特点决定的，也是由幼儿学习的方式决定的。劳动是一种有目的的行动，劳动者要进行实际操作，要运用体力、智力和工具来改变外部世界和周围世界。个体要接受劳动教育，就是要将劳动和教育相结合，也脱离不了个体的劳动。同时，《指南》中指出，幼儿是以直接感知、实际操作、亲身体验的方式来学习的，劳动教育也应该以符合幼儿学习特点的方式来开展，尽可能让幼儿去直接感知、实际操作和亲身体验。《义务教育劳动课程标准》也指出，劳动课程强调学生直接体验和亲身参与，注重动手实践、手脑并用、知行合一、学创融通，倡导“做中学”“学中做”。因此，做中学是劳动教育最重要的开展方式。

“做中学”教育法的理论原型来自杜威的“做中学”教学思想。“做中学”的核心要义在于以学生的活动来架构课程，以直接经验的获得为核心旨趣，在情境化的教学场域中，通过学生的各种“做”——观察、实验、探究、劳作、游戏等来组织实施教学。① 杜威认为，只有通过“做”获得的经验，才是稳固的、有意义的经验。个体要获得真知，就必须在活动中主动地去体验、尝试、改造，必须去“做”，因为经验都是由“做”得来的。② 他指出，“不管学生的经验背景在某一时期是如何贫乏和微薄的，只有当有机会从其经验中作出一点贡献的时候，他才真正受到教育”③。这一点，在幼儿园劳动教育中尤其重要。“做中学”的方法特别适合程序性知识的获得。所谓程序性知识，就是有关“为什么”和“怎么办”的知识，涉及对概念、规则、原理的理解和应用，解决问题的技能、方法、

① 屠锦红，李如密．“做中学”教学法之百年演进述评［J］．课程・教材・教法，2014，34（04）：95－102.

② 田慧生．关于活动教学几个理论问题的认识［J］．教育研究，1998（04）：46－53.

③［美］约翰・杜威，人的问题［M］．傅统先，邱椿，译．上海：上海人民出版社，1965：26－27.

策略的形成，以及情感的体验。幼儿园劳动教育中，幼儿的基本劳动技能、创造性劳动能力，以及发现问题、解决问题、批判思维等高级认知技能，都只能通过“做中学”的方法来获得。与此同时，劳动素养的核心——劳动价值观，也不是靠讲授、讨论就能够形成的。幼儿只有在做的过程中才能真正领会劳动的意义和价值，才能萌生热爱劳动的情感，形成经常劳动的习惯。

我们实施“做中学”的教育方式，首先要明确这里的“做”并不是让幼儿参加以创造物质财富为目的的生产性活动，而是让幼儿参加以促进个人全面发展为目的的、培养服务意识的劳动活动。“做中学”具体的实施方式是多样的，有以反复操练劳动技能为主的练习性劳动，有以发现问题、提出假设、推理判断、验证假设的模式展开的探究式劳动，有以尝试错误的方式展开的试误性劳动。事实上，多种行动方式构成了行动的“光谱”，越往“光谱”的右侧，幼儿劳动思维参与的成分就越多，越往“光谱”的左侧，相对而言，幼儿思维参与的成分就越少。一般来说，我们要尽可能避免完全没有思维参与的劳动形式，随着幼儿年龄的增长，劳动中探究性、试验性的成分要更多。

（二）观察访问

《纲要》中指出，幼儿园要“与家庭、社区合作，引导幼儿了解自己的亲人以及与自己生活有关的各行各业人们的劳动”，这就是提出了以观察、访问等方式来开展劳动教育的要求。

观察法的理论依据来自社会认知理论。引导幼儿观察访问自己的亲人以及与自己生活有关的各行各业人们的劳动，可以让幼儿理解成人劳动对自己及对社会的意义。例如，有农民伯伯的劳动，小朋友才有饭吃；有医生的劳动，小朋友才能保持健康；有警察叔叔的劳动，小朋友才能更加安全；有环卫工人的劳动，小朋友才能在干净整洁的道路上行走。由此，幼儿能够理解劳动的意义，形成正确的劳动观，养成尊重劳动者及他人劳动成果的态度。此外，观察访问还能够让幼儿萌生模仿成人劳动的兴趣，让幼儿获得劳动方法、步骤、技巧等方面的知识。例如，幼儿访问了当地的民间艺人，观察、记录了漆扇的制作工艺，回到幼儿园后也开展了类似的工艺劳动。

在幼儿园劳动教育中使用观察访问的方法，有以下一些要点需要注意：（1）幼儿在进入观察访问的现场之前，要明确观察访问的目的，是要了解劳动的内容、方法，还是想了解其他背景信息。（2）教师要着重引导幼儿理解他人劳动对幼儿和社会的意义，对年龄较小的幼儿，教师可以进行必要的解释。（3）教师要提前与观察访问的对象取得联系，让受访人明确儿童观察访问的目的，了解应当对儿童说些什么、给他们看些什么。（4）教师要引导幼儿对观察访问到的内容进行必要的记录与表征，在此基础上组织幼儿围绕目的进行讨论和反思。（5）总体来看，幼儿对成人劳动的观察要遵循儿童社会性发展的逻辑，应从观察访问身边较为亲近、熟悉的成人开始。（6）对成人劳动的认识、对劳动方法和技能的学习不能仅仅依赖观察的方式，如果不和幼儿自己的亲身操作、真实的劳动结合在一起，幼儿对劳动的认知仍然是表浅的，对劳动方法和技能的掌握也是不扎实的。

（三）讨论

讨论是幼儿与幼儿之间、幼儿与教师之间进行的有目的的、探讨性的活动。使用讨论法可以让幼儿之间进行观点的碰撞，引导他们相互启发，能锻炼幼儿的语言表达和思维能力。讨论法的使用历史悠久，在两千多年前的春秋时期，孔子就经常和弟子展开讨论，也经常鼓励弟子之间进行讨论，有着“独学而无友，则孤陋而寡闻”的教诲。而在西方教育史中，讨论法可以追溯到苏格拉底的“产婆术”，即从具体的问题出发，通过一系列提问，让求知者了解到自己对某一问题的无知，在此基础上，继续通过对话协助求知者摆脱谬误、发现知识，并对知识进行总结归纳。维果斯基社会建构主义理论也为讨论法的应用奠定了理论基础。在社会建构主义学者看来，社会互动、文化工具及活动塑造了个体的发展和学习；通过与他人共同参与广泛的活动，个体能内化通过共同学习而获得的东西，包括新策略和新知识。①

幼儿园劳动教育中，劳动和教育二者不可偏废，幼儿积极参与讨论是“教育”实现的重要途径。语言是思维的工具，有了充分的讨论，幼儿在劳动中就不仅仅是劳力，而是劳力基础上的劳心。有了充分的讨论，幼儿才更能理解劳动的意义和价值，真正形成对劳动的情感和正确的态度。

在幼儿园劳动教育中使用讨论法需要关注以下问题。（1）在讨论之前，要充分调动幼儿的生活经验，让幼儿在讨论中有话可说。例如，幼儿如果要对劳动的设计方案进行讨论，首先要基于调查、参观等形成一定的方案，并为论述方案的可行性、优越性收集一定的依据。又如，如果教师要组织幼儿对整理劳动的意义展开讨论，则需要每个幼儿都有参与整理劳动的生活经验。（2）在讨论开始时，教师要提出一些能引发幼儿讨论的问题，同时，要使用一些材料，如照片、视频等，帮助幼儿提取过去的生活经验。（3）在讨论过程中，教师要使用提问、倾听、回应、分组讨论等策略，让每一位幼儿都参与讨论。具体而言，在提问时，

---

① [美] 安妮塔·伍尔福克．教育心理学：主动学习版（原书第 13 版）[M]．伍新春，董琼，程亚华，译．北京：机械工业出版社，2021：313.

教师要提那些指向幼儿思维的问题，如“你怎么知道……?”“你为什么觉得……?”等，即提出“怎么样”“为什么”的开放式问题；教师也要提能让幼儿开展对话与讨论的问题。(4) 讨论过程中，也要关注幼儿的个体差异性，对部分不愿意参与讨论的幼儿，教师应该分析原因，提出相对简单的问题，鼓励其克服困难参与讨论，后面再逐步提高问题的难度。

第三节
幼儿园劳动教育的组织与实施

一、幼儿园劳动教育的实施途径

幼儿园劳动教育的途径是多样化的，需要综合集体活动、小组活动和个别活动的途径，也需要综合教学活动、区域活动和生活活动的途径，可以与主题活动相融合，也需要关注项目活动途径。

（一）集体教学活动

幼儿园劳动教育可以通过教学活动来开展。教学活动是指教师有目的、有计划地引导幼儿积极、主动认识世界，帮助幼儿实现全面发展的活动。需要指出的是，教学活动不等同于集体教学活动，教学活动可以是面向全体幼儿的，也可以是面向部分幼儿的；教学活动不是幼儿端坐静听，教学活动中有幼儿的亲身体验、直接感知和实际操作；教学活动看重的不是教师的教，而是幼儿的学。当然，在我国学前教育实践中，集体教学活动仍然占据非常重要的位置。与其他类型的活动相比，集体教学活动也有其独特的优势及作用：在幼儿园劳动教育中采用集体教学活动方式，能够帮助幼儿初步掌握基本的劳动方法、技能，掌握劳动活动过程中的安全知识；能够为幼儿提供相互讨论、相互启发的机会，帮助幼儿理解劳动的意义、发现劳动中的问题并提出解决方案，分析劳动的效果及原因；能够帮助幼儿将零散经验系统化。总之，集体教学活动能提高劳动教育的效率。

在以集体教学活动的方式来开展劳动教育时，需要注意以下问题：第一，要选择适合的内容来开展集体教学活动。那些吸引着大多数幼儿的活动内容，是大多数幼儿劳动中关键问题的内容，就可以放到集体教学活动中。例如，幼儿在社群服务劳动中，对怎样为敬老院老人送温暖产生了争执，那么教师就可以组织集体教学活动，请幼儿来讨论，并形成活动方案。一些活动内容很有趣，但只是个别幼儿的兴趣，或者更适合通过生活活动等其他活动形式开展，就不应该纳入集体教学活动。例如，幼儿要给自然角的小鱼换水，就可以根据鱼缸里水质的实际情况，在区域活动或生活活动时间来完成这个劳动任务。第二，集体教学活动要选择重要和关键的问题。对既能够在集体活动中进行，又能以其他活动形式开展的劳动教育内容而言，应当优先考虑采用其他活动形式。因为集体教学活动是所有幼儿都必须参加的活动，与其他类型的活动相比，在集体教学活动中幼儿的个体差异性不能得到充分的关照，过多的集体教学活动会加重幼儿的负担，影响活动的个体适宜性。因此，教师应该梳理劳动教育中的问题，选择关键的内容、幼儿难以通过其他活动形式获得有效经验的内容，来进行集体教学活动。例如，对于使用木工工具如锤子、锯子等的安全注意事项，教师应当在集体教学活动中进行强调。第三，集体教学活动要同时兼顾活动的计划性和生成性，教师要敏锐地把握集体教学活动中幼儿的兴趣和需要，适当地对活动计划进行调整。

（二）区域活动

与集体教学活动不同，区域活动是幼儿在区角中进行的活动。幼儿可以自由选择活动的区域、材料、同伴和方法，在区域中主动通过与环境的相互作用来获得发展。相对于集体教学活动，区域活动更加尊重幼儿的主体性和个体差异性，幼儿可以根据自己的意愿选择活动的内容和形式，根据自己的发展水平选择适宜的活动材料。在学习过程中，幼儿主要是通过与材料的互动来进行发现式的学习，因而区域活动更能够回应《指南》中对幼儿学习方式的要求，提升幼儿学习的主动性。

区域活动是幼儿园劳动教育重要的实施途径。区域活动为幼儿的劳动，特别是种植劳动、饲养劳动、工艺劳动和工程劳动等生产性劳动活动提供了劳动对象和材料。需要指出的是，幼儿在区域开展的劳动活动不仅在室内的区角（如自然角、美工区、生活区）中进行，也在户外活动区（如饲养区、种植园地）、专门的活动室（如木工房）等场所进行。

以区域活动的形式来组织和实施幼儿园劳动教育，需要注意几点。第一，要为幼儿的劳动提供多样的、具有层次性的工具和材料。多样化的工具和材料是幼儿获得丰富的学习经验的前提和保障。例如，幼儿园为幼儿提供了多种植物种子，幼儿就能探索点种、撒种、育苗移栽等多种种植方式。具有层次性的工具则更加契合幼儿学习与发展的个体差异性。例如，幼儿在生活区练习扣纽扣时，教师可以给幼儿提供纽扣大小不同、扣洞大小不同的小衣服，供手部精细动作发展水平不同的幼儿进行操作。第二，区域活动过程中，教师要关注对幼儿个体的、间接的指导。区域活动中，幼儿的劳动往往是以个体或者小组的形式展开的，幼儿遇到的问题、学习的内容往往存在差异，要支持幼儿以适宜的方式获得发展，教师就要针对个别或几名幼儿在劳动中遇到的问题进行差异化的指导。第三，教师的指导不能聚焦于知识的传授，要避免用直接讲授的方式来进行指导，教师可以综合采用提供材料、提问等方式对幼儿进行间接指导，尽可能引导幼儿发挥主体性。

（三）生活活动

幼儿园的生活活动是幼儿一日生活中不可或缺的部分，是教师组织幼儿在教学活动、游戏活动以外开展的活动，包括幼儿入园、进餐、喝水、盥洗、如厕、睡眠等。生活活动的组织形式是灵活多样的，既可以全班幼儿共同参与，例如散步，也可以部分幼儿参与。生活活动贯穿于幼儿一日生活的始终，并且常态化地开展。

以生活活动的形式来开展幼儿园劳动教育，能够真正让劳动教育影响幼儿的生活。杜威说“教育即生活”，陶行知说“生活即教育”，“过什么样的生活就要受什么样的教育；要想受什么样的教育就要过什么样的生活”①。生活和教育之间本来就有着密切的联系。生活中的劳动教育能够起到“润物细无声”的作用，对儿童的影响也许要比专门的教学活动更大。幼儿园劳动教育的目标之一，就是要让幼儿过热爱劳动的生活，在生活中养成勤于劳动的习惯。因此，在幼儿园的生活活动中开展劳动教育，就是让幼儿在生活中常常劳动、时时劳动，让劳动成为幼儿的一种生活习惯和倾向。以生活活动的途径来实施幼儿园劳动教育，还能够让劳动教育解决更加真实的、更有意义的问题。与教师专门设计的劳动教学活动（尤其是教师发起的教学活动）相比，生活活动中的劳动教育，利用的是幼儿遇到的真实的、有意义的问题。例如，幼儿穿衣、进餐、洗手、整理自己的玩具，这些都是真实呈现在幼儿生活中的内容。又如，幼儿在散步时发现了一只受伤的小鸟，将它带回班级细心地照看、饲养，这也是生活中自然生发的劳动教育内容。

以生活活动的形式展开劳动教育，要求教师关注幼儿的生活，通过观察与倾听来发现幼儿在生活中的兴趣点、关注点和问题，把握教育契机，进行随机教育。例如，在幼儿入园的时候，教师发现幼儿将脱下来的衣服胡乱塞进柜子里就走开了，再打开柜子去拿衣服时，衣服就容易从柜子里掉出来，于是教师抓住这个契机，引导幼儿围绕“怎么放衣服”进行讨论，让幼儿发现整理衣服的意义，同时引发整理衣服的生活自理劳动。以生活活动的形式来开展劳动教育，也要注重和关照幼儿的个体差异性，切忌用整齐划一的标准来要求幼儿，而应因人而异、因材施教，针对幼儿的不同情况给予不同的引导和教育。例如，对那些因精细动作水平不够高而导致自我服务能力较弱的幼儿，教师要有针对性地提供支持材料，给幼儿在游戏活动、劳动活动中发展精细动作的机会；同时，也要为其提供相对容易操作的工具，肯定幼儿克服困难的努力过程。因为生活活动中的劳动教育每天都在进行，幼儿获得了相应的劳动能力后，会发现生活活动中的劳动新异刺激较少，所以以生活活动途径来开展劳动教育，不能满足于幼儿完成了劳动

---

① 陶行知．陶行知教育文选［M］．中央教育科学研究所，编．北京：教育科学出版社，1981：109.

任务或者参与了劳动活动，随着幼儿年龄的增大，教师应当对幼儿生活活动的质量提高要求。此外，在幼儿劳动的同时，还要关注他们对劳动的意愿，引导幼儿发现生活中普通劳动的意义，积累积极的劳动体验。

（四）家园合作

家园合作是指幼儿园和家庭合作，共同促进儿童发展的过程。家园合作是幼儿园劳动教育的重要途径之一。一方面是因为家庭在幼儿的教育中起到重要的作用。幼儿的发展受到幼儿园、家庭、社会多方面的共同影响。从布朗芬布伦纳的生态系统理论可知，家庭作为儿童生活中的微观系统会影响儿童，家园之间的关系（如家园教育的一致性）也会对儿童的发展产生影响。另一方面，若幼儿对劳动有错误的认识，往往就是受其家庭的影响。因此，要提高劳动教育的成效，就需要拓宽视野，不应局限在园所内部。

劳动教育的家园合作首先需要幼儿园帮助家长扭转劳动教育观念，通过家长会、开放日等让家长逐渐形成“劳动是幼儿综合的学习、劳动创造幼儿美好未来”的观念。同时，幼儿园也需要研究幼儿在家庭中的家务劳动，为家长提供幼儿在家可参与的劳动内容的清单，让幼儿真正在一日生活的所有场景中都有机会参与劳动。幼儿除了在家完成自我服务劳动以外，还能进行力所能及的家务劳动。有条件的家庭，还可以引导幼儿在家进行一些饲养劳动和种植劳动，给予幼儿更丰富的家庭劳动内容。此外，幼儿园还要积极邀请家长参与幼儿园劳动教育课程的建设。幼儿园劳动教育需要进行资源建设，家长也是重要的教育资源之一。例如，在幼儿开展种植劳动、工程劳动、工艺劳动时，一些有相关劳动经验的家长、祖辈就可以进入幼儿园，引发幼儿对劳动的兴趣，为幼儿解答一些疑问，示范一些劳动方法和技能等。

（五）主题活动

在幼儿园课程中，“主题”一词意指在一段时间内师幼所讨论的中心话题，教师通过组织幼儿对这些中心话题进行讨论，对中心话题中蕴含的问题、现象、事件等进行探究，使幼儿获得新的、整体的、相联系的经验。① 主题活动就是在一定时间内，组织幼儿围绕某个中心话题进行学习、探究、游戏，从而使幼儿获得有益经验的系列活动。

将劳动教育融入主题活动，有利于劳动教育的展开。首先，有利于利用幼儿的兴趣，激励和维持幼儿的劳动动机。在主题探索期间，话题是幼儿的关注点，幼儿对探索的中心话题有着比较浓厚的兴趣，由此生发出来的劳动活动是幼儿兴趣的延续。例如，在“亲亲泥土”主题中，幼儿在一段时间内对泥土的质地进行

---

① 虞永平．论幼儿园课程中的主题［J］．学前教育研究，2002（06）：13－15.

了探究和体验，在此基础上进行的泥塑、陶艺等工艺劳动就延续了幼儿此前的兴趣。此外，将劳动教育融入主题活动中，还有利于调动幼儿已有的经验，为幼儿综合利用多领域经验进行劳动奠定基础。主题活动是整合性的课程活动，幼儿通过对一个主题的学习，获得了与这个中心议题相关的比较完整的经验。而劳动往往需要多领域经验的卷入，前期的主题活动使幼儿获得了基础经验。例如，在“闽南茶俗”主题下的“泥塑茶壶”活动中，幼儿就要提取并综合应用此前在主题活动中获得的有关茶壶的造形、结构、图案等丰富的经验来进行劳动。将劳动教育融入主题活动中，还有利于通过其他活动整合、提升和拓展从劳动教育中获得的经验。举例而言，幼儿在进行了收获棉花的劳动活动以后，既可以在后续的主题活动中利用棉花来进行艺术创造，也可以使用画画、讲述、拍照、绘本阅读等多种形式来对收获棉花的过程进行表征和表现。将劳动教育融入主题活动中，也有利于主题活动的开展。劳动是一种综合的学习，劳动中要自然卷入幼儿多领域的经验，因此，以劳动的形式来学习主题内容，就更容易实现主题内容的综合性，并且让学习以幼儿偏好的直接感知、实际操作和亲身体验的方式来展开。

将劳动教育融入主题活动中，需要注意的是：劳动活动应该在主题活动中自然生发，与主题活动中的其他活动建立起有机的而非机械的联系。如前所述，主题中的其他活动要为劳动活动的实施提供经验基础，而劳动活动进行以后，也需要有后续的其他活动帮助幼儿延伸从劳动活动中获得的经验。

（六）项目活动

项目活动是幼儿在教师的支持、帮助和引导下，对某个感兴趣的主题进行深入研究的活动。项目活动和主题活动有着相似之处，即都主张幼儿的学习是完整的学习，但是，与主题活动不同的是，项目活动更强调在师幼互动中不断根据幼儿的反应对主题做出调整，强调主题的生成性，强调课程的弹性计划。① 在一个反映幼儿对学习的主动引发性与决定权的活动连续体中，项目课程的位置在连续线的最右端，因为项目课程的主题是由一个或多个幼儿引发的。项目课程让幼儿自己选择主题进行探究，由幼儿决定如何安排一个最后的高潮活动。②

大多数的项目活动是既需要幼儿劳力又需要幼儿劳心的，因此，很多项目活动也是幼儿的劳动活动。事实上，项目活动可以追溯到进步主义教育观中的设计教学思想。在克伯屈提出的设计教学法中，生产者的设计是课程的重点，最能体现教育的“社会化”，体现一种合作的活动。而生产者的设计，也称建造的设计，就是以生产物质的或精神的产品为目的的，例如，建造房屋、制作工具、烹饪食

① 王春燕．对当前幼儿园整合课程的思考［J］．早期教育，2003（08）：4－5.

②［美］裘迪·哈里斯·赫尔姆，丽莲·凯兹．小小探索家——幼儿教育中的项目课程教学［M］．林育玮，洪尧群，陈淑娟，等译．南京：南京师范大学出版社，2004：4.

物、拟定章程、写信和演戏等。[①] 不难看出，克伯屈所称的“生产者的设计”大体上是与劳动活动高度相关的。以项目活动的形式来开展劳动活动，能够真正让劳动活动成为幼儿自由、自主的活动，能充分发挥幼儿在劳动中的主体性，让幼儿的劳动成为一种持续的、深入的探究和学习活动。项目活动中的劳动往往有幼儿的兴趣相随，幼儿是能投入并持续开展活动的，是能从中获得新经验的。

以项目活动的形式来开展幼儿园劳动教育，教师需要充分关注幼儿的劳动兴趣和需要，让幼儿的劳动兴趣和需要来主导劳动活动的进程。同时，教师在项目活动中也不是毫无计划，他们需要充分考虑幼儿可能的想法、假设和象征，以及可能的引导方向。只有教师自己假设过足够多的可能性，才更容易接受未知，对新的想法态度更加开放。[②] 以项目活动的形式来开展劳动教育，幼儿的探究过程中可能会有大量的循环和反复，教师要给幼儿留出充足的时间、空间，让他们进行探究。此外，教师要尽可能地为幼儿提供合作劳动的机会。

二、幼儿园劳动教育的实施原则

实施幼儿园劳动教育，要坚持综合性原则、生活性原则、游戏性原则、思维参与性原则和适宜性原则。

（一）综合性原则

幼儿并没有学科的观念，他们看宇宙间一切的一切，全是整个儿的。成人所习惯的按逻辑顺序和组成结构来划分的学科，是人为划分的，是科学的产物，不是儿童经验的产物。杜威就曾指出，儿童的世界是一个具有他们个人兴趣的世界，而不是一个事实和规律的世界，这个世界的主要特征，不是什么与外界事物相符合这个意义上的真理，而是感情和同情。儿童所关心的事物，由于他的生活所带来的个人和社会的兴趣的统一性，是结合在一起的，凡是在他心目中最突出的东西就暂时对他构成整个的宇宙，那个宇宙是变化的和流动的，它的内容是以惊人的速度在消失和重新组合。以成人心理为标准，以知识的逻辑顺序组成的学科的学习，割裂和肢解了儿童世界，破坏了儿童生活的统一性和完整性，因此，杜威强调，要围绕儿童所需要的知识和感兴趣的问题、采用活动作业的形式来组织教学。劳动活动就是源于儿童生活的综合的活动，它不是以成人心理为标准的，不是以知识的逻辑顺序来架构的，而是世界的本来面貌，是真实、变化、流动的。

幼儿劳动是在整体的生活情境中，为解决真实问题、满足各种需要而生发的

① 单中惠．现代教育的探索：杜威与实用主义教育思想［M］．北京：人民教育出版社，2002：239.

② 虞永平，原晋霞．幼儿园课程［M］．北京：高等教育出版社，2014：202.

综合活动。幼儿的劳动活动，需要调动幼儿在认知、情感、身体运动、审美等方面的经验来进行多领域的综合学习，也因此能够促进完整儿童的成长。幼儿园劳动教育应尊重幼儿劳动的综合性特点，在劳动教育中自然卷入多方面的经验，确立的教育目标应指向幼儿多个领域的发展，既关注幼儿劳动态度、习惯与能力的发展，也关注幼儿德、智、体、美的完整发展。实践中，要避免将劳动品质与其他领域的发展割裂开来；避免就劳动谈劳动，把劳动教育目标窄化为劳动品质，甚至窄化为某几种劳动技能的获得。

（二）生活性原则

我们之所以一再强调要让劳动教育中的幼儿劳动回归生活，是因为过去乃至现在仍然存在着劳动脱离真实生活的问题：劳动内容远离幼儿的生活，让幼儿去完成他们不熟悉、不关心、不感兴趣的任务；劳动教育形式脱离幼儿的生活，不重视在生活中对幼儿进行劳动教育，而是开展专门的教学活动，甚至进行以讲授为主的教学活动，试图实现劳动教育的目的；劳动教育的目的偏离幼儿的生活，不以提升幼儿的生活能力为目标，却将目的狭隘地定位在德育上。强调幼儿园劳动教育要回归幼儿的生活，就是强调让劳动教育在内容、形式和目的上回归生活，让劳动教育真正实现源于生活、经由生活和为了生活。

劳动教育不应丢失劳动活动具有的生活性特性，在设计和实施劳动教育活动时，要抓住那些有价值的、与幼儿生活密切相关的劳动主题。幼儿园劳动教育的开展要求我们沉浸于幼儿的生活，深入观察幼儿，理解他们有怎样的劳动需要，开展那些与本班、本园幼儿现实生活紧密联系、符合幼儿生活需要的劳动活动，避免设置那种脱离了幼儿真实生活情境的劳动任务，让生活成为幼儿劳动教育的重要来源。杜威曾指出，儿童的社会生活是他一切训练或生长的集中或相互联系的基础，“学校科目相互联系的真正中心，不是科学，不是文学，不是历史，不是地理，而是儿童本身的社会生活”①。而在对生活进行简化和过滤之后，“烹调、缝纫、手工等”劳动在学校中的地位就得以凸显，因为它们“是代表着社会活动的类型和基本形态的；而且，通过这些活动的媒介把儿童引入更正式的课程中，这是可能的，也是值得想望的”②。让生活成为幼儿劳动的重要来源，还意味着随着时代的变迁，幼儿生活背景和环境的变迁，幼儿的劳动内容也不可能一成不变。因此，教师要认真体察和“阅读”幼儿当下的生活，才能为幼儿提供回到生活的劳动教育。

---

① 华东师范大学教育系，杭州大学教育系．现代西方资产阶级教育思想流派论著选［M］．北京：人民教育出版社，1980：8.

② 华东师范大学教育系，杭州大学教育系．现代西方资产阶级教育思想流派论著选［M］．北京：人民教育出版社，1980：9.

其次，在幼儿园劳动教育中，尤其要重视将一日生活各个环节作为幼儿劳动教育的重要场景。从幼儿早上入园到下午离园的若干生活环节中，放置与整理个人物品、穿脱外套、饮水就餐、如厕洗手等都是幼儿进行自我服务劳动的重要内容；在种植园浇水、翻土、收获，在小农场饲养、照料小兔，在生活馆把刚从地里收获的萝卜制作成可口的菜肴，在美工区利用农场中干枯的棉花进行美术造型……幼儿日常生活在哪里，哪里就可以成为幼儿的劳动场所，劳动教育应当贯穿于幼儿的一日生活中。只有在生活中真正不断努力践行幼儿园劳动教育，它才能真正起到涵养幼儿劳动品质的作用。我们要充分利用现实的生活环境，通过情境化、问题化的引导，为幼儿提供材料和工具，让幼儿明确任务，并努力解决问题，避免那种脱离了生活情境的劳动任务。

再次，幼儿园劳动教育应当以提高幼儿的生活能力、帮助幼儿为当下和未来的生活做好准备为重要目的。随着生活条件的日益改善和家庭结构的变化，越来越多的家庭在重视儿童教育及儿童早期发展的同时，一定程度上出现了重视认知发展轻视劳动的情感态度，出现了重视艺术能力培训轻视生活能力获得的倾向。在日常生活中，幼儿的生活自理劳动容易被家长包办，幼儿缺少做事的机会。尽管一些针对儿童本身的研究证明儿童对劳动有积极的意愿和兴趣，但囿于家长的认识误区，认为“孩子只要好好学习，把书读好就行了，其他的事情不用理会”，幼儿在生活中缺少劳动机会，生活能力的发展受到了极大的制约，既不会尊重他人的劳动，也缺乏基本的生活自理能力。在这样的背景下，我们尤其需要关注幼儿园劳动教育应培养幼儿的生活能力这个目的。劳动是动手做事，要为幼儿提供动手的机会，重视让幼儿通过劳动提高生活能力，不能让劳动仅仅停留于说教，不能将劳动教育的目的局限于德育，也不能只强调思维的参与。这种生活能力，于短期看主要是指幼儿的生活自理能力，于长期看则包括幼儿的生活适应能力、解决问题的能力、创造的能力。随着科学技术的发展，问题解决能力、创造能力在幼儿未来的生活和劳动中将起到关键性的作用，这要求我们应实施回归生活的劳动教育，要激发幼儿展开想象、进行创造，要重视培养幼儿的反思精神、创新精神和合作精神。

（三）游戏性原则

幼儿园劳动教育应当注重游戏性原则。所谓游戏性原则，不是让幼儿的劳动像儿戏，让幼儿对劳动产生不认真、不负责的态度。幼儿劳动的游戏性原则首先强调幼儿园劳动教育应当体现游戏精神，让幼儿劳动真正成为幼儿自主、自由、愉悦、创造的活动。具体而言，在劳动教育中要关注幼儿的兴趣和需要，为幼儿的劳动提供充足的工具、材料、方法、角色、空间、时间等方面的供选择和探索的机会，支持幼儿在劳动中主动承担、自主选择、自由创造。例如，马卡连柯指出，“这种任务不是必须在短时间里、在一天或两天里完成，而是可以有较长的时间，甚至要继续到几月或几年”①，这就是强调幼儿园劳动教育应当给予幼儿充足的时间。“重要的是要让儿童在选择工具上有一定的自由”②，则是强调劳动中要给幼儿提供充足的选择工具的机会。“劳动的任务愈复杂，愈具有独立性，它在教育方面也就愈好”③，则是强调幼儿劳动时应该在方法、内容上有充分的探索机会。因此，我们尤其要避免强加劳动任务的做法，避免严格限制幼儿劳动的内容、方法、时间、工具等做法。

其次，要加强幼儿劳动活动与游戏活动之间的联系。具体而言，可以让幼儿游戏反映成人劳动。例如，提供机会，让幼儿在生活中加强对成人劳动和职业的认识，并且提供材料，创设相应的游戏情境，让幼儿有意愿在游戏中对成人劳动进行扮演和体验活动，如幼儿在角色扮演游戏中扮演医生、消防员等不同的职业人员。可以引导幼儿在游戏中反映出一些劳动活动的因素。事实上，对成人劳动行为的模仿就常常是幼儿游戏的内容。虽然就表面看来，幼儿好像是在劳动，但我们不能将其真正称之为劳动，因为“儿童所掌握的一些行动，带着纯粹的游戏性质，在这些行动中，儿童没有明显的要获得结果的意向”④，如幼儿在游戏中用剪刀工作、用锥子钉钉子等。幼儿园可以提供机会，让幼儿为将要玩的游戏进行劳动，这样做，可以充分利用幼儿向往游戏的内在意愿，增强其劳动的主动性和目的性。在中班和大班年龄段，随着幼儿劳动能力的逐步发展，他们能为游戏准备而付出的劳动也就更加持续、深入和复杂。例如，当幼儿要进行表演游戏时，从服装、舞台、道具的制作，到人员的安排、分工、协调等，都融入了幼儿劳动。教师还可以让幼儿在劳动过程中进行游戏的动作。幼儿具有“好游戏”的天性，因此，在劳动的过程中让幼儿进行游戏的动作，也能增强劳动的趣味性，让幼儿体会到更多积极愉悦的情感。例如，《古利和古拉大扫除》这本绘本中，就生动地再现了幼儿在劳动过程中自然而然开展游戏的过程。绘本故事中，古利和古拉发现家里有很多灰尘，决定来一次大扫除。当他们找出大扫除的工具时，发现工具都坏了，掸子没有毛了，扫把也断了，这可怎么办呢？他们打算利用旧衣服、旧袜子制作新的劳动工具。这时古利突发奇想，把一幅破窗帘裹在身上，再穿上一双破袜子，把自己变成了大抹布。“用肚子贴着地滑，屁股蹭着地滑，躺着用背滑，滑来又滑去。‘嗨！我是抹布大王。’”当我们为幼儿的劳动提供了宽松的环境时，充满想象力的幼儿随时有可能在劳动过程中展现出游戏的行为，

---

① [苏联] 马卡连柯. 马卡连柯教育文集（下卷）[M]. 吴式颖，等编. 北京：人民教育出版社. 2005：532.

② 同①.

③ [苏联] 马卡连柯. 马卡连柯教育文集（下卷）[M]. 吴式颖，等编. 北京：人民教育出版社. 2005：532-533.

④ B. Г. 耶娃，黄学溥. 劳动和游戏 [J]. 西北师大学报（社会科学版），1960（S2）：58-63.

体会到游戏的快乐。

（四）思维参与性原则

幼儿园开展劳动教育，需要明确：劳动应该是劳力与劳心的共同作用，幼儿的劳动中应该有思维的参与。正如苏霍姆林斯基所说，那些最简单的劳动过程，都应当渗透研究性、试验性的思想。有思维参与的劳动，行动和思维之间不断促进，思维在检查、纠正、改善着劳动过程，劳动也在发展着智慧。有思维参与的劳动，才不是经验的简单重复或是“枯燥的惩罚”，才能真正培养幼儿热爱劳动的精神。实践中，一些在成年人看来单调的体力劳动，如扫地、松土、除草，如果让幼儿进行观察、计划、思考，也会激发幼儿思维的活跃性。幼儿园劳动教育要让幼儿思维的参与贯穿活动始终，“劳动”不能变成“妄作盲动”，不能满足于“做事”和“流汗流泪”，而应有思考，并努力彰显劳动创造性的本质。马卡连柯也提醒我们，尤其要关注劳动的创造性。劳动的创造性是避免劳动成为简单的重复活动、成为与幼儿学习无关的活动的关键要素。他指出，具有创造性的劳动有利于人的健康发展，并且帮助形成和谐的人际关系。教育者应当关注儿童的兴趣和爱好，只有儿童从自己手头的工作中感到快乐，找到工作的意义和价值，他们才有可能进行有创造性的劳动。幼儿园可以组织幼儿进行与劳动相关的游戏，组织幼儿个人和集体开展科技活动，在游戏活动、科技活动中让幼儿懂得一些简单的科技知识。同时，在活动过程中要注意尽量让幼儿发挥出自己的自主性和创造性。特别是在科技活动中，幼儿会提出各种各样的问题，这个时候，幼儿教师要耐心地引导幼儿，甚至，幼儿老师在准备这个活动之前，就应做好充分的准备，这样才能使该活动真正起到教育幼儿的作用，才能使劳动和教育真正地结合起来。

（五）适宜性原则

幼儿园劳动教育应关注适宜性原则。所谓适宜性原则，首先强调目标的适宜。幼儿园劳动教育应更关注劳动的过程，关注幼儿劳动情感态度的萌发和综合、全面的发展，不过分强调劳动的结果和劳动知识技能的获得。其次，适宜性原则还要求幼儿园的劳动教育要充分考虑幼儿的年龄特征，根据不同年龄的幼儿的特点来选择他们在体力上能负担的、内容上可接受的，以及经验上将有所收获的劳动内容，在劳动工具、材料、空间和时间上都应该有所分层，逐步提高对劳动活动质量的要求，逐步发展幼儿对劳动活动的自主性。以值日活动为例，从小班、中班到大班，幼儿值日的内容不断丰富，值日工作涉及的区域不断拓展，完成值日工作所需要建立的人际关系越来越复杂。此外，劳动要消耗体力，要求幼儿集中注意力，因此，要根据不同年龄儿童的身体可能性和心理特点确定适当的劳动量。亚德什科指出，三四岁的儿童可以每次劳动10—15分钟，六七岁的儿童每次劳动20—30分钟，最费力的劳动，如铲雪、挖土等，需要特别考虑儿童的身体状况，当儿童出现疲惫的外部特征，如呼吸加速，常常停歇，脸发红、出汗等，就要让儿童改做其他活动。

三、幼儿园劳动教育的评价

评价是教育工作的指挥棒。《纲要》中非常明确地指出，“教育评价是幼儿园教育工作的重要组成部分，是了解教育的适宜性、有效性，调整和改进工作，促进每一个幼儿发展，提高教育质量的必要手段”。开展适宜的幼儿园劳动教育评价能够促进幼儿园劳动教育质量的提升。

（一）幼儿园劳动教育评价的基本原则

幼儿园劳动教育评价应当遵循幼儿园课程评价的一般原则。当然，劳动教育也有其独特的特点，因此，我们对劳动教育评价中最重要的几条原则作强调。

1. 重过程轻结果

劳动教育评价应当更重视评价幼儿劳动的过程而非幼儿劳动的结果。之所以一再强调这一点，一方面是因为幼儿园劳动教育的价值在于促进幼儿发展，而非创造物质财富，劳动教育评价要把关注重点放到幼儿发展上来。如前所述，对幼儿而言，劳动主要具有内生性价值，幼儿劳动不是一种生产意义上的劳动，而是个人发展意义上的劳动。幼儿的劳动是所有学段中距离生产劳动最远的劳动活动，因此，幼儿的种植劳动不等同于农民的种植劳动，幼儿的烹饪劳动不等同于职业技术学校的烹饪劳动。对幼儿园劳动教育的评价不能将重点放在幼儿劳动产出的物质财富有多少、幼儿的劳动成果有多精妙上；而应放在幼儿在劳动教育过程中究竟获得了怎样的有益经验、身心是否获得了发展上。例如，幼儿在一段较长的时间里从事了种植草莓的劳动，尽管草莓受到土壤的影响，结出的果实是小的、不成熟的，但我们要评价的是幼儿在种植劳动过程中的表现，以及幼儿从种植劳动中获得的经验，而非种植草莓的具体结果。

劳动教育评价应关注幼儿劳动的过程而非幼儿劳动的结果，还有一个原因：在某些劳动中，劳动结果是不可见的，除了受到幼儿投入的劳动的影响之外，还受到外界环境中其他因素的影响。因此，仅仅以劳动结果来判断幼儿在劳动教育中的发展，是不全面的。当然，在一些劳动中，劳动的成果也能在一定程度上反映幼儿的发展。例如，在生活自理劳动中，叠放的衣服是否整齐能够反映幼儿是否掌握了叠衣服的技能，在一定程度上也能反映幼儿参与生活自理劳动的意愿；在工程劳动中，幼儿制作了牢固、稳定的椅子，说明幼儿理解了椅子的基本结构和功能，具备了一定的空间认知和问题解决能力。但是，需要强调的是，在幼儿园劳动教育评价中之所以适当考虑劳动成果，是因为从劳动成果上能看到幼儿的发展，幼儿园劳动教育评价应当更关注幼儿在劳动过程中所表现出的发展。

2. 注重评价的真实性

与中小学的教育评价相比，幼儿园教育实践中一直比较反对传统的标准化的测验和评价，真实性评价的重要性在学前教育领域更为凸显。威金斯指出，所谓真实性评价，就是在真实的反映儿童智慧的任务中，对学生的表现进行直接评价的活动。这与传统评价以一些简单、直接的题目上的测验结果来推断儿童的发展是不同的。他还指出了真实性评价的几个特点：真实性评价要求学生有效地运用所学知识，而传统评价只能考察学生是否能识别、回忆知识。真实性评价能给学生提供一系列任务，这些任务具有挑战性和优先性，例如开展研究、与他人合作进行辩论，等等，而传统评价往往局限于纸笔测验。真实性评价关注的是学生能否做出精练、透彻和合理的答案、表演或产品，而传统的测试通常只要求学生选择或写出正确的答案，而不考虑原因。真实性评价通过强调和规范适当的标准来实现其有效性和可靠性，而传统评价则是将客观项目标准化。① 在真实性评价体系中，学生要进入真实的任务活动，真实任务是特定领域的，能反映现实生活中的活动、表现或挑战的任务，是复杂而多维的，它往往要求诸如问题解决、批判性思维等高级思维过程的参与。②

幼儿园教育中的真实性评价强调在自然的教育情境中评价幼儿的能力。真实性评价由幼儿熟悉的教师或家长，在幼儿熟悉的环境中，持续不断地捕捉幼儿的真实能力。熟悉的评价者和熟悉的环境能够让幼儿在解决真实的任务、与他人互动、对环境进行实验的过程中展现出自己的知识、能力和倾向。通常，我们建议评价者在幼儿工作、游戏以及进行其他真实世界的活动时来对其做观察。事实上，幼儿园劳动教育更适宜进行真实性评价。首先，幼儿的劳动为真实性评价的开展提供了条件。幼儿的劳动是幼儿在熟悉的环境中的真实任务，并且这种劳动任务往往还具有一定的挑战性和复杂性，对幼儿的批判性思维等有一定的要求。其次，真实性评价更能捕捉到幼儿在劳动素养和身心发展的其他方面的真实表现。例如，幼儿的劳动态度怎样，不是通过对幼儿进行访谈、提问，依据幼儿的

---

① WIGGINS G. The case for authentic assessment [J]. Practical Assessment, Research and Evaluation, 1990, 2 (01).

② [美] KATHLEEN MONTGOMERY. 真实性评价——小学教师实践指南 [M]. 国家基础教育课程改革“促进教师发展与学生成长的评价研究”项目组，译. 北京：中国轻工业出版社，2004：9.

回答来判断的，而是通过幼儿在劳动活动过程中的真实表现来判断的；幼儿不怕困难、坚持到底的劳动品质也只能通过幼儿在劳动过程中的表现来评价。

3. 为促进儿童发展和改进劳动教育而开展评价

幼儿园劳动教育应当采用发展性评价的范式。发展性评价从评价的功能、目的角度出发，强调有效发挥评价的改进和促进功能。发展性评价强调要了解幼儿最真实的行为表现，要为了不断提高教学和课程质量而展开评价，要将评价与课程、教学相结合。评价既是辅助教学的手段，又是教学活动的重要组成部分；教学要敏感地抓住评价中获得的信息加以调整。①

幼儿园开展劳动教育评价活动，要明确其目的和功能不是为了给幼儿的劳动素养及其他方面的表现进行等级鉴定，而是为了促进幼儿的发展，促进劳动教育质量的提升。因此，评价活动应该贯穿于劳动教育的全过程，在活动前，对劳动教育方案进行评价；在活动中，对劳动教育活动实施情况进行评价；在活动后，对劳动教育效果进行评价。教师要有效使用从评价中所获得的信息，用来对劳动教育活动进行调整。例如，教师对幼儿洗手劳动的情况进行评价，发现绝大多数幼儿能够按照正确的方法洗手，能有顺序地搽抹肥皂、搓洗小手，并用毛巾擦干双手，但是幼儿在洗手过程中常常出现玩水、打闹的情况。因此，教师就基于评价反馈信息，将下一步的重点调整为引导幼儿在洗手劳动中遵守规范和秩序。同时，评价还应该用以促进教师、家长和儿童的发展。例如，教师可以在洗手劳动的评价内容中明确评价的目标，如“按正确的方法洗手，不玩水，不打闹，节约用水”，最好还要给出具体的教育建议。这些目标和教育建议对教师和家长来说就是一种重要的行动指南。②

4. 注重多主体参与评价

劳动教育的参与主体是多样的，包括教师、家长、社区、幼儿等，劳动教育评价的主体也应该是多样的。《纲要》中规定“管理人员、教师、幼儿及家长均是幼儿园教育评价工作的参与者”，“幼儿园教育工作自评实行以教师自评为主，园长以及有关管理人员、其他教师和家长等参与评价的制度”。多主体参与评价，使得劳动教育评价能够收集到更全面的信息，让劳动教育的评价更全面、更客观、更科学。多主体的参与，还让每一位劳动教育参与者都能够发挥自己的主体性，教师、家长、管理者都能够反思自己的劳动教育观念，改进劳动教育实践。

特别需要指出的是，在幼儿园劳动教育评价中，要十分重视家长的参与。一方面，幼儿的劳动观念、劳动习惯、劳动态度等劳动素养不仅在幼儿园的劳动

① 于开莲．发展性评价与相关评价概念辨析［J］．当代教育论坛（宏观教育研究），2007（03）：36－38．

② 虞永平，原晋霞．幼儿园课程［M］．北京：高等教育出版社，2014：94．

活动中表现出来，也能够在家庭中表现出来。由于家长的包办代替，有的幼儿在园和在家的表现是完全不同的。要完整、准确地评价儿童，请家长作为评价者提供评价信息是必要的。同时，家长参与评价也有助于扭转家长对于劳动教育的观念。很多研究发现，家长的观念是制约学校开展劳动教育的重要因素。让家长卷入劳动教育评价活动中，家长就能逐渐意识到劳动教育对幼儿全面发展尤其是对幼儿自我价值感形成的价值，进而家长才会转变态度，与幼儿园形成教育合力。

当然，引导幼儿参与到劳动教育的评价中也至关重要。幼儿是劳动教育活动的亲历者，他们的主观体验与作为旁观者的判断很可能是不同的。同时，幼儿参与劳动教育评价也是可能的。劳动就是行动的过程，在行动中，幼儿的兴趣、倾向、态度等很容易被观察到。幼儿是否对当下的劳动教育活动感兴趣，他们是否专注、投入，是否主动、积极参与劳动，都是幼儿能够做出的评价。

（二）幼儿园劳动教育评价的内容和标准

幼儿园劳动教育评价主要包括对幼儿园劳动教育活动计划的评价、对劳动教育活动实施情况的评价和对劳动教育效果的评价。

1. 对幼儿园劳动教育计划的评价

对劳动教育活动计划的评价包括对活动计划目标、内容、步骤的评价。对劳动教育活动计划的评价，除了在一般意义上要符合幼儿园课程评价的要求（如目标与课程理念一致；目标要符合相应的幼儿年龄特征、适合幼儿的发展需要，等等）以外，还有一些需要特别注意的地方。就劳动教育活动计划的目标而言，需要关注活动目标是否指向了幼儿的全面发展，既关照幼儿劳动素养的提高，又关照幼儿其他领域的发展；是否全面考虑到幼儿的认知、技能和情感态度。当然，目标的全面性并不意味着一个劳动教育活动要涉及幼儿发展的每个侧面，目标的全面性旨在提示我们不要在设置劳动教育目标时只关注到劳动素养的发展，将劳动素养与幼儿其他方面的发展割裂开来，削弱了劳动教育全面育人的价值。

对劳动教育计划进行评价时，还要关注活动内容的开放性。幼儿的劳动就是幼儿的行动，劳动教育计划更应该是幼儿的行动方案而不是教师的教学方案。幼儿的行动有一定的不可预测性，这种不确定性也能为教师的创造提供一定的空间。因此，对幼儿园劳动教育活动计划进行评价，要允许其在内容上具有一定的开放性。

在劳动教育活动的步骤方面，要评价步骤是否符合劳动教育的要求。首先要看计划是否为幼儿的实际操作、劳动提供了足够的时间和机会，也要根据幼儿的身心发展水平来评价劳动活动的强度是否恰当、有没有动静交替等。

2. 对幼儿园劳动教育实施情况的评价

对劳动教育活动实施情况的评价需要着重考虑以下方面：其一，劳动应该是幼儿自由自主的活动，因此评价要关注在执行劳动活动计划时是否充分尊重和回应了幼儿的兴趣和需要；其二，劳动资料、劳动对象是构成劳动活动必不可少的要素，因此，评价要关注劳动教育实施过程中是否为幼儿创设了适宜的环境，是否提供了多样的、有层次的劳动材料和劳动工具；其三，劳动教育的过程应该是幼儿和教师双边有效互动的过程，因此，评价要关注在劳动教育实施过程中教师是否在幼儿有需要的时候给予了恰当的指导，指导的方式是否多样化，指导是否有效地帮助幼儿获得经验；其四，要关注劳动中幼儿的表现，评价幼儿在劳动活动中是否投入、专注，是否有充分的与劳动对象、教师和同伴互动的机会，能否大胆、自如地表达自己的想法并进行操作。

3. 对幼儿园劳动教育效果的评价

对幼儿园劳动教育的效果进行评价，最重要的是对幼儿的发展状况进行评价。对幼儿的发展状况进行评价，要与课程相关联，评价指标的具体内容应依据不同的课程方案和劳动教育方案而有所不同。但总体上来看，我国幼儿园劳动教育应当支持儿童的全面发展，因此，劳动教育中的幼儿发展总体目标也可以依据课程总体目标来设计。此外，由于幼儿园劳动教育的本体性教育价值在于培养幼儿的劳动素养，因此，我们参照顾建军等学者对中小学生劳动素养开展研究而形成的框架，结合国内外专家对幼儿劳动素养的研究，建构了比较适合当前我国幼儿园参考的幼儿园劳动教育素养框架。一级维度主要包括：劳动观念、劳动知识、劳动能力、劳动习惯与品质；劳动观念的二级维度包括劳动价值观、劳动关系观、劳动过程观、劳动成果观；劳动知识的二级维度主要包括劳动本体性知识和工具性知识；劳动能力的二级维度包括动手能力、使用工具的能力、创造性劳动的能力、合作劳动的能力；劳动习惯与品质的二级维度包括劳动习惯、专注劳动、坚持劳动、负责劳动。各维度也有不同的内涵，具体如表 4-1 所示。

表 4-1　幼儿劳动素养的框架及内涵

一级维度	二级维度	内涵
劳动观念	劳动价值观	感受到劳动的美好，萌发热爱劳动的情感。
	劳动关系观	知道人人都要劳动。
	劳动过程观	体悟劳动的不容易。
	劳动成果观	尊重、珍惜他人的劳动成果；尊重身边的劳动者。

续表

一级维度	二级维度	内涵
劳动知识	劳动本体性知识	理解劳动对自己、对他人的意义；知道自己熟悉的人的职业和工作。
	劳动工具性知识	了解生活中常见的劳动工具。
劳动能力	动手能力	拥有基本的生活自理能力，能种植、饲养几种常见的植物、动物，会简单的工艺劳动和工程劳动技能。
	使用工具的能力	会使用简单的劳动工具。
	创造性劳动的能力	在劳动中积极思考，能够用自己的办法来解决问题。
	合作劳动的能力	能与同伴合作劳动。
劳动习惯与品质	劳动习惯	坚持自己的事情自己做，养成良好的劳动习惯。
	专注劳动	在劳动活动中投入、专注。
	坚持劳动	能坚持劳动，不半途而废，遇到困难能想办法克服。
	负责劳动	能主动承担力所能及的劳动任务，愿意为集体服务。

根据3—6岁幼儿的年龄差异，劳动素养还有不同的表现。幼儿劳动素养内涵在不同年龄段的典型表现详见表4－2、4－3、4－4、4－5。

表4－2　幼儿劳动观念素养在不同年龄段的典型表现

幼儿劳动观念素养	在不同年龄段的典型表现
感受到劳动的美好，萌发热爱劳动的情感	1. 感受到劳动的快乐，在成人的鼓励下能够参与劳动。(3—4岁) 2. 感受到劳动的快乐，愿意参与劳动活动。(4—5岁) 3. 感受到劳动是光荣的，能够主动积极地参与劳动。(5—6岁)
知道人人都要劳动	1. 认识到自己需要完成吃饭、穿衣等生活自理劳动。(3—4岁) 2. 认识到身边的人都要参与劳动。(4—5岁) 3. 理解社会上每个人都需要劳动。(5—6岁)

续表

幼儿劳动观念素养	在不同年龄段的典型表现
体悟劳动的不容易	1. 体会到劳动需要付出。(3—4 岁) 2. 体会到劳动中会遇到困难。(4—5 岁) 3. 体会到在劳动中遇到困难不能轻易放弃。(5—6 岁)
尊重、珍惜他人的劳动成果；尊重身边的劳动者	1. 知道爱惜物品，不浪费粮食，不损坏玩具、图书等。(3—4 岁) 2. 尊敬身边的劳动者（如幼儿园的厨师、门卫、保洁人员等），珍惜他们的劳动成果，不浪费粮食，爱护花草。(4—5 岁) 3. 尊敬社会中熟悉的劳动者（如警察、医生、环卫工人等），珍惜他们的劳动成果，爱护公共卫生、公共财物。(5—6 岁)

表 4-3　幼儿劳动知识素养在不同年龄段的典型表现

幼儿劳动知识素养	在不同年龄段的典型表现
理解劳动对自己、对他人的意义；知道自己熟悉的人的职业和工作	1. 感受到自己的劳动能够满足自己的生活需要；知道与自己生活最接近的成人的劳动，初步了解成人的劳动和自己的关系。(3—4 岁) 2. 知道周围一些成人的劳动，如幼儿园里各种人员的劳动及常接近的一些成人的劳动，初步了解成人劳动的价值。(4—5 岁) 3. 知道周围成人的劳动，初步了解他们的劳动对社会的意义，理解他们的优秀品质。(5—6 岁)
了解生活中常见的劳动工具	1. 认识自己使用的几种简单的劳动工具。(3—4 岁) 2. 认识自己常用的劳动工具，知道它们的用处。(4—5 岁) 3. 认识生活中常用的劳动工具，包括一些科技劳动工具，了解这些劳动工具的用处和使用方法。(5—6 岁)

表 4－4　幼儿劳动能力素养在不同年龄段的典型表现

幼儿劳动能力素养	在不同年龄段的典型表现
拥有基本的生活自理能力，能种植、饲养几种常见的植物、动物，会简单的工艺劳动和工程劳动技能	1. 在成人的引导和帮助下，初步掌握穿脱衣服、洗手、如厕、整理、使用餐具吃饭的能力，能种植、饲养两三种植物、动物，会进行简单的制作。(3—4 岁) 2. 能独立穿脱衣服、洗手、如厕、整理、使用餐具吃饭，能照顾自然角的动植物，能完成几种植物、动物的种养劳动，能够使用多种工具和材料制作简单的作品。(4—5 岁) 3. 能够较快速地穿脱衣服、洗手、如厕、整理、使用餐具吃饭，学会刷洗鞋子、晾晒衣服；能完成较为复杂的种养劳动；能设计、制作比较复杂的工艺品，能设计、建造比较复杂的工程作品。(5—6 岁)
会使用简单的劳动工具	1. 能使用几种简单的劳动工具。(3—4 岁) 2. 在从事的劳动中基本掌握使用劳动工具的能力。(4—5 岁) 3. 能够选择合适的劳动工具，掌握使用劳动工具的基本方法，能比较安全、有效地使用劳动工具。(5—6 岁)
在劳动中积极思考，能够用自己的办法来解决问题	1. 在成人的鼓励和支持下，能在劳动过程中进行思考。(3—4 岁) 2. 能积极动脑，用自己想出来的办法解决劳动中遇到的问题。(4—5 岁) 3. 不盲从他人的观点，能使用自己独特的办法解决劳动中遇到的问题。(5—6 岁)
能与同伴合作劳动	1. 愿意和同伴一起进行劳动。(3—4 岁) 2. 能够与同伴合作完成一些劳动任务。(4—5 岁) 3. 能够参与集体劳动，与同伴共同商量事务，分工合作。(5—6 岁)

表 4－5　幼儿劳动习惯与品质素养在不同年龄段的典型表现

幼儿劳动习惯与品质素养	在不同年龄段的典型表现
坚持自己的事情自己做，养成良好的劳动习惯	1. 在成人的引导和帮助下，能够坚持完成基本的生活自理劳动。(3—4 岁) 2. 坚持完成基本的生活自理劳动，经常参加一些种养、工艺、工程劳动。(4—5 岁) 3. 坚持自己的事情自己做，经常参加为他人服务的劳动，劳动完成后会自己收拾、整理劳动工具和劳动现场。(5—6 岁)

续表

幼儿劳动习惯与品质素养	在不同年龄段的典型表现
在劳动活动中投入、专注	1. 在成人的引导下，能较好地集中注意完成简单的劳动。(3—4 岁) 2. 能较投入地完成自己选择的劳动。(4—5 岁) 3. 能够较长时间集中注意投入劳动，用自己的办法保持在劳动中的注意力。(5—6 岁)
能坚持劳动，不半途而废，遇到困难能想办法克服	1. 在成人的鼓励和帮助下，能够坚持完成简单的劳动。(3—4 岁) 2. 劳动中不轻易放弃，遇到困难能尝试用一些方法来克服。(4—5 岁) 3. 在劳动中遇到难题时，想方设法解决问题。(5—6 岁)
能主动承担力所能及的劳动任务，愿意为集体服务	1. 愿意为他人提供一些劳动服务。(3—4 岁) 2. 能够主动承担为他人服务的劳动任务。(4—5 岁) 3. 积极参与为园所、社区等集体服务的劳动，主动承担相应的任务。(5—6 岁)

（三）幼儿园劳动教育评价的方法

为改进课程和促进儿童发展而进行的幼儿园劳动教育评价，主要依靠在真实的劳动情境中做质性评价这个方法。具体的劳动教育评价方法包括观察法、生活体验研究、问卷法、访谈法、档案袋评价等。其中，对教育活动的评价主要通过观察法、生活体验研究来进行；对儿童发展的评价则主要使用观察法、问卷法、访谈法、档案袋评价等。采用观察法对幼儿进行评价，可以根据劳动教育的情境选择具体的方法，如轶事记录法、行为检核表、等级评定法、学习故事等。

不同的评价方法有其独特的优势和适用范围。以观察法来看，轶事记录法能够快速、准确、详细地描述特殊事件，其使用比较简单，只需要记录值得记录的行为，不需要专门的编码，因此，轶事记录法在劳动教育的评价中被广泛采用。而行为检核表则是利用表格来对幼儿的外在行为进行观察与评价，观察者根据观察目的确定期望观察到的目标行为，并制作成表格，在观察到相关目标行为时就简单地画“√”记录。行为检核表的优点是观察比较系统，记录信息非常快捷，但只能对预期的特定行为进行观察与记录，缺少了行为发生的背景信息，因此，行为检核表适合用于对劳动教育中的一些典型行为是否出现进行快速记录。例如，教师可以利用“精细动作发展行为检核表”评估幼儿在生活自理劳动中的发展情况。学习故事是一种叙事性的评价方法，强调在真实情境中对幼儿进行观察和记录，评价过程包括“注意”“识别”和“回应”三个部分。学习故事法的突出特点是它遵循“幼儿是有能力、自信的主动学习者”的理念，强调幼儿多方面的发展。学习故事法特别适用于发现幼儿在劳动中展现出来的作为主动学习者的能力，呈现他们在劳动中的“哇时刻”。教师也可以利用学习故事让家长参与评价，影响家长的儿童观和教育观。当然，对上述这些具体的观察与评价方法，幼儿园要综合考虑它们的特点和优势，在劳动教育评价中结合使用。

第四节
幼儿园劳动教育的管理与支持

一、幼儿园劳动教育的资源建设

劳动是个体以自身和劳动工具为中介，与客观环境进行相互作用、改造环境的过程。因而，幼儿园劳动教育的开展需要资源的保障。

（一）幼儿园劳动教育资源的类型

如果按照空间来分类，可以将幼儿园劳动教育资源分为园内劳动教育资源、家庭劳动教育资源和社区劳动教育资源。如果按照资源的性质来进行分类，则可以分为对象资源、手段资源、人力资源、空间资源、时间资源、间接经验资源等。幼儿园要努力从诸多维度思考，梳理能够获取的劳动教育资源。

1. 按空间区分的劳动教育资源

按照空间来梳理劳动教育资源有利于最大可能地拓宽资源范围，并且区分出哪些资源是容易获得的，哪些资源是需要建立机制努力挖掘的。

幼儿园园内的劳动教育资源包括幼儿熟悉的人（例如教师、同伴、管理人员、保育老师、保健医生、炊事员、门卫等）、物（场地、设施、设备、材料）以及幼儿园的制度与文化等。园内的资源是劳动教育中利用最为频繁、最为方便的资源，也是劳动教育中首先选择的资源。

家庭是幼儿自出生以后最为熟悉的环境，家长是幼儿成长过程中的重要他人。幼儿对劳动的认识最早就来自家长的言传身教。家长的言行、家庭的风气对幼儿的劳动意识起着潜移默化的影响，家长的劳动和工作是幼儿近距离观察、认识劳动的途径。家庭也是开展劳动教育的重要场地，幼儿在家庭中可以进行生活自理劳动，以及扫地、洗碗、整理、浇花等家务劳动。此外，家长有着不同的职业，身处不同的亚文化中，家长也掌握着不同的劳动技能，也可以进入幼儿园，成为幼儿园劳动教育资源的一部分。

社区也是幼儿相对熟悉的生活环境。幼儿进入社区，就进入了更为广袤的劳动教育空间。让幼儿进入社区的养老院、街心公园、博物馆等场所，才有可能对幼儿进行社群服务劳动教育。幼儿进入社区中的养殖场、农田、果林、手工作坊等，能更近距离、更真实地了解饲养劳动、种植劳动、工艺劳动和工程劳动的样态，获得对各种劳动的感性认识，有目的地了解各类劳动的相关信息，从而解决自己在劳动中遇到的问题。社会上还有很多普通劳动者乃至能工巧匠，他们拥有丰富的劳动经验，都能够成为幼儿园劳动教育的资源。

2. 按性质区分的劳动教育资源

将劳动教育资源按照性质进行区分和梳理，有利于幼儿园更有针对性地丰富和拓展不同性质的劳动教育资源。

对象资源是幼儿劳动所指向的对象。在劳动中，劳动对象是不可或缺的要素。劳动对象是指劳动过程中人们将劳动加于其上的一切东西。劳动对象分为两类，一类是没有经过劳动加工的自然物，另一类是经过劳动加工的原料，如用来磨面粉的小麦、用来纺纱的棉花等。[1] 以种植劳动为例，幼儿劳动所需要的对象资源就是植物资源。幼儿园要充分考虑季节性、在地性、多样性、经济性、适宜性等，来梳理幼儿园可以种植的植物的品种（具体见本丛书中关于幼儿园种植劳动教育的图书）。同时，植物资源也可以进一步区分为植物的根、茎、叶、花、种子等各个部分。

手段资源是幼儿劳动所需要使用的劳动手段。劳动手段又被称作劳动资料，是在劳动过程中人们用来加工劳动对象的一切物质资料和物质条件。劳动手段（劳动资料）中最重要的是劳动工具，还有作为劳动对象容器的物件（如导管、桶、瓶等），以及土地、道路、河流等。在劳动教育资源的梳理工作中，对劳动工具的梳理也至关重要。仍然以种植劳动为例，我们需要考虑翻土、播种、施肥、浇水、驱虫、除草、收获、制作等多个环节可能需要哪些工具，且务必考虑工具的适用性与安全性。

与成人的生产劳动不同，幼儿园中的幼儿劳动是为了达到教育目的的劳动，因此，幼儿园劳动教育资源还包括探究、记录的资源。例如，种植劳动中，教师要为幼儿提供观察用的放大镜，测量用的皮尺、卷尺、直尺，称量用的天平等，还需要准备供幼儿做记录的纸、笔、录音设备、平板电脑等。幼儿园的劳动还要保障幼儿在劳动过程中的安全、健康，因此，要为幼儿提供劳保工具，如种植劳动中要提供手套、帽子、靴子、雨衣等。

人力资源就是在幼儿园劳动教育中可以与幼儿发生互动、为幼儿的劳动提供

---

① 高克林．社会主义经济理论名词解释（修订第二版）［M］．呼和浩特：内蒙古人民出版社，1979：2.

支持的人，包括幼儿的同伴、教师、有劳动经验的他人等。例如，种植劳动中，很多幼儿园会邀请幼儿园的门卫师傅、家长中有种植经验的祖辈、农科院的研究人员等作为人力资源，为幼儿开展种植劳动提供劳动方法示范和信息支持。

空间资源是幼儿劳动发生的空间。幼儿的劳动是在一定的空间中发生的，空间的样态也在一定程度上影响着幼儿劳动的样态。如果空间是狭小的，幼儿的劳动规模就很有限，在一定程度上就会制约幼儿劳动的复杂性。如果空间更开阔、多样，幼儿劳动的类型就更加丰富，幼儿获得的经验也更加复杂。举例而言，如果幼儿园只在班级的自然角进行种植，那么幼儿种植的对象就只能是盆栽类的植物；但如果幼儿园提供了户外种植物园地、楼顶种植地、小山坡等，幼儿可以在多处进行种植，种植对象可以扩展到果树、蔬菜、水稻等。

时间资源则是指幼儿可用于劳动教育活动的时间。时间也是影响幼儿园劳动教育成效的重要资源。如果时间是零散的、有限的，幼儿就很难进行持续、深入的劳动活动。

间接经验资源主要是指劳动教育中可以提供给幼儿，能丰富幼儿对劳动的认知、引发幼儿对劳动的兴趣的间接经验，如绘本、故事、儿歌、影像资料等。例如，幼儿在挖掘幼儿园的河道时，可以通过相关的绘本、影像资料等了解河道是怎么形成的，河道形成以后人们可以利用河道进行什么活动。这些间接经验资源帮助幼儿补充他们的直接经验。

（二）幼儿园劳动教育资源开发利用的思路

在幼儿园劳动教育资源的开发和利用中需要注意以下要点。

1. 转变教师的观念，帮助教师树立正确的课程资源观

在幼儿园课程资源的开发利用中存在诸多问题，其中最关键的是教师的认识问题。他们往往过多相信自己的讲解和说明，没有真正把学习看作幼儿与周围环境相互作用的过程，看作教师激发、鼓励和指导幼儿动用多种感官获得经验的过程，有些教师甚至把课程当作主要是书本里的知识，而不是行动中的经验。他们更多是在下书面上的功夫，而不是在资源方面作努力。他们的备课主要备自己如何教，而不是真正考虑幼儿怎么学，更不考虑幼儿用什么学、在哪里学和如何学。① 因此，要解决幼儿园劳动教育资源建设的问题，首先需要通过组织教师学习、对教师进行培训、开展园本课程教研等方式来扭转教师的认识，帮助幼儿园教师树立正确的课程资源观。

在课程资源观方面，教师首先要明确劳动教育资源建设的重要性，理解课程资源是幼儿园开展劳动教育并不断丰富劳动教育内容的基础。同时，教师还要认

① 虞永平．幼儿园课程资源挖掘和利用的问题及解决思路［J］．早期教育，2020（10）：4－6.

识到劳动教育资源“是什么、不是什么”。幼儿园劳动教育资源不是教学活动的案例集，不是标准化的幼儿操作材料包，而是幼儿园根据本园实际情况梳理、挖掘的具有园本特点的资源，是千园千面的，而不是放之四海而皆准的。此外，教师还要认识到，劳动教育资源要充分使用，资源不是摆在幼儿园中展览的，不是只用来观看的。对于对象资源而言，尤其需要调动幼儿的多种感官，让幼儿与其发生互动，资源才能生成活动，活动才可能转化为幼儿的经验。

2. 深度开发优势资源，努力挖掘欠缺的资源

在幼儿园劳动资源的开发利用中，不能简单照搬其他幼儿园的资源库，而无视自己幼儿园现有的资源。例如，有的幼儿园地处城区，附近有着丰富的社区资源，如图书馆、动物园、养老院、科研院所等。这些社区资源不仅可以成为幼儿园开展社群服务劳动的场地（如带领幼儿进入养老院看望老人，到动物园讲解动物知识讲解、美化环境等），也可以用来丰富幼儿的劳动经验（如邀请农科院的专家来幼儿园讲解种植中的难点问题）。这些社区资源，农村幼儿园就不可能照搬，但农村幼儿园经过认真梳理，可能发现附近的小学、集镇、手工作坊、养殖场等都可以成为自己幼儿园开展劳动教育的社区资源。

幼儿园在开发本地的劳动教育资源时要兼具“扬长”取向和“补短”取向。所谓“扬长”取向，就是要发挥幼儿园的优势，深度开发幼儿园所拥有的优势资源。例如地处城市的幼儿园，有较为丰富的社区文化资源，幼儿园要积极利用这些社区资源，与社区机构建立密切的联系，拓宽幼儿的劳动教育空间，丰富幼儿的劳动教育经验。所谓“补短”取向，就是要充分认识到幼儿园的不足，在开发资源时尽可能弥补资源的缺陷，从促进幼儿全面发展。例如，城市幼儿园往往地处建筑物较为密集的地区，自然资源较为匮乏，因而城市幼儿园要尽可能在园所中为幼儿营造自然的环境，园所中除了固定的建筑物、运动场地、沙地、水池之外，其他户外空间都应该成为幼儿的种植园地、饲养区域，让幼儿有机会亲近自然，开展在自然中的劳动。

3. 切实运用资源，加强资源、活动、经验之间的联系

已经建设起来的幼儿园劳动教育资源要切实运用起来，不能只是摆在幼儿园中进行展览。有的幼儿园，自然角种植的花草只是用来美化环境的，饲养的动物只供幼儿观察，这些资源并没有真正地用起来，幼儿没有真正与资源发生深度的、多层次的互动，也就没有劳力基础上的劳心，幼儿获得的经验就非常有限。因此，幼儿园务必充分利用资源，组织实施多种劳动活动，以支持幼儿经验的丰富。举例而言，幼儿园种植园地收获的南瓜，如果只放在走廊给幼儿观看，就不能转化为幼儿的经验；如果幼儿充分利用之，开展制作南瓜饼、南瓜粥，清洗、晾干南瓜子等活动，幼儿的经验就得到了丰富。运用资源要尽可能在横向（活动

的类型）上思考可以开展哪些活动，如测量、称重、比较、观察、探索、交往、创造、制作等；也需要在纵向（活动的时间、空间）上思考可以延伸出哪些活动。例如，幼儿照顾的小羊长大了，给羊剪下羊毛后，可以考虑用羊毛来做什么；当幼儿在园内进行了垃圾分类宣讲后，可以考虑将宣讲活动延伸到家庭或者社区中。

4. 利用人工智能和信息技术，实现资源共享与高效利用

当前，日新月异的信息技术是我们进行幼儿园劳动教育资源建设时一定会触及的资源。人工智能、信息技术的发展实现了劳动教育资源的丰富和迭代，信息技术本身可以成为劳动教育的资源。例如，幼儿可以利用便捷的录音设备将自己在劳动过程中的感受和体验记录下来；借助全场域的 VR/AR 技术，关于劳动活动发展历史的间接经验资源可以更生动、形象地呈现给幼儿；幼儿进行洗衣、洗碗等家务劳动，有时也需要操作智能化设备。

人工智能、信息技术还为一部分幼儿园劳动资源的储存、利用和共享提供了更加便捷的方式。教师可以有效利用信息技术来进行幼儿园劳动教育课程的建设。例如，建设劳动教育电子资源库，有关劳动教育的视频、图片、文字等间接经验信息能够以可视化的图像来存储，并方便教师调用。又如，利用大数据平台对幼儿在劳动教育中的发展进行系统评价，系统能够快速整合大量对幼儿个体的观察资料，既方便教师理解幼儿个体在较长一段时间内的发展轨迹，也方便教师获得班级幼儿的整体发展状况。幼儿也能够利用信息技术开展更加自主的劳动活动。例如，幼儿自己制作的劳动步骤和方法说明，可以用二维码的形式呈现，其他幼儿用视听设备扫码后就能了解同伴的经验。

5. 劳动教育资源需要系统规划、及时更新

幼儿园劳动教育资源库建设需要进行系统规划。幼儿园管理者和教师要有全局意识、系统思维，对幼儿园可能拥有的劳动教育资源进行全面分析、深入讨论。同时，幼儿园劳动教育资源库建设起来以后，并非一成不变了，幼儿园需要根据幼儿园园情的变化、社会环境和自然环境的变化、幼儿的变化、信息技术的变化等时时更新、充实资源库。幼儿园劳动教育资源库的建设工作应该贯穿于劳动教育的全过程。在劳动教育活动开展之前，幼儿园需要对相关的劳动教育资源进行梳理、收集；在劳动教育过程中，应活动的需要，还应随时补充资源；活动结束后，要对劳动教育资源的提供和使用情况进行反思，进一步完善劳动教育资源库。

二、幼儿园劳动教育的制度建设

制度不仅能够起到约束机会主义行为的作用，也能够起到保障和激励的作

用。当前，从中央和地方，已经出台了不少有关劳动教育、幼儿园劳动教育的法律法规、方针政策。要推动幼儿园劳动教育的创新和发展，建立必要的制度仍然非常关键。

（一）幼儿园劳动教育园所制度建设

有研究者指出，创新和发展学校制度建设已经被认为是学校进行各项教育改革和落实国家政策的核心举措。① 幼儿园劳动教育园所制度，就是基于新时代幼儿园劳动教育的性质及要求，在幼儿园时空范围内制定的，以全面贯彻落实国家劳动教育政策精神为指引，以全面提升幼儿劳动素养和促进幼儿全面发展为目标，强制要求参与幼儿园劳动教育的相关人员共同遵守的规范体系的总和。

1. 幼儿园劳动教育制度建设的内容

幼儿园劳动教育制度建设应当从需求出发，遵循“实践逻辑”，从幼儿园劳动教育的实施和质量提升角度思考需要什么样的制度。总体上看，基于开展幼儿园劳动教育的逻辑，需要建设幼儿园劳动教育管理制度、幼儿园劳动教育资源建设制度、幼儿园劳动教育评价制度、幼儿园劳动教育协同育人制度等。同时，幼儿园劳动教育中的一些保障性工作也依赖其他制度的实施。例如，劳动教育教研工作需要幼儿园整体教研制度做保障；教师专业发展工作有赖于幼儿园教师专业发展制度的实施。

2. 幼儿园劳动教育制度建设的路径

除了依托上述制度开展幼儿园劳动教育以外，围绕劳动教育也需要建立一些专门的制度。幼儿园劳动教育虽然在幼儿园的实践场域中一直存在，但在相当长的一段时间内并没有得到足够的重视。按照《关于全面加强新时代大中小学劳动教育的意见》和《大中小学劳动教育指导纲要（试行）》的要求，学校要建立专门的管理机构或明确相关部门来总体管理与组织实施劳动教育，以科学、系统地管理学校劳动教育的规划设计、组织协调、资源整合、过程监控和总结评价。依据相关文件的精神，以及考虑到劳动教育曾在相当长一段时间内被忽视的状况，幼儿园应当明确相关部门或者人员负责幼儿园劳动教育的管理工作，包括劳动教育资源的梳理和建设、劳动教育理论和实践的研讨、劳动教育基地的联系和建设等。在此基础上，要明确相关机构或人员的职责要求，规定工作流程，做到权责清晰、分工有序、实施顺畅。②

就具体的劳动教育工作而言，首先，幼儿园应该形成专门的资源库建设制度，明确谁来负责建设资源库，如何建设资源库，建设的资源库如何维护、更

---

① 杨小微．促进学生发展的学校制度建设［J］．教育发展研究，2010（04）：10－15.

② 王飞．中小学劳动教育常态化实施的学校制度建设［J］．现代教育，2020（10）：7－9.

新，资源如何获取和使用，等等。其次，幼儿园劳动教育的评价工作尽管能够在整体上以幼儿园课程评价制度为依托，但是对幼儿园劳动教育的评价也有一些相对独特的内容，需要专门进行研究和设计。例如，对幼儿劳动素养的评价过去研究较少，评价什么、如何评价等都需要在专门的制度中去明确。最后，幼儿园劳动教育是需要家庭、社区协同完成的教育，尤其是家务劳动的开展、社群服务劳动的开展、幼儿园劳动教育社区资源的利用等，无不依赖家庭、社区的参与和协作。因此，幼儿园有必要建立起劳动教育家园协同育人机制，明确协同育人的参与主体与角色、具体协作的实施流程和方法。举例而言，幼儿园想通过建立园外的劳动教育基地来巩固幼儿园和社区的联系，那么幼儿园就可能需要出台具体的园外劳动教育基地建设制度，来保障相关工作顺利展开。又如，为了支持家庭开展劳动教育，幼儿园也可以建立家庭劳动教育推进制度，列出家务劳动清单、激励办法等，帮助家长明确幼儿在家可以进行的劳动活动内容，与幼儿园一起提升幼儿的劳动素养。

（二）幼儿园劳动教育政策制度建设

幼儿园劳动教育的开展不仅需要园内制度的支持，更需要上位、宏观的政策制度支持。

1. 明确幼儿园劳动教育的政策保障制度

幼儿园劳动教育的落实还需要相关政策制度的保障，如经费保障制度、教师培训制度、劳动教育基地建设制度等。具体而言，幼儿园劳动教育的资源建设、材料提供、场所建设、教师培训、师资交流等都需要有一定的经费支持。地方上可以给予一定的专项经费，建设一批劳动教育示范幼儿园，并通过区域内的教师交流带动区域内幼儿园提升劳动教育质量。就教师培训制度而言，幼儿园教师培训项目中要纳入劳动教育方面的内容，为幼儿园教师组织实施劳动教育提供观念和技术上的支持。就劳动教育基地建设而言，政府可以引导一部分社会机构与幼儿园共同建立劳动教育基地，方便幼儿园与社会机构建立长期、稳定的联系，使幼儿能够进入这些基地进行劳动，能够通过这些机构近距离地认识、体验各种劳动。

2. 强化幼儿园劳动教育的社会支持制度

加强劳动教育，应当是全社会的任务。政府要引导社会各界为幼儿园劳动教育提供必要的支持，引导社会机构和民间组织为幼儿提供有关手工、园艺、烹饪等活动的专门场所，设计并讲解相关活动的实施方法。例如法国的“地球的伤痛”协会与卢瓦尔地区的各类学校合作，为 3—10 岁儿童提供关于“人和环境”主题的教育活动方案，其理念是将缓解地球伤痛的任务交给青少年。青少年通过集体行动，了解资源枯竭和气候变化的危害，进而养成节约食物、节约用水的习惯；了解废弃物循环利用和生态堆肥的好处，学习如何回收和利用家庭废弃物、电子废物等。其次，各类出版社、文化机构还可以出版、创编一系列与幼儿园劳动教育相关的绘本、音频等，丰富幼儿园劳动教育的间接经验资源。政府还应出台政策，鼓励大众传媒营造劳动光荣、劳动促进儿童全面发展的文化氛围，这将为幼儿园劳动教育的开展提供良好的社会氛围，也有助于转变社会大众对劳动和劳动教育的认识。

三、幼儿园劳动教育中的教师发展

实施幼儿园劳动教育的关键在于建设一支有劳动意识、有教育能力的幼儿园教师队伍。因此，幼儿园需要从劳动意识、教育能力两个方面入手，提升教师队伍的素质。

（一）鼓励亲身实践、改革创新，营造幼儿园教师与幼儿共同劳动的氛围

教师对幼儿的影响不仅是言传，更是身教。幼儿的劳动素养，尤其是幼儿劳动价值观的形成，很大程度上是在潜移默化中进行的。幼儿身边的重要他人是否在过劳动的生活，他们对劳动持什么样的观点，将直接影响幼儿过什么样的劳动生活，对劳动持什么样的观点。苏霍姆林斯基就曾指出，“能促使人去劳动的最好方法，是教师和学生一同劳动”①。同时，教师不仅要亲身劳动，而且要将劳动作为自己精神生活的重要组成部分，要爱劳动，过劳动的生活。正如苏霍姆林斯基所说，“这并不仅仅是指教师会亲手做事（虽然这点也有重大意义），而且指教师整个精神生活的构成状况，也指我们要再一次着重指出的，教师的精神从他同孩子们一起所做、并给孩子们带来快乐的一切中所受到的鼓舞程度”②。

因此，幼儿园要设立制度，鼓励和支持教师参与到除日常保育教育工作之外的劳动中，尤其是参与有体力参与的劳动，如改造幼儿园的环境。同时，要让教师的日常保教劳动和其他劳动更有创造性劳动的意味，要激励教师创造性思维的参与。这也就意味着幼儿园要在制度上承认和激励幼儿园教师付出的劳动，给予教师劳动合理的奖励；更为关键的是，幼儿园管理者要身体力行地参加劳动。此外，教师还应该与幼儿一同劳动，教师和幼儿一同过劳动的生活。教师在和幼儿共同劳动时，更能够与幼儿发生心灵层面的对话，对幼儿产生深远的影响。正如苏霍姆林斯基所说，“我们之所以能找到通往这些孩子心灵的途径，首先因为我们是他们劳动中的朋友，我们和他们有着共同的意愿、目的和计划”③。

---

① 蔡汀，王义高，祖晶. 苏霍姆林斯基选集（第 4 卷）[M]. 北京：教育科学出版社，2001：514.
② 蔡汀，王义高，祖晶. 苏霍姆林斯基选集（第 4 卷）[M]. 北京：教育科学出版社，2001：529.
③ 蔡汀，王义高，祖晶. 苏霍姆林斯基选集（第 4 卷）[M]. 北京：教育科学出版社，2001：512.

（二）通过园本教研、教师培训，提升幼儿园教师开展劳动教育的能力

与中小学不同，幼儿园不开设专门的劳动教育课，也没有专门的劳动教育师资，幼儿园的劳动教育融入幼儿的一日生活中。换言之，幼儿园所有教师都应该具备组织实施劳动教育活动的知识和能力。幼儿园劳动教育的质量依赖于幼儿园教师普遍具备的保教能力，例如观察评价幼儿的能力、设计组织教育活动的能力，但教师还需要掌握实施幼儿园劳动教育的一般逻辑、具体方法。此外，幼儿园教师在落实劳动教育时还应该具备有关劳动的本体性知识。舒尔曼指出，教师的学科教学知识（Pedagogical content knowledge，简称 PCK）不仅需要融合一般的教育学知识、关于儿童的知识，还需要融合学科内容的知识。关于劳动教育内容的知识包括劳动对象知识（如有关植物特性、生长规律、生长条件的知识）、劳动工具知识（如有关劳动工具作用的知识）、劳动过程知识，等等。教师设计、组织劳动教育活动的能力在过去一段时间内不是职前教育的重点，劳动知识和劳动能力在过去的大、中、小学教育中也没有得到充分的重视，因此，需要在职后通过形式多样的教师专业发展活动来加以丰富和提升，这就需要教师在实践中学习，在做中学。

因此，幼儿园有必要组织教师围绕幼儿园劳动教育的相关理论和实践成果进行阅读和学习，根据实践中的需求，针对教师的劳动知识和劳动能力、劳动教育能力等开展培训活动。例如，教师缺乏建筑工程劳动的相关知识，在支持幼儿开展活动时存在困难，幼儿园就可以邀请相关专家来园，围绕一些基础问题对教师进行培训。此外，幼儿园更应该通过教研等方式，通过让教师讨论、研究劳动教育实践中的问题，帮助教师理解在真实的教育情境中如何运用劳动教育知识，如何有效发挥劳动教育能力。

第五章

幼儿园服务劳动及教育

幼儿园服务劳动是幼儿在入园以后最早进行的劳动，也是幼儿每天都要进行的劳动，是较少受到物理空间和资源条件制约的劳动，也是幼儿园能够常态化开展的劳动。因此，这种劳动在幼儿的生活中有着重要的地位，奠定了幼儿园劳动教育的基础。

第一节
幼儿园服务劳动教育的内涵和特征

一、幼儿园服务劳动教育的内涵与类型

（一）幼儿园服务劳动教育的内涵

教育部2020年颁布的《大中小学劳动教育指导纲要（试行）》将大、中、小学学生的劳动活动区分为日常生活劳动、生产劳动和服务性劳动。日常生活劳动教育是指立足于个人生活事务处理，结合开展新时代校园爱国卫生运动，注重对学生生活能力和良好卫生习惯的培养，树立学生的自立自强意识；服务性劳动教育是引导学生利用知识、技能等为他人和社会提供服务，在服务岗位上见习实习，树立服务意识，实践服务技能，在公益劳动、志愿服务中强化社会责任感。

在本课题研究的相关概念中，我们将幼儿自我服务和为他人服务的劳动都归为幼儿服务劳动。幼儿的服务劳动是幼儿以自身为中介，为自己和他人提供服务，满足自身和他人需要的一种劳动活动。幼儿服务劳动的对象是幼儿自己以及幼儿周围的人。幼儿园服务劳动就是幼儿在幼儿园中开展的为自己、同伴、班级、园所乃至社区提供服务，满足自身和与其关系较为密切的他人的一种劳动活动。幼儿服务劳动主要是以幼儿为中心，服务对象从幼儿自己推广到家庭、班级、园所，再进一步推广到社区。幼儿园服务劳动教育是有目的、有计划地利用幼儿服务劳动活动，实现幼儿服务精神的提升、服务意愿的增强、服务能力的增长，以及多领域发展的过程。幼儿园服务劳动教育与幼儿园服务劳动的区别在于，前者旨在通过服务劳动活动真正、充分地实现教育的目的，即劳动要服务于教育目的。在这一要求下，劳动服务活动可以是幼儿自主发起的，可以是幼儿在教师引导下发起的，也可以是教师发起的。

（二）幼儿园服务劳动教育的类型

按照幼儿服务的对象，幼儿园服务劳动教育可以分为面向幼儿自己的服务劳

动和面向他人的服务劳动。前者即我们通常所说的自我服务劳动，后者就是社群服务劳动。所谓自我服务劳动，是幼儿自己照顾自己的劳动，如盥洗、穿衣、整理、收拾床铺等。在服务自我的过程中，幼儿学会了基本的生活技能，使生活井然有序。因此，也有人将此类劳动称作生活自理劳动。生活自理一般可以区分为基本日常生活自理和工具性生活自理。基本日常生活自理是指人们为独立生活而每天必须反复进行的、最基本的、具有共同性的身体动作，如进食、梳洗、穿衣、如厕、大小便控制等，是最基本的自我照顾。工具性生活自理是指个人为应对环境而做的适应性劳动，通常比较复杂，如购物、做饭、洗衣等。① 对幼儿来说，他们的生活自理主要是基本的日常生活自理，幼儿自我服务劳动也主要是指涵盖了这些内容的自我服务。

幼儿自我服务劳动并不仅仅指向基本自理能力的获得，幼儿在照顾自己的过程中，能养成良好的生活习惯和责任感，能体验到个人的力量，体会到成功和快乐，能增强独立性、自主性。自我服务类劳动也能够锻炼幼儿的小肌肉动作水平，增强幼儿手眼协调、空间知觉、手部肌肉控制等方面的能力。

社群服务劳动是指幼儿服务于相关他人和其他群体的劳动。社群（community）本身是一个社会学概念，通常是指因共同的价值观而相互吸引，聚集在一起，形成紧密的依恋关系的团体。② 在这里，我们使用社群的概念来泛指除幼儿以外的其他对象。相对于自我服务劳动而言，社群服务劳动的对象发生了变化，幼儿需要处理的不再是自身与环境的关系，幼儿更需要处理与他人的关系。因此，社群服务劳动也是帮助幼儿认识社会关系、形成社会关系的劳动活动。

随着幼儿年龄的增加，幼儿社群服务劳动的对象逐渐多样化，服务对象与幼儿的关系由近及远，服务的内容也更加多样，服务中所涉及的时空和规则也更加复杂。需要指出的是，社群服务不是指社区服务，社区是幼儿社群服务劳动的对象之一，幼儿一般要进入中班、大班以后，才会开展面向社区的服务劳动。就社群服务劳动的具体表现形式来看，幼儿作为值日生给小伙伴分发碗筷、玩具，参与建立班级的规则制度，参与美化园所环境、社区环境，为社区中其他成员提供帮助等，都是社群服务劳动的内容。

社群服务劳动能够回应“培养什么人”的重要教育命题。社会主义教育体系的根本任务是培养德、智、体、美、劳全面发展的社会主义建设者和接班人。社会主义的建设者，不能只是为自己服务的人，而应该是能够服务他人、服务集体

---

① 伍小兰. 中国老年人生活自理能力纵向研究［M］. 北京：中国人口出版社，2019：5.

② 曹杰. 校长学习领导力：引领教师学习的策略效能与影响因素［M］. 北京：中国经济出版社，2023：20.

和服务社会的人。通过社群服务劳动，幼儿从不成熟走向成熟，由自然走向社会，由个体走向人类。通过社群服务劳动，幼儿不再只是关心自己，而是能更多地理解他人、关心他人、服务他人。

幼儿的这两类服务劳动之间有着密切的联系。自我服务劳动为社群服务劳动奠定了能力、态度、情感和认知基础；社群服务劳动是自我服务劳动的自然延伸，幼儿在社群服务劳动中获得的积极反馈也有助于幼儿更主动地投入自我服务劳动。

二、幼儿园服务劳动的特征

幼儿园服务劳动有着与其他类型的劳动活动不同的特征，研究这些特征是我们组织服务劳动教育的必要前提。通常，服务性劳动有劳动成果的不可见性、劳动过程的人际互动性、劳动成果评价的主观性等特征。

（一）幼儿园自我服务劳动的特征

幼儿园自我服务劳动是幼儿园最常见的一种劳动活动，它不受时间、空间的制约，不受环境、条件的限制，即使是托班幼儿，即便是条件相对艰苦的农村地区的幼儿园，也能够开展自我服务劳动。总体来看，自我服务劳动具有以下特征。

1. 奠基性

自我服务劳动具有奠基性。首先体现在：在所有类型的幼儿劳动中，自我服务劳动开始得最早，是幼儿最初的劳动。① 甚至是婴儿也有一定的自我服务劳动。例如，1 岁多的婴儿能够将尿不湿扔进垃圾桶，能够配合父母穿衣服，这些也是自我服务劳动。进入幼儿园以后，幼儿最早开始的也是自我服务劳动。在小班上学期，幼儿主要的学习任务就是入园适应以及掌握基本的生活自理能力。自我服务劳动的奠基性还体现在，自我服务劳动所培养的劳动情感与态度、劳动习惯、劳动能力等，为幼儿参与其他类型的劳动做准备。由于幼儿自我服务劳动开展得较早且每一天都开展，因此，自我服务劳动的开展有助于幼儿养成劳动的习惯，获得劳动的积极体验，能锻炼幼儿动手动脑的能力，从而为其他劳动的开展奠定基础。

2. 生活性

自我服务劳动有着突出的生活性，具体体现在自我服务劳动是和幼儿每天的生活密切相关的，幼儿生活的方方面面都有自我服务劳动的机会。幼儿起床后穿

① 卢乐珍．学前教育讲座——第八讲　幼儿园的劳动教育［J］．幼儿教育，1984（05）：24－26.

衣服、洗脸洗手、刷牙漱口，以及玩耍后整理玩具等，既是幼儿的生活活动，也成为幼儿的自我服务劳动。还体现在自我服务劳动开展的情况直接影响幼儿的生活。自我服务劳动是幼儿逐渐摆脱对他人的依赖、进入独立自主生活所必需的。一个人生活自理能力的高低在很大程度上影响着他的生活质量。简言之，自我服务劳动是源自生活、经过生活、为了生活的。

3. 环境敏感性

自我服务劳动的实施情况非常容易受到周围环境的影响。自我服务劳动是在生活中随时随地都可能发生的劳动，因此，自我服务劳动既能够在幼儿园开展，也可以在家庭中开展。事实上，每个幼儿在进入幼儿园之前，都或多或少在家庭中开展过自我服务劳动，也正因为如此，家庭对自我服务劳动的影响很大。如果在家庭中，家长放手让幼儿自理，引导幼儿完成力所能及的自我服务劳动，在幼儿穿衣时不因担心幼儿着凉而帮助，在幼儿吃饭时不因担心幼儿吃不饱而喂饭，给幼儿充分的自我服务劳动的机会和时间，幼儿就能在每天的练习中增强生活自理能力，养成自理习惯。家长的包办代替是幼儿生活自理能力停滞不前的重要原因。

4. 平常性

自我服务劳动发生在幼儿很熟悉的日常情境中，活动任务和内容也是很平常的。与其他类型的劳动相比，这种劳动看起来与幼儿所拥有的创造和建造的本能、艺术和表现的本能有一定的距离，因此，如果不加以引导，幼儿不太容易自发地理解自我服务劳动的意义。相比自我服务劳动，幼儿更愿意参加其他类型的、更能够提供新异刺激的劳动。但是，正因为自我服务劳动的平常性，苏霍姆林斯基指出，这种劳动更容易让幼儿理解平凡劳动的意义，更容易让幼儿形成对那些从事平凡劳动的劳动者的尊重之情。同时，自我服务劳动也更能体现劳动的本质，克鲁普斯卡娅指出，劳动是每一个人的责任和义务，自我服务劳动这种每个人必须做、每个人都会做的劳动，更容易让幼儿理解劳动是人的普遍义务和责任。

自我服务劳动是满足个体基本需要的劳动，这种劳动虽然平常，但有着非常重要的价值，因为只有在自我服务劳动的基础上，人们才能参与经济、政治、文化和艺术生活。

5. 动作能力制约性

自我服务劳动在很大程度上依赖幼儿动作能力的发展和手眼协调能力。例如，幼儿要自主完成进食的自我服务劳动，就要依赖手部的精细动作，学会用手指捏住勺子，舀起食物，并手眼协调地放进自己的嘴里。使用筷子吃饭则对幼儿提出了更高的要求，他的五指功能要更好地分化，并相互配合，并且还要配合使用手腕、手掌、胳膊、肩膀处的多个关节和多条肌肉。因此，这些动作能力发展的水平影响了幼儿自我服务的内容和层次。同时，我们也要看到自我服务劳动与精细动作之间的相互影响，使自我服务劳动促进幼儿精细动作、手眼协调能力的发展。

（二）幼儿园社群服务劳动的特征

社群服务劳动也是幼儿园常见的劳动类型。苏霍姆林斯基曾特别指出这种为他人服务的劳动的价值。他指出，“凡在童年和少年时期就非常关心社会利益的孩子，都会养成一种义务感和荣誉感。每次遇到有关社会财物的事情时，他的良心都不会使他无动于衷”①。因此，他认为教师要引导学生，在参加能获得报酬的劳动之前，尽可能多地参与公益劳动，要让学生的劳动超越自我利益的范畴，让每个学生都感到自己是社会生活的参与者。社群服务劳动具有以下突出特点：

1. 利他性

与自我服务劳动的对象指向自我不同，社群服务劳动的对象指向他人。与其他劳动相比，社群服务劳动最突出的特征就是利他性。具体来说，虽然幼儿通过社群服务劳动能够建立起自我效能感和满足感，但他们开展此项劳动的根本动机在于关心他人、为他人提供利益。为他人服务的意愿是建立在对他人的理解、尊重和关心的基础之上的，经常引导幼儿进行社群服务劳动也有利于发展幼儿对他人、集体和社会利益的关心之情。此类劳动具有鲜明的道德性，相比其他类型的劳动，更有品德养成的意义，在萌发幼儿“爱劳动”的情感时，也能萌发幼儿“爱集体”的情感。幼儿通过此项劳动，从关心他人、关心集体发展到关心社区的共同利益，因此，社群服务劳动是培养社会公民的重要起点。

2. 人际互动性

社群服务劳动与生产劳动不同，它的对象是人，因此，社群服务劳动过程中，幼儿需要频繁地与他人互动。幼儿需要通过互动理解他人的需要，从而提供适当的服务内容和服务形式；在劳动过程中，幼儿需要通过互动来满足他人的要求，提供有价值的服务成果；在劳动过程中以及劳动完成以后，幼儿还会收到他人的评价和反馈，这些帮助幼儿形成对自己劳动的评价。因此，人际互动贯穿了社群服务劳动的全过程。此外，社群服务劳动往往是比较复杂的，它不只是为了他人和群体的劳动，还往往是在集体中的劳动，在劳动的同时需要处理社会交往、分工和合作等问题。

3. 复杂性

相对于自我服务劳动，社群服务劳动更加复杂。在空间上，幼儿需要走出最

---

① 蔡汀，王义高，祖晶．苏霍姆林斯基选集（第 4 卷）[M]．北京：教育科学出版社，2001：453．

熟悉的环境，进入园所甚至社区中；在时间上，一次社群服务劳动可能需要几天甚至更长的时间才能完成；在对象上，幼儿可能需要和日常接触不太多的对象进行交往，还可能面临与陌生人交往的情境；在角色上，幼儿在社群服务劳动中扮演的角色可能更加多样，涉及的经验范围也就更加广泛。幼儿还可能面临服务态度、公平和效率等问题，也会涉及他人的评价等问题。

4. 成果不可见性

与生产劳动相比，社群服务劳动的结果是不可见的，或不那么明显可见的。服务劳动一般是向服务对象提供时间、空间、信息、心理舒适等非物质形式的成果，例如帮助老人或病人；而生产劳动的成果往往是以物质财富的形式体现的。因此，正如苏霍姆林斯基所说，这种服务劳动只是以精神价值丰富生活，是完全没有有形的物质成果的。

第二节
幼儿园自我服务劳动的组织与指导

一、幼儿园自我服务劳动的类型

自我服务劳动的内容来自幼儿的生活。按照幼儿每日所涉及的自我服务内容，可以大致将自我服务劳动分为穿着自理劳动、盥洗自理劳动、进餐自理劳动和整理自理劳动。

穿着自理劳动是自我服务劳动的重要组成部分，它解决的是人类“穿得暖”的基本需求。它包含穿脱衣服、裤子、鞋子，系鞋带，戴帽子，戴手套，系围巾等与穿着相关的所有劳动内容。这些穿着自理劳动，伴随着儿童的一日生活，在清晨起床时、在园活动时、如厕时、午睡时……都会发生，每天都在重复。

盥洗自理劳动是指幼儿在日常生活中进行个人卫生清洁和维护的基本活动。这类劳动活动能培养幼儿自我照顾的能力，也是预防疾病和保持身体健康的重要习惯。盥洗自理劳动包括洗手、洗脸、刷牙、梳头、使用洗手间等与盥洗相关的所有劳动内容。盥洗自理劳动不仅有助于幼儿养成卫生的生活习惯，也是培养幼儿独立性的重要一步。

进餐自理劳动是指幼儿在进餐过程中所进行的一系列自我服务活动，这些活动有助于培养幼儿良好的饮食习惯和生活独立性。进餐自理劳动包括正确摆放餐具、自主取餐、使用餐具进餐、清理餐桌、倒水喝水等。

整理自理劳动是幼儿整理物品，使环境保持整洁的自我服务劳动。整理自理劳动包括整理衣服、玩具、书包、床铺，清洁个人空间等活动。整理自理劳动不仅能够满足幼儿的秩序感，提升幼儿的自我管理能力，也能够发展幼儿的数学能力，如在整理物品时将物品按序分类等。

二、幼儿园自我服务劳动教育的实施途径

幼儿园开展自我服务劳动教育的途径是多样的。其中，日常生活活动是最主要的实施途径。

（一）日常生活活动

陶行知先生讲“生活即教育”，过什么样的生活就是进行什么样的教育。幼儿自我服务劳动的内容就是日常生活中的穿衣、吃饭、自我管理，自我服务劳动的主要目的之一就是提高幼儿的生活适应能力，而自我服务劳动教育的通道也是生活。幼儿每天在学习自主进餐、喝水、如厕、洗手、穿脱衣服鞋袜，这些就是幼儿园自我服务劳动教育的最主要的组成部分。通过每天练习、每天操作，幼儿逐渐形成生活自理能力。更重要的是，每天的练习和操作让自我服务劳动常态化，有助于幼儿形成自我服务的习惯，并初步形成人人都要劳动的劳动认识。

（二）家园共育

开展自我服务劳动教育的关键在于保护和利用幼儿的自主意识。但是，家长往往因为担心幼儿能力差而包办代替。因此，自我服务劳动教育另一个重要的实施途径是家园共育。幼儿园应采用多种方式对家长进行引导，帮助家长认识幼儿自我服务劳动的重要意义，建立起正确的儿童观和教育观。幼儿园还可以通过多种方式向家长讲解不同年龄阶段幼儿生活自理服务劳动教育的关键目标。幼儿园要为家长在家庭中开展与园所一致的自我服务劳动教育提供必要的支持，给家长提供家庭教育方法和内容上的指导，帮助家长明确对幼儿进行自我服务劳动教育的指导要点。同时，幼儿园还应结合观察和评价儿童的实例及时向家长反馈幼儿在自我服务劳动方面的进步和发展，从而传递出教师对幼儿自我服务劳动的期望和对促进幼儿发展的积极态度。另一方面，幼儿园还要珍视幼儿家庭的教育资源，通过家访、日常沟通等方式了解幼儿的家庭教育背景，从而为幼儿自我服务劳动教育的开展制订更有针对性的方案。

（三）游戏活动

游戏是幼儿园最基本的活动形式，游戏和劳动的关系也是非常密切的，在幼儿的眼中，他们的劳动也是一种游戏。因此，除了以“参与劳动”这种方式来开展自我服务劳动教育之外，还可以采用游戏的方式来进行自我服务劳动教育，用游戏来增强自我服务劳动的趣味性。具体而言，教师可以引导幼儿为游戏而进行自我服务劳动。例如，使角色游戏区连通娃娃家、小舞台等区域，在服装搭配、扮演、拍摄等有趣的游戏情节中有效提升幼儿的穿衣技能。教师也可以引导幼儿在游戏中反映自我服务劳动。比如，在娃娃家游戏中设置一些与自我服务劳动相

关的游戏内容，让幼儿给玩具娃娃刷牙、洗脸，给娃娃穿脱衣服等。这些游戏活动能够锻炼幼儿的生活自理劳动技能，也会促使他们去做实际的劳动活动。①

还可以在音乐、语言、科学领域的教育活动中渗透幼儿园自我服务劳动教育。有研究发现，利用生活主题的绘本设计教学活动，结合儿童诵读法等，能够有效提升幼儿的生活自理能力。② 例如，在语言教育活动中，幼儿通过阅读绘本理解成长不仅仅意味着年龄的增长，还需要学会自己的事情自己做；在科学活动中既认识到小手很能干，也认识到小手只有通过做事情才能变得能干；在音乐活动中，幼儿通过唱诵与生活自理相关的童谣提升了生活自理意识。

但是，需要指出的是，开展自我服务劳动教育的主要途径仍然是"参与劳动"。音乐、语言等活动可以用来激发、巩固幼儿对自我服务劳动的意愿，深化幼儿对自我服务劳动的认识，但不能作为自我服务劳动教育的主要途径。幼儿只有在自我服务劳动过程中体验到了自我的价值、意义、本质，在劳动中体验到快乐、公平、幸福，才有可能产生对自我服务劳动的积极态度，形成自我服务劳动的习惯。

三、幼儿园自我服务劳动教育的方法

在实施幼儿园自我服务劳动教育时，教师可以采用下列方法。

（一）讲解、示范法

讲解是指教师用语言组织幼儿的活动，指导他们领会活动的要求、动作的要领和具体做法等。示范是指教师以个体（教师或幼儿）的动作为范例，使幼儿看到所练习和掌握的动作或技能的具体形象、结构和先后顺序等。③ 自我服务劳动中涉及很多生活自理能力和动作，教师需要对关键的技能进行讲解和示范。

在实施讲解、示范法的时候，有一些要点需要注意。首先，讲解要分步骤。例如洗手要有卷袖口、开水龙头、打湿手、使用洗手液、用力揉搓手心手背手指缝、冲干净、用毛巾擦手、挂毛巾等步骤。同时，可以将关键步骤以形象的图片进行展示，方便幼儿在练习时参照，起到提醒幼儿的作用。其次，要理解儿童精细动作发展的规律，把握幼儿自我服务劳动中的动作难点和重点，对难点动作进行反复讲解、重点示范。再次，要将集体讲解示范和个别指导结合在一起。幼儿的生活自理能力往往存在较大的差异，个别指导不仅能够关照幼儿的个体差异，还有利于教师与幼儿建立个人情感连接，为幼儿创设温暖、有回应的劳动环境。

---

① [苏联] 亚德什科，[苏联] 索欣．学前教育学 [M]．北京：人民出版社，1981：305.

② 张超超．运用生活主题绘本提高小班幼儿生活自理能力的实验研究 [D]．天津师范大学，2016.

③ 顾荣芳，薛菁华．幼儿园健康教育 [M]．北京：人民教育出版社，2004：102.

最后，讲解和示范要结合，并且根据幼儿的年龄特点和幼儿对生活自理劳动内容的熟悉程度确定讲解和示范的比例。对小班幼儿，或幼儿不熟悉的内容，要多示范、少讲解；对于年龄较大的幼儿，或幼儿熟悉的内容，则要减少示范和讲解。

（二）练习法

劳动就是要操作，练习法是幼儿自我服务劳动中一种有效的教育方法，它可以帮助幼儿通过反复实践来掌握基本的生活技能。教师为幼儿讲解、示范之后，要提供机会让幼儿分步骤练习。使用练习法，首先要注意给幼儿提供充分的尝试和练习的机会，重复是幼儿进行自我服务劳动的关键。其次，在幼儿练习过程中要进行观察和评价，既给幼儿留出探索、尝试的空间，又在幼儿有需要时给予必要的支持和引导。再次，练习过程要循序渐进，教师的引导要耐心细致，不能操之过急，对于不同的幼儿，既要有一般的要求，又要注意区别对待和因材施教。最后，不要让练习变成机械的技能训练，而要让幼儿的自我服务劳动成为幼儿主动的、富有创造性的劳动活动。教师要注意既让幼儿动手，也让幼儿动脑，即要让幼儿的思维参与劳动。例如，在练习穿套头衫时，教师不要直接告诉幼儿怎么找到衣服的正面和反面，而是让幼儿在练习中自己发现问题、解决问题。正如马卡连柯所说，劳动不是单纯的活动筋骨，而应该要有思维参与。

（三）环境暗示法

环境暗示法就是通过具有暗示性的环境间接地对幼儿的心理和行为产生影响，进而促进幼儿产生教育者所期望的行为的教育方法。环境是幼儿的第三位教师，教师要让环境“说话”，让幼儿理解环境对幼儿生活自理行为的期待。例如，在幼儿盥洗的地方贴上“洁白的牙齿”图案以及刷牙的步骤图，提示幼儿积极刷牙并巩固刷牙的方法。在班级中还可以创设“自我服务劳动明星区”，以榜样的力量鼓励幼儿坚持进行自我服务劳动，提高自我服务劳动的质量。另外，环境还要为幼儿的自我服务劳动提供支持。例如，小班门口要有幼儿可以坐下换鞋的凳子，班级中要配备与幼儿身高相符的扫帚、簸箕等，方便幼儿使用。

四、幼儿园自我服务劳动的组织与指导要点

（一）做好自我服务劳动教育的环境准备

开展自我服务劳动教育的首要步骤是确保一个适宜的环境。在创设环境前，首先要考虑环境的适宜性，环境的布局应符合幼儿的生理特点，应提供适合他们身高和力量的工具和家具。例如，提供适合幼儿身体的桌椅，提供易于幼儿操作的小型清洁工具。要根据不同年龄阶段幼儿的身心发展水平和自我服务劳动教育目标来提供相应的劳动材料。环境的整洁有序同样重要，这不仅有助于减少幼儿

在劳动过程中的混乱感，还能潜移默化地教会他们如何维护一个干净、有序的空间。通过设置明确的区域和标签，幼儿可以更容易地找到所需物品，并在劳动结束后将其归位。此外，教师还需要关注环境中材料的丰富性和层次性。材料的丰富性体现为在班级生活区、阅读区、美工区甚至户外活动的区域，都适时适当地投放幼儿可以用来进行生活自理服务劳动的材料和工具，同时保证材料和工具的数量。例如，幼儿园提供条件和工具，当幼儿在户外进行美工活动后，他们可以自主完成洗手、收拾整理美工材料等事情。材料的层次性则体现为材料和工具可以给不同发展水平的幼儿提供不同的支持。例如，在幼儿生活区的游戏材料中可以投放大小、形状不一的纽扣及扣洞，使得扣上、解开扣子的难度层次不同，以适应不同能力水平幼儿的练习需要。

（二）以多种方式激发幼儿自我服务的动机

激起幼儿参与自我服务劳动的动机是自我服务劳动教育过程的关键环节。美国心理学家阿尔伯特·班杜拉的社会认知学习理论指出，模仿学习是幼儿重要的学习方式，要重视关键人物对儿童行为的影响。教师和家长是幼儿生活中的重要他人，教师和家长的行为能够起到潜移默化的教育作用。首先，要在班级和家庭中营造一种人人劳动的氛围，树立积极劳动的榜样，成人通过自己的行为展示劳动的价值和乐趣。教师在劳动时也可以邀请幼儿共同劳动，带动幼儿参与劳动。其次，可以应用正面强化理论，在幼儿完成了一次自我服务劳动任务时，教师、家长及时、一致地给予正面的反馈。随着时间的推移，可以逐渐减少正面强化的频率和强度，如以“劳动小明星”“劳动小能手”等荣誉表彰幼儿多次的、持续的自我服务劳动行为，帮助幼儿内化行为。爱德华·德西等人提出的自我决定理论指出，人主要是出于自身兴趣和满足感而进行某项活动，而不是为了外部奖励或避免惩罚。这也是杜威区分主动作业和由外部动机驱使的“苦役”的原因。因此，在自我服务劳动教育实施过程中，教师要给幼儿提供充分的选择机会，鼓励幼儿进行操作方式上的探索，以满足幼儿的自主性需求；通过提供难度适当的劳动任务和及时的反馈来满足幼儿的能力感需求；通过引导幼儿建立积极、稳定的师幼关系和同伴关系来满足幼儿归属感的需求——最终增强幼儿自我服务劳动的内在动机。

（三）提供充足的操作机会、时间和必要的支持

自我服务劳动对幼儿的精细动作、粗大动作水平及手眼协调、空间知觉能力等要求较高，幼儿不可能一次性高质量地完成自我服务劳动。教师要给幼儿提供充分的操作、练习机会，让幼儿在不断重复的操作中逐渐提升自我服务劳动的质量。同时，由于幼儿动作发展还不成熟，即使他们能够完成自我服务劳动，速度往往比较慢，教师还需要给幼儿留足操作、练习的时间，要等待幼儿，而不是不

停地催促幼儿，更不能直接上手帮忙。过分的催促会导致幼儿紧张和焦虑，影响幼儿劳动与学习的质量，也会给幼儿带来心理压力；而上手帮忙则剥夺了幼儿学习的机会，长此以往，会影响幼儿自我服务的意识和能力。当然，这不意味着教师在幼儿开展自我服务劳动时就保持旁观，完全不进行任何引导。在幼儿进行自我服务劳动时，教师需要进行密切的观察，对有需要的幼儿，以提问、语言提示、动作提示等方式给予他们支持。

（四）引导幼儿发现自我服务劳动的意义

如前所述，自我服务劳动是生活中最平常的劳动，但是这种最平凡的劳动中也蕴含着重要的意义，劳动教育的要义之一就是要让受教育者理解平凡劳动的价值和意义。因此，教师要注意引导幼儿发现自我服务劳动的意义，让自我服务劳动活动真正成为自我服务劳动教育，增强幼儿参与自我服务劳动的意识。教师要提供难度适宜的劳动机会，让幼儿多次尝试自我服务劳动，积累劳动成功的积极体验，让幼儿在劳动中体会自己的能干。在阶段性的幼儿劳动活动结束后，教育要及时跟上，引导幼儿采用讨论、绘画等多种方式，对自己劳动行为和劳动结果之间的关系进行个人反思和共同反思，帮助幼儿理解自我服务劳动让生活、游戏和学习更为方便、更加有效。

第三节
幼儿园社群服务劳动的组织与指导

一、幼儿园社群服务劳动的类型

社群服务劳动是幼儿面向他人或者包括自己在内的所有人的劳动。[①] 按照服务的不同对象和服务开展的不同空间，可以将社群服务劳动分为班级服务劳动、园所服务劳动、家庭服务劳动和社区服务劳动。

班级服务劳动是幼儿为了班级中的同伴、教师或者班集体而开展的服务劳动，劳动主要在班级内部进行。班级服务劳动的内容包括环境清洁、植物养护、班级规则制定等。班级服务劳动主要以值日生劳动的形式来进行，幼儿可以开展清理桌面、分发饭菜、清理盥洗区、清洁区角、照顾植物等多种活动。班级服务劳动与幼儿生活自理劳动联系密切，有时候甚至很难截然区分幼儿的生活自理劳动和班级服务劳动。在小班下学期，幼儿就可以尝试进行一些班级服务劳动。

园所服务劳动是指幼儿围绕班级以外、幼儿园中其他对象的需要而开展的服务劳动。如幼儿根据园所的实际情况和服务对象的实际需要开展环境美化、公共区域和设施设备的维护、宣讲、赠送礼物等活动。园所服务劳动将幼儿的劳动空间从班级扩展到幼儿园。在园所服务劳动中，幼儿会和不熟悉的同龄幼儿以及异龄幼儿发生互动，幼儿有机会深入观察园所中烹饪、安保、卫生保健等工作人员的工作并与他们进行互动，幼儿有机会发现和探索更大的空间。因此，园所服务劳动给幼儿提供了更多的挑战和学习机会。

家庭服务劳动即我们通常所说的家务劳动。2015 年颁布的《关于加强中小学劳动教育的意见》就指出，要“教育学生自己事情自己做，家里事情帮着做”。家庭是幼儿最熟悉的生活环境，鼓励幼儿为家庭其他成员提供服务，有助于形成家园一致的教育环境和教育力量，帮助幼儿家长转变教育观念，形成优良家风，

---

① 虞永平．劳动是幼儿综合的学习［J］．今日教育（幼教金刊），2019（02）：8－10．

更好地维系家庭成员之间的良好关系。家务劳动包括清扫、整理、烹饪、洗涤、照料动植物等内容。

社区服务劳动是指幼儿为比较熟悉的社区成员、社区机构和社区环境提供服务，旨在帮助社区成员、改善社区环境、促进社区发展的劳动。社区服务劳动包括社区清洁美化、帮助老人、公共设施维护、社区教育宣传等内容。对幼儿而言，社区服务劳动能极大地拓展幼儿学习的空间、丰富幼儿社会交往的对象，幼儿所面临的劳动任务也更加复杂。社区服务劳动对幼儿的要求比较高，因而通常在幼儿进入中班、大班以后，幼儿园才组织他们开展社区服务劳动。

二、幼儿园社群服务劳动教育的实施途径

（一）项目活动

项目活动是一种特别能够关注到儿童学习主体性的活动开展形式，是学习者对值得充分了解的主题内容进行深度探究。在幼儿园社群服务劳动中，当幼儿为班级、园所和社区开展劳动时，想要解决的问题通常比较复杂，就可以以项目活动的形式来进行。项目活动的重要特征是聚焦于努力找到相关问题的答案，而这些问题可能由幼儿或教师提出，也可能由教师和幼儿共同提出。由于项目活动强调活动过程要遵循幼儿的兴趣发展方向，所以能够充分发挥幼儿在劳动过程中的主体性，使得劳动真正成为幼儿自由、自主的活动。同时，项目活动具有探究的深入性，学习时间的长短由项目的实施和进展情况而定，通常是几个星期，有时是几个月，这也契合幼儿社群服务劳动的复杂性，能够支持幼儿对社群服务劳动中的问题进行持续深入的探究。项目活动往往通过实地参访等方式来进行，在社群服务劳动中，实地参访能够帮助幼儿明确服务对象的需求、服务的内容和服务的形式等，因此，项目活动是社群服务劳动重要的实施途径。

（二）值日生劳动

值日生劳动是幼儿为他人和班级服务的一种重要方式。随着幼儿自我服务能力的增长，通常到了中班阶段就可以进行值日生劳动。和其他生活活动相同，值日生劳动每天开展，具有常态化的特点。值日生劳动与生活自我服务劳动联系密切，由自我服务劳动自然延伸而来。值日生劳动的很多内容，如进行饭桌值日——分发碗筷、摆放桌椅等，盥洗值日——管理肥皂、毛巾，提醒节约用水和检查同伴的指甲、手帕的清洁卫生等，都与幼儿在自我服务劳动中形成的生活自理能力高度相关。值日生劳动是链接幼儿自我服务劳动和其他社群服务劳动的关键桥梁。值日生劳动是轮流的，每个幼儿都有机会为同伴和集体提供服务，这些劳动会惠及同伴及幼儿自己。值日生劳动可以幼儿自己完成，也可以采用多种形

式，如小组合作、两两合作的形式来完成。需要指出的是，值日生劳动并不是给幼儿分配固定的劳动任务，值日生劳动的内容和规则可以由师幼共同确定，并根据实际情况灵活改变。教师可以提问：“作为值日生，你希望为班级做些什么事情?”“值日生如何更好地完成值日的任务?”以引导幼儿思考，这样就让幼儿的值日生劳动成为体力和脑力共同参与的活动。

（三）家庭、幼儿园、社区共育

由于社群服务劳动的空间扩展到家庭、社区，因此，社群服务劳动是一种特别依赖家、园、社区共育的劳动形式。幼儿园要密切联系家长，改变家长轻视幼儿参加家务劳动的价值的错误观念；要为家长提供家庭劳动教育的抓手，例如，列出幼儿家务劳动清单，家长可以根据幼儿和家庭的实际情况从中选择恰当的内容，引导幼儿开展劳动；幼儿园还需要对家长进行教育，帮助家长掌握指导幼儿开展家务劳动的方法。同时，幼儿园可以通过家长会、班级展示等形式在班级和园所中展示幼儿做家务劳动的成果，以同伴效应激发幼儿做家务劳动的热情。幼儿园也要积极与社区中的诸多机构建立联系，通过“请进来”和“走出去”的方式，进行幼儿园与社区的共建，为幼儿开展社群服务劳动提供良好的条件保障。

三、幼儿园社群服务劳动教育的方法

幼儿园开展社群服务劳动教育，除了使用常见的方法以外，还主要使用以下相对特殊的教育方法。

（一）参观法

参观法是幼儿到班级外、园外现场去观察各种事物和现象，对实际事物和现象进行直接的观察、调查和研究，从而了解劳动服务对象及其需求的一种方法。幼儿园社群服务劳动中的参观一般会进行多次。在社群服务劳动开始之前，教师会组织幼儿进行初步的参观，旨在引发幼儿对服务内容的兴趣，对有关服务对象形成初步认识。在劳动服务过程中，幼儿还会多次进入劳动现场，进一步深化对服务对象的认识，同时尝试开展服务劳动，并分析服务劳动实施的效果及原因，调整服务劳动的内容或形式。例如，幼儿想在社区进行垃圾分类宣讲，首先要进入社区进行调查，了解宣讲的对象、宣讲的内容，调查“社区中垃圾分类做得怎么样，有什么问题”“有哪些人不清楚垃圾分类”“哪些区域垃圾分类做得不好”等。

使用参观法前，教师要对可以参观的地点进行筛选，在和幼儿共同确定参观地点后，如条件允许，教师应先亲自前往，了解参观的地点，了解调查对象、服务对象的情况。在班级中，教师还要组织幼儿制订参观计划，明确参观的内容、步骤、具体要求等。在参观过程中，教师要对幼儿进行具体的指导，要结合现场，启发幼儿发现和提出需要解决的问题，思考解决问题的方案，同时要注意让每个幼儿都积极投入参观活动，提醒幼儿及时用自己的方式对调查了解到的信息进行记录。参观结束以后，教师要及时组织幼儿围绕记录内容进行讨论，在此基础上引导幼儿形成自己的劳动方案。

（二）实践行动法

幼儿进行社群服务劳动，最主要的方法就是实践行动法。实践行动是一种以实际操作和亲身体验为核心的教育方法，通过实践行动法，幼儿到真实的社会环境中去学习。仍以社区垃圾分类宣讲为例，幼儿通过参观、调查形成初步的劳动方案后，要确定宣讲内容，制作宣传海报，录制宣传视频，要把这些海报张贴在合适的地方。同时，他们还可能会对周围的住户、商家进行一对一的宣讲。宣讲结束后，教师要组织幼儿分析宣讲活动的效果，并思考如何改进宣讲方案，准备下一次宣讲。

（三）讨论法

讨论法是指幼儿在教师的指导下，围绕一个中心问题，分成若干小组或以班级为单位，发表意见、展开讨论、相互学习的方法。首先，在社群服务劳动中，幼儿的服务行动往往是在群体中进行的，因此，讨论法能够发挥同伴学习和集体学习的优势。其次，社群服务劳动相对比较复杂，教师应该给幼儿提供动脑的机会。讨论法可以促进幼儿思考并形成劳动方案，让劳动成为幼儿自主、自由的创造性活动。此外，使用讨论法时，教师适时、恰当地提问，能够有效支持幼儿在劳动中的深度学习。幼儿在参观、调查、行动之后，也需要一个讨论的环节，将幼儿零散的、个别的经验系统化。讨论之前，教师要帮助幼儿明确讨论的目的，设计让幼儿讨论的问题；讨论过程中，教师要鼓励每位幼儿都参与讨论，并及时给予反馈，使讨论深入。最后，教师还要对讨论进行一定的总结。

四、幼儿园社群服务劳动的组织与指导要点

（一）以支持幼儿社会性情感发展为核心指向

如前所述，相对于其他劳动，社群服务劳动突出的特征就在于劳动的利他性。在这种劳动中，个人不是为了自己，而是为了他人而进行劳动。因此，社群服务劳动教育需要充分体现社群服务劳动的利他性特点，让幼儿在与外界互动的过程中学会关注、尊重和理解他人，协调自己与他人的关系，让幼儿学会关心他人和群体的利益，并为他人和群体的利益服务。教师不能只将关注重点落在社群服务劳动过程中幼儿劳动能力的体现和服务后的结果上，不能采用简单的任务

式、打卡式的劳动形式，而要关注幼儿进行社群服务劳动的动机，要让幼儿真正理解“为集体而劳动”的光荣与责任。

（二）从幼儿的生活出发，逐步拓宽社群服务劳动的范围

社群服务劳动教育相对来说比较复杂，有的服务对象和服务内容是幼儿比较陌生的。因此，社群服务劳动应特别关注幼儿的兴趣和需要，要尽量贴近幼儿的生活，从幼儿已有的经验和生活中生发社群服务劳动的内容。例如，在“垃圾分类”主题活动实施过程中，可以引导幼儿将已获得的经验自然地拓展到班级外部，让幼儿主动思考如何应用已有的经验美化幼儿园和社区的环境；而不是将幼儿带到陌生的外部机构中，简单地布置一个清扫任务。要科学拓宽幼儿社群服务劳动的范围，从幼儿比较熟悉、亲近的对象开始，逐步扩展到社区，拓展到幼儿日常没有直接接触的对象。

（三）研究社群服务劳动的开展条件，做好资源建设

社群服务劳动的开展需要有服务的对象、服务的空间、服务的时间和服务的任务。因此，幼儿园需要梳理园所内外可以供幼儿开展社群服务劳动的资源，以此为基础，幼儿才能开展真正有意义的社群服务劳动。有的园所急于让幼儿走出园所，但是没有认真研究过社区资源，没有分析过可以在社区机构中开展的社群服务劳动以及劳动中可以生发的学习，就变成了“为走出去而走出去”。同时，社群服务劳动，尤其是走出幼儿园的社群服务劳动，面对的空间、对象都更加复杂，与园所内的社群服务劳动有较大的不同，因此还应特别关注安全问题。这也要求幼儿园提前对社群服务劳动的资源进行研究，建立起幼儿园与社区机构之间长期、稳定的合作机制。

（四）引导幼儿进行多种形式的表征和反思，让幼儿的劳动看得见

社群服务劳动具有明显的“结果不可见”的特点，因而，幼儿不太容易直观理解劳动过程与劳动结果之间的关系，劳动结果对幼儿劳动行为的激励作用也不如那些成果更加外显的劳动形式。基于此，教师首先要鼓励幼儿采用动作表现、绘画、拍照等多种方式对劳动过程和劳动结果进行表征，这不仅可以帮助幼儿回顾自己的劳动过程，而且可以为幼儿提供参与社群服务劳动的依据。其次，教师要积极与幼儿服务的对象保持沟通，获得服务对象的反馈和建议，这有助于使幼儿了解自己的劳动表现和成果。

第六章 幼儿园种养劳动及教育

随着各种各样的电子媒介侵入我们的生活，越来越多的孩子宁愿把空闲时间花在屏幕前，也不愿在户外自然环境中玩耍。同时，在日益城市化的环境中，幼儿在户外自然环境里安全玩耍的机会也减少了，越来越多的幼儿和自然脱节。人们不免忧心“自然缺失”给幼儿的发展带来负面影响。幼儿园种养劳动是一种在自然中的劳动，也是面向有生命的自然之物的劳动。在当前社会环境快速变迁的背景下，种养劳动教育的重要性更加凸显。

第一节
幼儿园种养劳动教育的内涵和特征

一、幼儿园种养劳动教育的内涵与类型

（一）幼儿园种养劳动教育的内涵

幼儿园种养劳动是幼儿园种植劳动和饲养劳动的总称。幼儿对生命的关爱出自他们的内在本能，面向自然物的劳动是符合幼儿需要和兴趣、贴近幼儿生活的综合活动。幼儿园种养劳动是指幼儿通过使用双手及工具，在与植物、动物、泥土、水及各类工具的相互作用过程中，促进植物、动物生长，促进生态环境和谐发展的活动。在参与种养劳动的过程中，幼儿对自然的认识得到了深化，对植物、动物的生长变化过程以及植物与动物、泥土、阳光、空气、水等要素相互关系的认识更加明确、深刻和系统；幼儿亲近自然、爱护自然的情感得到萌发；幼儿掌握了一些基本的使用工具来种植和饲养动物的方法；养成了劳动的习惯和意愿，形成了对劳动的认识，萌发了爱劳动的情感。有研究指出，“动手学习是将儿童与自然联系在一起的一种有效方式。在动手学习期间，鼓励孩子们积极参与自然环境”，并让自然环境与他们的所有感官和身体能力相互作用，使他们探索、改变和关爱自然。在这种与自然的接触中，幼儿可能会有印象深刻的自然体验，这在他们的一生中都会产生持久的影响。①

过去，我们谈论种植和饲养活动比较多，从劳动和劳动教育的角度来看待种植和饲养，会赋予种植和饲养新的内涵。首先，种养劳动突出了活动的主体是幼儿而不是成人，同时，幼儿必须通过动手操作的方式来展开活动。“劳动”强调幼儿首先要让身体，而不仅仅是认知，参与到种养活动过程中。其次，种养劳动还强调了劳动的目的不仅仅是达成认知的旨趣或者满足幼儿的学习兴趣，而是要

① ［荷］琳达·斯特格，［荷］朱迪思·I. M. 德格鲁特. 环境心理学导论（第 2 版）［M］. 于亢亢，高健，马亿珂，译. 北京：中国环境出版集团，2022：66.

考虑这类活动对幼儿劳动素养培养的价值，要考虑劳动综合的育人价值。过去我们在探讨种植和饲养活动时，有时会将种养劳动定位在科学教育范畴内。在劳动教育视角下，务必拓宽种养劳动的价值定位。

幼儿园种养劳动教育就是有目的、有计划地开展种养劳动，以促进幼儿劳动情感萌发、劳动认识形成、劳动习惯养成、基本劳动能力获得，以及个体全面发展的活动。与其他类型的劳动教育不同，种养劳动教育突出的特点是为幼儿提供了亲近自然、感受生命、体验人与自然关系的独特机会。在当下人类面临全球气候变暖、疫情灾害频发、资源短缺、电子产品全面入侵生活的情况下，种养劳动教育的价值应该得到充分的重视。与种养劳动相比，种养劳动教育强调在劳动的同时教育也要跟上，缺失了教育的劳动不能最大程度地发挥育人效果。因此，从教育价值的实现角度进行考量，种养劳动活动需要有系统的设计。有的幼儿园满足于让幼儿简单地拔拔草、浇浇水、喂喂小动物，那只是一些种养活动，并不是真正的种养劳动教育。

（二）幼儿园种养劳动教育的类型

如上所述，按照劳动对象的不同，种养劳动教育可以分为种植劳动教育和饲养劳动教育。

种植劳动中的选种、栽培、管理、收获、制作等环节都为幼儿提供了劳动的机会。幼儿能够在种植劳动中学习使用工具，认识多种植物，了解植物各部分的特征和形态，理解植物生长的条件和生长变化的规律，能够学习和运用数量关系、空间关系等解决问题，尝试计划、猜测、验证、记录、表征与分享交流。同时，幼儿园的种植劳动还会引发幼儿之间的分工和合作行为，培养幼儿亲自然的情感，给幼儿提供欣赏自然美的机会。总之，种植劳动的过程也是幼儿获得多领域经验的过程。幼儿园种植劳动的核心价值是满足幼儿亲近大自然的需要，增进幼儿对植物的情感，让幼儿在多样化、多方式的四季种植活动中，增进对植物及其生长变化过程的了解，增进对植物生长条件的了解，在选种、栽培、管理、收获、品尝、制作等整个过程中，获得多方面的经验，增进情感，增强能力。①

饲养劳动是幼儿喂养、照料和管理小动物的活动。具体包含喂食、喂水、制作动物居住的棚舍、清洁动物的棚舍和喂食盒、为动物准备饲料、帮助动物保持卫生和健康等，这些活动能为幼儿提供充足的劳动机会。幼儿在饲养劳动中了解各种动物的外形与习性，感受动物成长和生命的规律。幼儿进行饲养劳动的过程，也是幼儿计划、实施、发现问题、提出猜测并验证的过程，是幼儿探究能力与倾向发展的过程。幼儿在饲养多种动物的过程中，能深刻体验生物的独特性和

① 虞永平．聚焦质量：幼儿园课程改革的思考［M］．北京：教育科学出版社，2023：88.

多样性，能萌发珍爱生命、尊重自然、促进人与环境和谐发展的意识。

尽管我们在学理上将种植与饲养劳动区分开来，但二者不仅有很多共性，更有密切的联系。关系思维是幼儿园开展种养劳动教育的重要原则之一。种植和饲养活动之间内在的密切联系应该在幼儿园的活动中得到充分的重视。例如，可以使用种植园地的植物制作动物的食物，进行有机饲养；动物的排泄物和腐败的植物也可以通过沤肥过程转化为植物生长所需要的养料，进行有机种植。这些活动能够帮助幼儿形成更加完整的生态观，使幼儿更清晰地认识到自然环境中万事万物是密切联系着的。

二、幼儿园种养劳动的特征

幼儿园的种植劳动和饲养劳动有很多共同点，也有一些不同的特征。以下对它们的共同点及不同点分别进行阐述。

（一）幼儿园种植劳动和饲养劳动的共同特征

种养劳动都是在自然界中面向自然生命体而开展的劳动，因此，幼儿园种养劳动具有亲自然性、环境适应性等共同特征。

1. 亲自然性

幼儿园种养劳动是在自然之中开展的活动，是面向自然生物开展的活动，也是为了自然而开展的活动。当幼儿长期沉浸在自然中，与自然界的生物发生互动，就很容易产生亲自然的情感。这种亲自然的情感来自幼儿在自然环境中感受到的自然奥秘。他们通过参与种养活动，发现竹笋一天可以长好高，发现蚕到蛹再到飞蛾的奇妙变化过程，他们发现大自然中有很多奥妙在吸引着他们去探寻。幼儿还会发现，自然是很美的，丰富的色彩、美妙的声音、独特的形态都让人目不暇接。幼儿与自然之物的互动过程，也是幼儿倾注自身感情的过程，他们在种植植物、照料动物的过程中，与自己长期关注、照料的动植物之间建立了深厚的情感连接，这些都能够促进幼儿亲自然性的发展。

2. 环境依存性

幼儿园种养劳动还有着鲜明的环境依存性。环境依存性首先体现在不同的种植和饲养劳动都依赖自然资源，如土壤、水分、阳光、空气等，这些自然资源是植物生长和动物生存的基础。因而幼儿园需要为植物生长和动物生存提供蕴含丰富自然资源的自然环境。环境依存性还体现在植物和动物有特定的生态环境需求，例如，有的植物喜光，有的植物喜阴，有的动物生长需要遮蔽的环境，等等。幼儿园在开展种养劳动教育时，需要考虑动植物对环境的适应性。环境依存性还体现在种养劳动的地域性，不同的地区，适宜饲养、种植的动物和植物是存在差异的。“橘生淮南则为橘，生于淮北则为枳。”幼儿园需要选择在当地自然环境中能够健康成长的动植物来进行饲养和种植。

（二）幼儿园种植劳动的特征

除了亲自然性和环境依存性以外，幼儿园的种植劳动还有季节性、多样性和劳动成果的迟滞性与不确定性等特征。

1. 季节性

由于植物本身有自己的生长周期，气候变化也具有一定的周期性，因此，种植活动具有明显的周期性特点。在我国四季分明的北方地区，种植活动的季节性要比南方地区更为明显。为了使植物自身的生长规律与气候的变化相协调，中国劳动人民研究形成了二十四节气知识体系，用来指导农业生产。在所有劳动中，种植劳动受季节、大气等自然环境因素的影响最大，需要遵循自然规律和植物本身的生长规律来进行。因此，开展种植劳动教育，首先需要对不同植物的生长条件进行研究和探索，梳理不同季节可以种植的植物资源。

2. 多样性

幼儿园的种植劳动是多样的。这首先体现在种植对象的多样性上。幼儿园种植的植物不是为了进行农业生产，也不是为了观赏，而是作为一种课程资源。为了丰富幼儿的经验，作为课程资源的种植活动就必须体现出多样性。粮食、蔬菜、瓜果、花草等都可以作为种植的对象，对不同的种植对象，重点关注的内容也是有差异的。种植劳动的技术是多样的，有传统的手工种植，也有现代的有机种植、无土栽培、温室种植等。幼儿可以通过体验不同的种植技术，理解技术对生产生活的影响，更深刻地认识到植物与环境要素之间的关系。种植劳动中劳动的内容是多样的，幼儿可以进行选种、播种、育苗、翻土、施肥、除草、驱虫、收获、制作等，每一种劳动内容又可以根据植物的生长需要生发出不同的种植模式。例如，播种的方式就可以分为点播、撒播、育苗移栽，等等。多样的劳动内容和多样的劳动方式，为幼儿在种植劳动中的探索、学习提供了充分的空间。种植劳动的多样性还体现在自然本身的特性上。有学者指出，自然具有这样一些特征：普遍的、永恒的、变幻莫测的、丰饶的、美丽的、有声有色的、真实的、滋养的、治愈的……①因此，与自然互动，能够生发多种意料之外的惊喜。

3. 劳动成果的迟滞性与不确定性

苏霍姆林斯基指出，劳动成果可以分为几种类型，而种植劳动的成果属于远期的，幼儿在当下的劳动中很难看到直接的成果。举例而言，幼儿很难在除草时

① WILSON RUTH. Nature and Young Children: Encouraging Creative Play and Learning in Natural Environments [M]. London: Routledge, 2007: 4.

就意识到这项劳动对植物的生长会产生怎样的影响。所以说，种植劳动的成果具有滞后性。此外，种植劳动的成果还具有一定的不确定性。尽管幼儿在劳动之初和劳动过程中怀揣着美好的愿望与期盼，希望获得理想的劳动成果，但由于影响植物生长的因素较多，例如极端的天气、虫害等，往往使得种植劳动未必能够达成幼儿预期的效果，所以说，劳动成果的获得具有一定的不确定性。

（三）幼儿园饲养劳动的特征

1．长期性

植物尤其是蔬菜、粮食、花卉的生长期限较短，生长变化比较明显，与种植劳动相比，饲养劳动有着更加明显的长期性特征。动物，尤其是大型的家畜，如羊、猪的生长期限往往比较长，从出生到成熟需要较长时间，这些动物除了外形变大以外，其他方面的变化不太明显。饲养劳动需要幼儿长期投入时间和精力，而动物生长周期较长，就容易导致幼儿在饲养过程中丧失兴趣。例如，幼儿观察鸡蛋孵化的过程，就需要等待大约 21 天的时间，才能看到小鸡从蛋壳中孵化出来。饲养劳动的长期性使得教师需要考虑如何激发和维持幼儿的劳动兴趣。

2．情感参与性

动物能够和幼儿发生互动，特别是动物能够即时对幼儿的照料行为给予回应，因此，大多数幼儿，特别是年龄更小的幼儿，对动物的兴趣要高于对植物的兴趣。在长期照料动物的过程中，幼儿关心和爱护小动物，对动物的成长和健康投入情感。例如，幼儿会给小羊选择他们最喜欢的名字。幼儿还可能通过观察动物的行为和反应与小动物进行非语言的情感交流，如抱抱小羊。他们在近距离观察动物的过程中，对动物的痛苦、恐惧、快乐等情感还会有一定的体会，如看到小羊生病了一动不动，幼儿会非常着急，会想办法帮助小羊。因此，饲养动物的过程是一个情感充盈的劳动过程。情感能激发并维持幼儿参加饲养劳动的兴趣。

3．伦理性

动物是有生命的，饲养劳动具有伦理性。动物的照料者有道德责任确保动物得到人道的对待，避免其不必要的痛苦和困难。当前，公众的动物权利意识增强了，越来越期望动物饲养者采用更加人道和负责任的饲养方法。此外，从法律层面来看，很多国家也制定了动物保护法律法规，饲养者需要遵循法律的规定，确保动物的最低生存需要。在幼儿园饲养劳动中，幼儿要与自然环境频繁互动，也需要考虑如何饲养才能减少饲养行为对环境的负面影响，如要考虑如何减少污染和保护生态环境等。

第二节
幼儿园种植劳动的组织与指导

一、幼儿园种植劳动教育的实施途径

（一）区域活动

区域活动是幼儿种植劳动教育开展的最重要的途径。按照种植劳动的不同区域，幼儿种植劳动可以分为自然角种植和种植园地种植。自然角种植劳动主要是在班级区域中开展的，该区域可能会设置在开放的走廊、阳台或者靠近窗户的位置。自然角种植的益处是劳动场所就在幼儿班级中，幼儿可以经常对植物进行近距离的观察，并进行系统的探索。同时，因为幼儿能够经常进入自然角中照顾植物，所以能够激发他们主动探索的兴趣，也能培养幼儿的责任感。自然角还可以和其他区域进行有机的联系。例如，幼儿可以到阅读区去查找信息，以及时解决在自然角观察到的问题。自然角的植物也可能成为幼儿美工区创作的对象。此外，因为自然角在室内，温度相对稳定，在寒冷的季节也利于植物的生长，一些育苗活动也需要在室内进行。种植园地的种植也有明显的益处：首先，种植园地自然条件更好，可以种植的植物种类更多，尤其是一些大型的果树、粮食类作物、喜阳的作物等，都可以很好地生长。其次，种植园地的空间更大，幼儿劳动的空间更大，在种植园地中可以进行的劳动活动也更丰富，如翻地、除草等。此外，种植园地面积较大，是幼儿在幼儿园中亲近自然的主要资源。总之，幼儿可以在区域游戏和户外活动时间进入自然角和种植园地进行劳动，他们能够从自己的兴趣出发，跟随自己的节奏，选择自己喜欢的方式、工具，开展种植劳动。

（二）集体活动

当幼儿对种植劳动的兴趣相对一致，或者幼儿缺少某种种植劳动的基本技能，或者幼儿的种植劳动经验需要系统提升时，幼儿园的种植劳动教育也可以通过集体活动的形式来开展。集体活动中，幼儿并不是端坐静听，而是能够进行小组讨论、实际操作。教师要有意识地采用多种教育方式调动幼儿的多种感官，一方面，发挥集体活动效率较高的优势，另一方面，也关注幼儿的个别兴趣。集体活动要注重发挥集体、同伴、教师的作用，为幼儿创设一些需要同伴合作的情境，例如，请几名幼儿合作搭建丝瓜架。在幼儿探索活动结束以后，教师及时引导幼儿进行讨论，分享经验。例如，同样是观察蚕豆的任务，有的幼儿只关注到蚕豆叶子的形状和蚕豆花的颜色，有的幼儿则关注到蚕豆的茎是方形的，折断以后还发现蚕豆的茎是中空的。因而，幼儿在分享过程中会有所感悟：观察要细致，要系统，还要使用多种感官进行观察。

其他活动形式中也可以融入种植劳动教育。例如，在生活活动中，值日生每天要照料自然角的植物，并记录自然角植物的生长情况；幼儿餐后散步时间，可以对种植的植物进行观察；可以用种植的蔬菜、水果制作食物；等等。

二、幼儿园种植劳动教育的方法

幼儿园种植劳动是幼儿必须身心参与的活动形式，是劳力基础上的劳心，因此，幼儿园种植劳动教育也需要充分考虑幼儿劳动的特点，关注幼儿身心的参与情况，让种植劳动成为幼儿自己的、自主的劳动。

（一）探究法

幼儿的种植劳动中有很多大肌肉的锻炼、身体的参与，但不应该只满足于此。苏霍姆林斯基曾指出，那些最简单的劳动过程，都应当渗透研究性的、试验性的思想。即使是除草等活动，也应该有研究性的、试验性的思想。而种植劳动中有很多值得幼儿探究的内容，种植劳动教育要特别注重引导幼儿使用探究的方法。在建构主义学者看来，个体的学习是学习者主动建构知识的过程，知识是学习者在与他周围环境的互动过程中建构起来的，学习也是学习者以自己的方式建构的对事物的理解，知识是相对的。建立在建构主义知识观基础上的探究法注重幼儿与周围环境的互动，注重幼儿学习的主体性，强调探究的过程和方法。在种植劳动教育中使用探究法，教师要帮助幼儿发现值得探究的复杂的、真实的问题。例如，教师引发了幼儿对柿子树果实的关注，幼儿对如何摘取高高的柿子树上的柿子产生了兴趣和疑问，于是教师和幼儿一起讨论摘取柿子、探究柿子的方案，通过提出适当的问题将幼儿的讨论引向深入，启发幼儿纠正片面的认识；同时，为幼儿的探究过程提供材料、工具的支持，如提供天平、卷尺、纸、笔等工具，支持幼儿对柿子进行观察、称重、测量、比较等。

（二）实验法

在幼儿园种植劳动教育活动中，幼儿对自己种植的植物会高度关注，甚至会每天去观察植物的变化，记录每一种植物的生长变化过程，比较不同植物的根、茎、叶、花、果。幼儿会发现植物叶子的枯萎、虫子对植物的啃食、花朵的凋零、植物生长的差异，幼儿也有可能猜测各种原因，并进行捉虫、浇水、施肥、拔草等活动。在这些过程中，成人就可以与幼儿共同发现和创设一些实验的情境。例如，在种植同一种植物的同一块地里，有的地方清除杂草，有的地方不清除杂草，最后比较两种情况下植物的生长情况，如比较植物的高矮、粗细，比较果实的大小等。这就是一种很自然的对比实验。由此，幼儿理解了阳光、空气及水与植物的关系，理解了动物与植物的关系，理解了植物与植物的关系。① 在种植劳动中进行简单的、自然的实验需要注意：首先，实验活动应该是自然生成的，是为了让植物更好生长的劳动目的而产生的。例如，如何让棉枝结更多的棉花、怎样减少虫害等。实验活动不是纯粹为了探索认知方面的奥秘。其次，要尽可能让实验是幼儿自己的实验，而不是教师操作的实验。实验法有两种类型，一种是教师的演示实验，一种是幼儿的操作实验。幼儿园种植劳动教育中更应该关注的是幼儿自己的探索过程，由幼儿自己操作是符合幼儿科学探究规律的方式。此外，对不熟悉自然实验步骤的幼儿，教师要引导他发现自然实验中需要对变量进行控制、对结果进行对比，并在后期逐步让幼儿更多地参与对实验的设计、对实验结果的讨论，提升幼儿设计实验的能力和比较实验结果并进行分析的能力。

（三）观察法

观察法是幼儿园种植活动中常见的方法。首先，植物是多样的，处在不断的生长变化过程中。幼儿在种植活动中能够观察到植物的特征和植物的生长变化。同时，植物也在和周围的环境发生着关系，幼儿在种植劳动中也有机会观察植物与动物、土壤、空气、水等自然要素之间的关系。例如，幼儿可能会发现有一块种植地的西瓜生长得不好，观察了西瓜的生长环境后，发现西瓜种在了一个背阴的地方，难以接受阳光的照射。幼儿也需要通过观察发现自己劳动的意义，思考行动和行动结果之间的因果关系。例如，幼儿发现西瓜苗受到了虫害，便采用了喷洒辣椒水、放粘虫纸、间种玉米和大豆等方式来治理虫害；幼儿还要通过观察来思考治理虫害的方案和治理结果之间的关系，并对方案进行调整。在实施观察法时，教师要注意根据幼儿的发展水平提出观察的要求，例如要引导小班幼儿观察植物明显的特征，要鼓励中班幼儿对植物进行比较观察，发现植物的相同之处和不同之处，要引导大班幼儿进行系统的、长期的观察。教师要在种植区附近给幼儿提供方便取用的观察工具和记录工具。

① 虞永平．聚焦质量：幼儿园课程改革的思考［M］．北京：教育科学出版社，2023：89.

三、幼儿园种植劳动的组织与指导要点

（一）创设丰富多样的自然环境

种植劳动需要一个自然生态的环境，幼儿园的种植劳动教育也需要进行系统规划，为幼儿的种植活动创设丰富多样的自然生态环境。首先，在幼儿园要有专门的种植园地，供幼儿进行种植和收获。陈鹤琴先生就曾指出，“幼稚园需布置一个科学环境，尽可能地领导儿童栽培植物（花卉、蔬菜），布置园庭，从事浇水、除草、收获种子等工作，并饲养动物”。同时，在专门的种植园地之外，一切需要种植植物的地方都可以成为幼儿开展种植劳动的场地。要让植物进入幼儿园的每一个可能的角落，让幼儿园真正成为花园和乐园，让幼儿获得更多的观察、发现和管理的机会。[①] 其次，幼儿园种植的植物类型要多样。如前所述，幼儿园的种植园地不是观赏园地，不是象征，种植是幼儿的事情，是幼儿的课程，因此，要从丰富幼儿经验的角度规划种植物的类型，要确保幼儿园四季都有树叶、花朵、果实。要针对幼儿的年龄特点进行植物种类的选择。例如，对于小班幼儿，要尽可能选择常见的、生长速度较快、种子颗粒较大、植株较矮小、有种有收的植物进行种植。要保证种植资源的多样性，让幼儿能够对植物进行欣赏、观察和比较。例如，种植树木时，从树木的高矮、叶子的形状、落叶与常绿、树叶的颜色、树皮的纹路、是否开花、花的种类和气味、是否结果等方面综合加以考虑。此外，幼儿园的种植园地要尽可能自然地融入周围的环境，并且与其他区域的活动联系在一起。例如，幼儿的种植园地设置在毗邻饲养区的地方，幼儿会自然地将种植劳动和饲养劳动关联在一起；在种植园地中布置幼儿进行艺术写生的材料与工具等，幼儿也自然会进行美术活动。

（二）研究植物生长的规律、条件

植物有自身的生长规律和条件，种植劳动过程中蕴含了生物学的原理和知识。种植劳动教育要顺利地开展，要让幼儿有机会获得成功的体验，这就要求教师能够充分把握种植劳动中的幼儿深度学习的机会，要求教师有比较丰富的种植经验，了解关于种植的教学内容知识。教师储备了较为丰富的种植教学内容知识[②]，就有利于厘清活动的价值、把握活动的走向。丰富教师种植教学内容知识的方式是多样的，教师可以通过阅读书本、请教专家、先于幼儿尝试等方式来体验种植，理解种植过程中涉及的知识，掌握基本的种植方法，明确种植劳动中的

---

① 虞永平．学前课程与幸福童年［M］．北京：教育科学出版社，2012：114.

② 苏寅珊．幼儿园种植活动价值及教育策略研究［D］．南京师范大学，2019.

难点。当然，教师掌握种植教学内容知识并不为了将这些以讲授的方式尽快地告诉幼儿，而是将它们作为自己设计教学活动的依据之一，这些知识也是帮助幼儿实现经验的系统化的基础。此外，幼儿园教师并不是全知全能的，他们也要在和幼儿共同种植的过程中去丰富自己的种植知识。对自己所不了解的问题的坦率、探究的态度，也是教师对幼儿重要的示范作用。

（三）把握种植劳动中深度学习的机会

种植劳动不是幼儿单纯的体力劳动。幼儿有时候会在劳力的基础上劳心，例如，反思自己的行动为什么无效；也可能在劳心的基础上劳力，例如，先根据地块大小对种子的种类、种子的间距等做计划，再进行播种。总之，要让思维贯穿幼儿种植劳动的全过程，而教师也要善于在种植劳动中把握丰富多样的幼儿学习、探索契机，引发和推动幼儿的深度学习。教师应努力引导幼儿发现问题，并支持幼儿自主地对问题进行探究。幼儿在种植活动中的问题，如果常常停留在“是什么”的知识层面上，教师就要多提出“你怎么知道……”等指向幼儿思维的问题，以及“怎样做”等指向幼儿探究性行动的问题。幼儿在围绕这些未知的问题进行探究时，就会综合应用已有的经验，提出猜想，实施方案，并通过观察和比较验证自己的猜想，解决问题。同时，在种植劳动中，教师也要通过示范、正向激励等方式鼓励幼儿多提“为什么”的问题，引导幼儿通过“提出猜想—收集信息—排除干扰因素—总结原因”的思路回答这类问题。

（四）强调种植劳动教育的可持续性

种植劳动教育是幼儿在自然中接受的劳动教育，也应该是幼儿关于自然的劳动教育和为了自然的劳动教育。这是可持续发展学者朱莉·戴维斯所指出的可持续发展教育的三个方面。一是在自然中的劳动教育，即把自然之物作为幼儿学习的媒介。幼儿在自然环境中，与植物、水、阳光、土壤、石头等自然之物进行深入的互动，其目的是获得基本的经验，真正地与大自然“亲密接触”，从而培养好奇心、同理心以及对大自然的热爱之情。二是关于自然的教育，幼儿在种植劳动中能够认识自然系统的功能等方面的内容，例如水的循环（雨从哪里来，为什么水坑会干涸）或碳的循环（堆肥的过程）。这有助于幼儿欣赏并重视自然世界的复杂性，以及人和自然系统的相互关联。三是为了环境的教育，这属于社会政治层面的环境教育。例如，幼儿在翻土过程中发现泥土里的塑料袋，会对塑料的来源、塑料对土壤和植物生长的影响等产生好奇心，从而引发幼儿批判分析人类生活对环境的影响，并在此基础上产生合作解决问题的策略。当然，强调种植劳动教育的可持续性，不仅是要变革教育内容，在教育内容方面体现可持续发展教育的三个方面，而且也要在种植劳动教育的实施方面体现可持续发展教育的基本原则，例如给儿童赋权、引导儿童自主参与，等等。

（五）增强种植劳动教育的生成性和开放性

种植劳动教育活动不排斥教师对活动的预设。教师对活动的预设可能会使得教师对活动的准备更加充分，使得幼儿获得的经验更加系统。但是如前所述，自然是充满了不确定性的，种植劳动过程中，幼儿常常会有偶然的遭遇和发现，幼儿的劳动结果也是具有高度的不确定性的，因而，与其他类型的劳动教育相比，种植劳动教育更需要关注活动的生成性。首先，教师要对种植劳动和幼儿学习的不确定性保持较高的容忍度，将这种不确定性看作一种开放的课程来源和优势，而不是问题。其次，在操作层面上，要从幼儿的行为中发现幼儿的兴趣，推测儿童的思维：他们知道什么？他们在想什么？他们为什么要做这些事情？① 最后，教师要充分分析他们对儿童行为的观察和解释，将对儿童行为的观察和解释纳入课程计划的制订和调整中。

①［美］简·廷格尔·布罗德里克，［美］成博洪．从儿童的兴趣到思维：运用探究循环规划幼儿园课程［M］．叶小红，译．中国轻工业出版社，2022：6.

第三节
幼儿园饲养劳动的组织与指导

一、幼儿园饲养劳动教育的实施途径

（一）区域活动

区域活动也是饲养劳动教育开展的主要途径。幼儿园可以在室内的自然角和室外的饲养区中开展区域活动。幼儿在饲养区开展区域活动，可以采用小组活动的形式，也可以采用个别活动的形式。以区域活动开展的饲养劳动教育能够增强幼儿活动的自主性，幼儿能够自主选择饲养劳动的材料、方法、内容，这就满足了幼儿的个别化需要。幼儿在每天开放的区域活动中进入自然角进行喂食、换水、观察、记录等活动。幼儿的饲养劳动还能够与班级中其他区域的活动联系起来，引发幼儿在阅读区、美工区的活动，而这些区域的活动又有利于幼儿在自然角开展饲养劳动。例如，幼儿通过在自然角的饲养劳动积累了给金鱼换水的经验，在美工区绘制了给金鱼换水的步骤图，将其张贴在自然角，会对参与自然角劳动的其他幼儿的劳动技能和经验产生正面的影响。

（二）生活活动

日常的饲养劳动是需要每天进行的，因此，幼儿不仅仅在区域活动时间进到区角中进行劳动，在一日生活的其他环节也需要照料小动物。幼儿在散步的时候能够观察动物的活动状态，值日生每天需要完成给动物喂食、添水、清理等工作。幼儿园户外饲养区中如果有班级负责饲养的小动物，该班幼儿也需要在生活活动环节中完成照料动物的劳动任务。

（三）集体活动

集体活动是教师有目的、有计划地组织实施的幼儿饲养劳动。当幼儿面临具有普遍性的问题，难以自己解决，当他们在饲养劳动中积累的零散经验需要梳理、提升，当幼儿对饲养对象有着共同的兴趣和疑问，这些时候就可以采用集体活动或小组活动的形式来进行饲养劳动教育活动。举例来说，幼儿发现饲养区的母羊怀孕了，幼儿对怎样照顾怀孕的母羊产生了疑问。教师可以请幼儿围绕这个问题进行调查，迁移经验，并组织集体活动，请大家对这个问题进行讨论，最后形成照顾母羊的方案。又如，班级中饲养的小鹦鹉病死了，幼儿很难过，难以接受自己一直照料的小鹦鹉突然离开，教师需要抓住生命教育的契机，通过集体活动帮助幼儿理解生命的可贵，引导幼儿尊重和珍视生命，同时也引导幼儿用恰当的方式来面对死亡。

二、幼儿园饲养劳动教育的方法

（一）探究法

饲养劳动教育和种植劳动教育相同，以探究法作为主要的教育方法。但是，与种植劳动不同的是，饲养劳动的对象是动物。《3—6岁儿童学习与发展指南》中明确提出“尊重生命”的要求，因此，在饲养劳动教育中使用探究法时，要尽可能规避幼儿探究行为对动物造成的负面影响，要以关爱动物的生命和健康为探究法的使用前提。这就意味着，在饲养劳动教育中，教师首先要建立一些基本的探究规则。幼儿在这个阶段还处于自我中心的认知阶段，常常会将自己的喜好加于动物身上，教师要引导幼儿区分自己的需要与动物的需要，提醒幼儿思考如何保障动物身心健康和安全。例如，不能喂可能导致动物生病或死亡的食物；在喂对动物没有绝对伤害但存在一定争议的食物时，出于保障动物健康的考虑，必须先试喂少量，多加观察。其二，教师要对幼儿提出的想探究的问题进行筛选。教师要先行研究饲养的小动物的生活习性，分析幼儿所提出的想探究的问题可能给动物带来的影响，选择那些对幼儿有发展价值、对动物没有负面影响的问题来进行探究。例如，不去探究“小动物不能吃什么”，而是探究“小动物最喜欢吃什么”。此外，要鼓励幼儿进行有依据的猜想，帮助幼儿排除没有证据支撑的猜想。在科学探究活动中，幼儿的猜想应该是有一定支持依据的，验证的也应是有依据的猜想，而不是随意猜想、随意验证。①

（二）观察法

在饲养劳动中，幼儿可以通过观察了解动物的需要，例如，通过观察小鸡的状态判断是否需要喂食，从而为自己的劳动计划提供依据。同时，幼儿还能通过观察初步认识生物的多样性和人与动物、动物与环境之间的关系。幼

---

① 刘占兰．让幼儿探究动物的活动充满爱和发现［J］．幼儿教育，2018（25）：26－28.

儿能够通过观察了解动物的特征和习性，观察动物生长和生命的历程，观察动物的成长所需要的条件，观察不同的动物之间、动物与植物之间相互依赖的关系。因此，观察法是开展饲养劳动教育的重要方法之一。使用观察法需要注意：首先，教师要引导幼儿将观察与饲养行为、探究行为结合起来，不能让饲养劳动仅仅停留在一般性的观察层面。教师要激发幼儿多提问，带着问题去观察、思考。其次，教师要根据幼儿现有的水平，促进幼儿观察能力的发展，通过示范、提问、创设环境等方式让幼儿进行细致观察、有序观察、比较观察和系统观察。例如，在相邻的地方饲养小鸡和小鸭，请幼儿观察比较两种动物有什么相同和不同之处；又如，向幼儿示范观察青蛙的方法，从头到尾进行观察。

（三）讨论法

饲养劳动中，幼儿会发现很多问题。既有“是什么”的问题，如饲养的动物发生了什么变化，两种动物之间有什么共同点和不同点；也有“为什么”的问题，如为什么蚯蚓喜欢生活在泥土里面，为什么小兔子的耳朵要左右转动，为什么饲养的小鸡会丢失；还有“怎么样”的问题，如怎样让生病的小羊尽快好起来。教师要鼓励幼儿在饲养劳动中发现问题，并支持幼儿通过观察、猜想、验证等方式回答问题。对一些能够促进幼儿的科学认知、影响集体饲养计划的问题，教师应该引导幼儿展开集体讨论。幼儿讨论时，教师要鼓励幼儿在观察记录、表征的支持下分享自己的发现。

三、幼儿园饲养劳动的组织与指导要点

（一）对饲养劳动进行合理规划

饲养劳动教育需要进行系统规划，使其成为幼儿园课程计划中的有机组成部分。首先，要规划饲养劳动的区域。饲养劳动可以在室内和室外展开。室内自然角饲养的动物相对比较小，不需要很大的空间，小笼子、玻璃瓶、玻璃缸等是常用的饲养器具。班级饲养的小动物往往分相对固定的和经常变换的两类。在幼儿园课程实施的过程中，教师可以鼓励幼儿经常寻找、发现各种小动物，根据情况允许幼儿将小动物饲养一段时间，进行深入观察。同时，教师还应鼓励幼儿使用一些观察工具、测量工具，如放大镜、尺子、秤等，引导幼儿深入观察和比较，并做好记录。户外饲养区一般空间比较大，因此户外饲养劳动往往以饲养家禽、家畜等较大的动物为主。这类动物均需要一定的空间，如小屋或栅栏围成的区域，这些区域一般要远离幼儿生活和学习的区域，也要考虑风向等因素，有时需要根据季节变换位置。幼儿园里如果有浅池塘或小溪流，也可以利用这些条件开

展水生动物的饲养活动。[①]

要对饲养的动物进行规划。第一，饲养的动物应该适应幼儿园的自然条件，可选择本地比较常见的动物。第二，要从空间、时间（一年四季）、习性（是否性情温顺，适合幼儿饲养）等角度考虑饲养哪些动物：自然角主要饲养固定的水生小动物，如金鱼、小乌龟、泥鳅、龙虾、螺蛳等；能经常变换的动物有各种昆虫、桑蚕、蚯蚓、蝌蚪等；幼儿从家中带来的小动物也可以放到自然角中。幼儿园户外饲养区经常饲养的动物包括家畜类的羊、兔、猪，以及家禽类的鸡、鸭、鹅、鸽子、孔雀等。第三，要考虑幼儿的兴趣和幼儿的饲养经验，年龄较小的幼儿，应该选择那些饲养要求较简单的动物，如鸡、鸭、鹅、兔子，以及金鱼、乌龟、螺蛳等。中班、大班幼儿则可以在饲养区养羊、野鸡、鸽子，在班级中饲养鹦鹉、龙虾、豚鼠、蝌蚪等。第四，饲养还要考虑安全性原则，进入幼儿园的动物要从正规渠道购买，确保接种过相关疫苗，体味较重的动物就不太适合在幼儿园里饲养。[②] 第五，饲养的动物要多样化，这能够为幼儿的观察、比较提供对象资源，从而使幼儿更加了解动物的习性和特征，认识生物的多样性。

对幼儿的饲养行为也要进行规划。班级的饲养活动要采取分组负责、定人负责和轮流负责的组织方式，户外饲养的动物可以考虑由特定的年龄班轮流照看。

（二）关注动物权利与饲养中的伦理责任

饲养劳动教育重要的价值之一就是为幼儿提供生命教育的机会，让幼儿懂得尊重生命、珍视生命。教师需要亲身示范，在和幼儿共同规划和实施饲养劳动之前，就充分考虑动物权利和饲养劳动中的伦理责任。在与幼儿选择饲养的动物时，要考虑幼儿园的环境适宜饲养哪些动物。例如，那些生活在溪流里的小鱼就不适合放到班级环境中进行饲养；那些生活在田间、草地上的昆虫，在带进教室进行短暂的饲养、观察以后，要尽快将它们放回自然环境中去。同时，教师要和幼儿一起为动物营造适宜的栖息环境，确保动物有足够的活动空间，环境清洁、安全，还要让动物居住的环境丰富化，为小动物提供一些玩具和自由活动的空间，满足动物的探索和玩耍的需求，促进其身心健康。教师和幼儿制定了饲养制度以后，教师要督促、引导幼儿认真执行，在每一天的照料劳动中帮助每个小动物生存、生长和繁殖。幼儿园还要对动物进行定期的健康检查，及时发现并治疗动物疾病，并按照规定为动物接种疫苗，预防动物疾病的发生。

（三）给幼儿提供充足的实践操作机会

幼儿园实施饲养劳动教育的关键在于幼儿要动手实践和亲身参与，不能将饲

---

① 虞永平．学前课程与幸福童年［M］．北京：教育科学出版社，2012：119－120.

② 陈小娟．保障与支持儿童参与幼儿园饲养劳动［J］．幼儿教育，2023（Z4）：39－43.

养活动组织成动物园的参观活动，将饲养任务完全变成成人的任务。切实让幼儿行动起来，是饲养活动成为饲养劳动教育而非科学认知活动的前提。让幼儿真正与动物互动，也有利于他们建构更加丰富的关于动物的认知，形成与动物之间的情感连接。饲养劳动中，幼儿的操作包括喂食、喂水、换水、清理、制作食物等，教师要根据幼儿的发展水平为幼儿参与饲养劳动提供机会。例如，小班幼儿可以进行较为简单的喂食、喂水活动；中、大班幼儿可以增加为动物清理粪便、换水、制作食物等活动。在进行操作之前，教师应当以讲解、示范、图示等方式指导幼儿掌握基本的饲养劳动技能，示范动作要准确、简洁，不出现多余动作，在幼儿操作过程中还要提供必要的指导。同时，教师还要注意充分彰显幼儿的主体性，根据幼儿的能力和兴趣，让幼儿参与确定饲养对象、形成饲养计划、创造或改造饲养环境、制作饲养图示、完成饲养操作、表达饲养体验等各种活动。

（四）珍视幼儿的情感参与

与其他劳动教育相比，饲养劳动教育有着非常强烈的情感参与性。幼儿对自己长期照顾的动物倾注了很多感情，建立了深厚的情感连接。幼儿与自己饲养的动物之间的情感联系，也是幼儿发展与自然生态环境亲密感情的基础。教师在饲养劳动教育中，要珍视幼儿的情感参与和情感付出，在饲养劳动的重要决策中要尊重幼儿的意见。例如，周末时，某幼儿想把班级饲养的鹦鹉带回家，其他幼儿担心他能力弱不能很好地照料鹦鹉，教师尊重了幼儿想要照料鹦鹉的愿望，也考虑到其他幼儿对鹦鹉的担忧之情，引导幼儿讨论确定了在家照顾鹦鹉的计划。又如，当幼儿园的兔子妈妈生了好多只兔子，幼儿园里又没有充足的空间饲养那么多小兔子，教师就组织幼儿对小兔子的去向进行讨论，对送养的兔子进行持续关注，满足幼儿了解小兔子成长情况的情感需求。饲养活动中，幼儿还可能遭遇困惑、沮丧，特别是当动物意外死亡或生病时，教师要接纳幼儿的情绪，提供机会让幼儿表达自己的情绪和对动物死亡的理解，支持幼儿通过自己的方式表达自己对小动物的情感。

第七章

幼儿园工艺劳动及教育

工艺劳动是幼儿在园劳动的主要内容之一。梳理中国幼儿园劳动教育发展与变革的历程，我们不难看到，中国创立幼儿园之初，幼儿园的活动中就有不少工艺劳动。工艺劳动是手工劳动的一种重要形式，在诸多教育学家心中也有重要的位置。例如，杜威学校中有纺织、缝纫等手工劳动。陈鹤琴也曾说，"小孩子应有剪纸的机会"，在他所开办的鼓楼幼稚园中也能看到幼儿在从事剪纸等手工活动。新时代的工艺劳动教育，在内容和形式上也应该有所创新和发展。

第一节
幼儿园工艺劳动教育的内涵和特征

一、幼儿园工艺劳动教育的内涵与类型

（一）幼儿园工艺劳动教育的内涵

工艺是造型艺术的一种，与绘画等美术活动相比，工艺兼具了“美”和“实用”的价值。工艺也被称作“手工”“手工艺”。工艺劳动是指以实用或欣赏为目的，利用各种物质材料、简单工具和手工技能制作产品的过程。同时，工艺由于受到用途、材料的限制，又被称作“不自由的艺术”，主导其性质的不是作者的个性，而是其用途。因此，有人以“实用美术”来概括工艺创作。任何一件工艺产品，都是复杂的创造活动的结果，是人的智慧和才能的体现。① 工艺劳动与幼儿审美能力的关系紧密，还能发展幼儿的创造力、想象力，培养幼儿的创造思维和设计思维。在制作工艺作品的过程中，幼儿还能熟悉各种材料的特性，熟悉对材料进行加工的方法，并学会使用各种工具。工艺劳动中同样蕴含着数学、科学学习的机会，能激发幼儿进行交往、互动和合作，能培养幼儿的坚持性。幼儿的折纸、印染、刺绣、编织、玩具制作等均属工艺劳动。它们都需要幼儿花费时间，需要幼儿有所行动，需要幼儿完成特定的任务，需要幼儿动用一定的能力和智慧，在行动中理解自己也很能干，自己想要的东西能自己做成、自己实现。正如有学者指出的，我们有制造美观实用之物的需求和能力，这是最古老、最基本的人类经验，是人类个人和文化群体彰显人之价值的标志。当我们制作一些有用的东西，就会获得自我价值感、身体上的确认感，以及对良好生活的信心。②

工艺劳动教育就是有目的、有组织、有计划地组织工艺劳动活动，以涵养幼

① 王大根．中小学美术教学论（第 2 版）［M］．南京：南京师范大学出版社，2021：223.

② ZABE MAC EACHREN，吴娟红，汪明杰．手工艺劳动教育：连结人与自然的螺旋式路径［J］. 上海教育，2022（08）：45－48.

儿的劳动情感与态度，培养幼儿基本的动手制作能力，培养全面发展的幼儿的过程。工艺劳动教育与工艺劳动的区别在于，前者要通过后者实施，注重劳动者思维的参与及体力、脑力劳动的结合，要达到促进个体全面发展的结果。而从幼儿园劳动教育的角度来看工艺劳动，则提示教育者：在组织幼儿进行工艺劳动时，不仅要让幼儿看到工艺劳动中的手工技巧和艺术表现、创造，而且要逐渐让幼儿的手工劳动需要形成习惯，使幼儿逐渐形成对劳动的正确态度和情感，要让幼儿真正以劳动为荣、以劳动为乐。

（二）幼儿园工艺劳动教育的类型

工艺劳动受到多种条件的制约，同时，工艺劳动还需要比较复杂的制作技艺。按照不同的分类标准，我们可以将工艺劳动分为不同的类型。例如，根据使用材料的不同，可以分为泥工、布工、纸工等种类；根据制作工作的不同，可以分为编织、印染、剪纸、雕刻等种类。在本书中，我们主要考虑制作工艺方面的差异，重点探讨编织工艺劳动、印染工艺劳动和制作工艺劳动。

编织工艺劳动一般是指将线条状的材料，如布条、丝、毛线、竹片或其他纤维材料，通过手工的方式编织成各种织物、装饰品或实用物品的劳动过程。编织劳动一般要经过材料和工具选择、图案设计、手工编织、结构形成、色彩搭配、细节处理等过程。在编织工艺劳动中，幼儿通过操作各种编织材料了解各种材料的特性，学习圈编、扭编、打结、绞编、斜编等多种基本的编织技巧，这些对幼儿的手部精细动作有着极大的促进作用。同时，由于编织还涉及形状、花纹、色彩搭配等，它还与幼儿的艺术欣赏和表征能力密切相关。

印染工艺劳动一般是将图案、颜色或纹理转移到纺织品或其他材料上的工艺劳动过程。手工印染是一门历史悠久的工艺美术种类，中国古代人们将其称之为“染缬”。在印染劳动中有人们非常熟悉的扎染、蜡染、型版印艺术和手绘艺术等。在幼儿园中，幼儿主要开展的印染活动是扎染和蜡染。印染活动一般要经过材料准备、纹样图案设计、染色、后处理等过程。幼儿在操作印染材料的过程中，既能发展小肌肉和精细动作，提高艺术表现和审美能力，也能发展创造力、想象力，还能掌握对称、模式的特征，发展空间知觉能力。

制作工艺劳动是指个体主要通过手工劳动加工各种天然材料、粗加工材料、废弃物品而形成工艺品的活动。制作工艺劳动不仅能够发展幼儿的动手能力，而且能够发展他们的艺术创造力和设计思维，同时，制作工艺劳动还有助于促进幼儿科学、数学等多领域经验的获得和发展。在幼儿园中，制作工艺劳动主要包括陶艺制作、纸艺制作、布艺制作等。通过制作工艺劳动制作出来的作品，往往既有审美价值，也有实用价值。

二、幼儿园工艺劳动的特征

（一）艺术性与审美性

如上所述，民间的工艺品往往具有实用性。但是实用物品也会成为人们的视觉对象，从而转化为审美对象。在工艺品的制作过程中，充满了内容与形式、造型与色彩等多种审美元素。① 工艺品的外在形式往往能够唤起人们的审美感受，满足人们的审美需求，具有使人们精神愉悦、舒适的美感，因此，工艺劳动的过程以及欣赏工艺劳动结果的过程是充满了审美机会的活动过程。人们进行工艺劳动，往往“按照美的规律”来进行设计和制作，而受众也往往会“按照美的规律”来对作品进行评价。②

此外，艺术的本质在于想象与创造。工艺劳动是一种手工创造活动，幼儿在与材料的互动过程中，通过作品创造性地表达自己的内在感受和情感体验。手工表现形式从本质上来说是艺术的一种符号语言。③ 手工劳动者的创造与构思在作品制作过程中一点点地呈现与完善，他们通过结合自身对美的感悟，通过对比、象征等方式，赋予作品造型或图案，并进行相应的装饰。工艺劳动的过程就是个体进行自我表述的过程。

（二）生活性与实用性

工艺劳动与人类的生活——衣、食、住、行各个方面都有着最为密切的联系。④ 人类通过布艺劳动制作出衣服，通过陶艺制作等劳动生产各种器皿，通过编织劳动制作出竹席、竹凳……这些工艺劳动无一不是源自人类的日常生活，是为了满足人类最基本的生活需要。B. E. 古谢夫指出，工艺品的认知功能、审美功能和日常生活功能构成了一个不可分割的整体⑤，这统一包含在形象——艺术的形式之中。它处于艺术与非艺术的边缘，其审美功能并没有从生活功能等其他功能中分离出来，不属于纯粹的艺术加工，而是一种生活化的艺术。

工艺劳动具备艺术的多种功能，兼具生产活动和艺术活动的特征，讲究审美与实用的结合。它的实用性依附于一定的环境，不同的用途要求不同的实用形态。例如，剪纸活动，窗花的尺寸要与窗格适合，要考虑到透光性，加强镂空的效果。⑥

---

① 陶洁．传统手工技艺［M］．北京：学苑出版社，2012：23.
② 胡弦，王炎松．艺术设计创新与美学研究［M］．长春：吉林出版集团股份有限公司，2022：9.
③ 赵兰涛．后现代主义与中国现代陶艺研究［M］．南昌：江西美术出版社，2020：111.
④［日］柳宗悦．工艺文化［M］．徐艺乙，译．桂林：广西师范大学出版社，2011：20.
⑤ 李瑛．论民间艺术融入性审美的三重逻辑［J］．民族艺术研究，2023（02）：96.
⑥ 徐丽，王佳誉．中国民间美术［M］．武汉：武汉理工大学出版社，2024：27.

（三）物质性与文化性

工艺劳动的过程是一个从大自然中寻找各种材料、塑造材料的形状、转化材料、最后完成实用作品的过程。因此，工艺劳动过程有着突出的物质性。如果说确定工艺劳动的目标是工艺劳动的第一步，那么接下来，个体就需要为完成这一目标寻找合适的材料，并且改造材料，以最终实现目的。脱离了材料和工具，工艺劳动就无从谈起，材料往往也限制了工艺劳动的表现形式和内容。同时，工艺劳动的过程还会让个体更深层次地去关注和探索材料，进而关注人与自然的关系。当我们使用工业制品时，我们不太会去关注这些工业制品的材料从何而来，但是当我们雕刻一块木头时，我们就必须关注木材本身的特征，关注木材的纹理和纤维的特性。在手工劳动中，一个人要用自己的身体与植物、动物或矿物（所有手工材料）建立一种关系，这就需要我们的大脑去关注经由身体的知识。①

同时，工艺劳动还具有突出的文化性。文化有多重载体，工艺品是文化的重要载体。工艺劳动总是处于特定的社会文化背景中，并受到相应的文化氛围的渲染。工艺劳动往往与特定的文化传统、社会风俗和历史背景紧密联系。工艺劳动不仅是一种生产活动，也是一种文化表达和传承的方式。工艺劳动的文化性首先体现在当前很多手工艺劳动的形式中都蕴含了传统文化的精髓，是经过数代人甚至数千年传承下来的，代表了特定文化或地区的传统技艺。其次，不同地区的工艺劳动也存在差异，这些工艺往往与当地的自然资源、生活方式和审美观念紧密相关。工艺劳动可以帮助劳动者建立和加强对本民族文化、本地文化的认同感，也有利于传统文化的传承和创新。

（四）精巧性

工艺劳动也被称作轻手工劳动。相较而言，工艺劳动对个体粗大动作的要求较低，但是对个体精细动作的要求较高。大部分工艺劳动是以上肢动作为主的，特别是双手精细动作。以幼儿剪纸劳动为例，幼儿要学会使用拇指、食指和中指合作控制剪刀，需要沿着直线或曲线剪；在剪纸过程中，幼儿需要两只手配合，一只手剪纸，另一只手稳定纸张并根据需要转动纸张；要小心地控制手部动作的力量，避免剪断或者撕裂纸张；幼儿还要拥有良好的手眼协调能力，以确保剪刀的移动与眼睛观察到的图案保持一致。

---

① ZABE MAC EACHREN，吴娟红，汪明杰．手工艺劳动教育：连结人与自然的螺旋式路径［J］．上海：上海教育，2022（08）：45－48.

第二节
幼儿园工艺劳动的组织与指导

幼儿园工艺劳动教育有着一些共同的特点，在实施途径上也都侧重于区域活动、专门的教学活动、环境创设活动。但是，不同类型的工艺劳动教育在指导要点上也存在着差异。

一、幼儿园工艺劳动教育的实施途径

工艺劳动教育可以通过区域活动、集体教学活动以及环境创设等多元化的实施途径来开展。

（一）区域活动

工艺劳动是需要幼儿进行个别操作、练习的活动，因此，区域活动是幼儿园工艺劳动教育最主要的途径之一。工艺劳动的区域可以设置在班级中，有的工艺劳动，如泥工、木工等，对工具和材料要求较高，还需要专用的活动室，或者在室外设置专门区域。有条件的幼儿园可以同时在室内室外设置工艺劳动的区域，供幼儿开展工艺劳动区域活动。区域活动中，教师要给幼儿提供充分的尝试、探索和操作的机会，同时也要密切关注幼儿的表现，及时给予指导和支持。工艺劳动区域中的材料应当体现多样化、层次化的特点。以编织劳动为例，教师要提供粗细不同、材料质地有差异的编织材料，以便于不同能力水平的幼儿进行编织；操作区域的旁边要提供相应的技法指导图片。同时，幼儿工艺劳动区域应尽可能多样化，尽量覆盖编织、印染、制作、缝纫等工艺劳动，因为，对幼儿而言，每一种工艺劳动的教育价值是存在差异的，能使幼儿获得不同的经验；如果我们将这些活动看作幼儿自我表征的方式，那么多样化的工艺劳动区域活动就为幼儿提供了多种表征工具。

（二）专门的工艺劳动教学活动

专门的工艺劳动教学活动是指教师组织全体幼儿或者部分幼儿开展的集体或

小组教学活动。这种活动既可以在班级中进行，也可以在工艺劳动的专有活动室或者户外开展。专门的工艺劳动教学活动，能够集中较多幼儿参与活动，能提高教学效率，也有助于幼儿快速了解和初步掌握工艺劳动中的基本技巧、各种材料的基本特性、工具的使用方法，等等。需要说明的是，专门的工艺劳动教学活动应该综合采用讨论、操作、演示等多种教学方式，要避免整个活动以教师教授和幼儿端坐静听的方式来开展；专门的工艺劳动教学活动要综合使用集体、小组、个别学习的途径，不应该整齐划一地以教师面向全体幼儿的方式来开展；专门的工艺劳动教学活动要关注幼儿的主体性，切忌以教师的想法主导幼儿的工艺劳动活动。

（三）环境创设活动

在工艺劳动教育中，环境不仅能够起到提供操作空间、材料的作用，还能够起到间接的教育作用。幼儿能够在环境中发现美的工艺劳动作品，发现工艺劳动的创作元素，学习工艺劳动操作的技巧，体会到工艺劳动创造的自豪感和成就感。因此，教师要关注环境的创设。除了设置专门提供给幼儿进行操作的区域以外，还要设置工艺劳动作品的欣赏区，以图片或实物的方式让幼儿感受到工艺劳动和中国传统文化的魅力，并从中获得对工艺劳动创造的初步印象，激起内在动机。还要设置工艺作品展示区。展示区与欣赏区不同，展示的是幼儿自己的作品，幼儿可以向同伴介绍自己的作品，或对他人的作品进行讨论，以此实现幼儿主体的自我评价。

二、幼儿园工艺劳动教育的方法

（一）欣赏法

“感受与欣赏”是《指南》艺术领域重要的目标，《指南》中指出，“幼儿艺术领域的学习关键在于充分创造条件和机会，在大自然和社会文化生活中萌发幼儿对美的感受和体验，丰富其想象力和创造力”。事实上，幼儿的表现和创造正是以丰富的感受和欣赏经验为基础的。因此，作为一种与幼儿的表现和创造高度关联的劳动教育类型，幼儿园工艺劳动教育特别需要重视欣赏法的使用。欣赏法是幼儿在教师的引导下，有意识、有目的地感知、欣赏周围生活、大自然以及工艺品中的美，并进行比较和思考的方法。通过欣赏法，教师可以引导幼儿细致地观察事物的形状、颜色、结构等突出的特点，同时引导他们注意这个事物与其他事物之间的联系。例如，幼儿在欣赏匠人制作的漆扇时，能体会到材质之美、工艺之美和形式之美。这些美的体验会激发幼儿创作工艺品的愿望，他们会尝试通过自己的操作表现出工艺品多样的美。在使用欣赏法时，特别需要注意的是，要提供充足的机会让幼儿欣赏美，引导幼儿调动多种感官进行欣赏，同时也要尊重幼儿独特的审美体验，鼓励幼儿大胆表达自己的感受。

（二）探索、创造法

幼儿进行工艺劳动的过程并不是一个简单的重复练习的过程，而是进行创造性劳动的过程。尽管在创造性劳动的过程中，幼儿需要通过练习来掌握一些基本的手工劳动操作技巧，但是模仿练习并不是幼儿进行工艺劳动的全部。在手工劳动过程中，幼儿的创造性可以表现在多个方面。其一，幼儿可以探索如何使用已经掌握的技能来为自己的创造性表达服务。例如，在陶艺创作活动中，当幼儿熟练掌握了搓圆、拉条、压片和塑形这些基础技巧后，先通过搓圆的方式制作出小猫的头部和身体，再使用拉条等方式做出细长的条状，用来塑造小猫的尾巴和四肢；接着，教师可以进一步激发幼儿的创造力，让他们根据小猫身体姿态的多样性，自己探索并塑造出不同情境下的小猫——正在追逐线球的小猫、懒洋洋地晒太阳的小猫、好奇张望的小猫，或是温柔舔舐爪子的小猫等。通过这样的过程，幼儿不仅巩固了陶艺技能，还锻炼了观察、分析和创新思维能力。其二，幼儿可以探索如何组合和改进技巧，创造性地进行操作。例如，在编织活动中，幼儿掌握了教师指导的用横向竹片挑动纵向竹片进行编织的技法，但编到末端时，由于横向竹片长度不够，幼儿创造性地探索出新的技巧来解决问题——将纵向竹片反向缠绕，以此延长横向竹片的连接点。这不仅成功解决了横向竹片长度不足的问题，还意外地创造出了一种新颖独特的编织纹理。其三，幼儿可以在工艺劳动中探索材料的新用途，从而激发更多创意。比如，在以往的扎染活动中，大多数情况下使用的是工业化生产的现成的染料，随着幼儿对自然材料的探索兴趣日益浓厚，他们开始尝试将天然植物，如蓝莓、紫甘蓝、茶叶等，作为染料来源。这些天然染料不仅环保，还能带来意想不到的色彩效果。幼儿通过亲手采摘、捣碎、浸泡植物，体验了从自然物中提取颜色的奇妙过程，也学会了如何根据植物的颜色特性和布料材质来选择最合适的染色方法。这种对材料的创新使用，不仅拓宽了幼儿的视野，也让他们在实践中深刻体会到大自然的神奇与魅力。

（三）示范、讲解法

工艺劳动教育中，教师需要对一些具体的操作技巧进行示范、讲解。示范与讲解能够直观地展示工艺制作过程，帮助幼儿迅速理解和掌握工艺劳动的技能要点，是提升工艺劳动教育效果的重要手段。

在示范与讲解过程中，教师应首先确保自身操作的规范、准确，对幼儿操作中的难点和重点着重进行示范，通过详细的步骤演示，逐步揭示工艺制作的奥秘，引导幼儿在观察中领悟技巧，在模仿中提升能力。教师的讲解也是不可或缺的。在示范的同时，教师应结合实际操作，对每个步骤的原理、注意事项以及可能遇到的问题进行清晰、准确的阐述。这种边示范边讲解的方式，能够帮助幼儿更为深入地理解工艺制作的内在逻辑，从而在实际操作中更加得心应手。此外，教师还可以借助多媒体等现代化教学手段，对示范、讲解进行补充和强化。例如，通过视频回放、动画演示等方式，让幼儿可以更直观地看到工艺制作的细节和难点，从而加深对技能要点的理解和记忆。

教师掌握好示范、讲解的时机是最重要和最关键的。工艺劳动教育中，教师不能在幼儿刚开始操作时就进行讲解、示范，因为过早的示范可能会限制幼儿的想象力和创造力，使他们陷入模仿的框框中，难以展开独立思考。相反，教师应在幼儿对工艺劳动的材料、工具以及基本任务有了一定的了解和探索之后，再进行示范、讲解，当幼儿心中已有了一些想法和创意，教师的示范、讲解就能起到启发和引领的作用，帮助幼儿更好地实现自己的创意。而当幼儿在某个步骤遇到技巧上的困难时，教师则应及时进行示范和讲解，帮助他们突破难关。

三、幼儿园工艺劳动教育的基本原则

基于工艺劳动活动所具有的特征以及学前儿童身心发展的特点，为了让工艺劳动教育真正成为培养幼儿全面发展的教育，工艺劳动教育应当遵循以下基本原则。

（一）创造性原则

工艺劳动本质上应该是具有高度创造性的劳动。幼儿园的工艺劳动应当是一种工艺品创造活动，而不是工艺品生产活动。工艺劳动教育追求的是在工艺品的创造过程中引导幼儿独立思考、发展艺术思维，而并非追求工艺产品的美丽、精巧。创造性原则意味着在劳动过程中幼儿的主体性要得到充分尊重，幼儿的想法、意愿、兴趣，而非他人的想法、意愿或兴趣，应当成为工艺劳动的主线。教师应引导幼儿设定自己的劳动目标，即制作一个什么工艺品，用来解决什么问题，应鼓励幼儿设计工艺品，并进行制作。在幼儿制作的过程中，教师要适时对幼儿进行引导，但这种引导应当是启发式的，而不应该是灌输式的。启发式引导的目的在于让幼儿寻找到解决问题的办法。教师可以使用提问、暗示、创设情境、联想、隐喻等方法给幼儿一些线索，开阔他们的思路，引发他们思考，最终助推幼儿制作出富有创造性的作品。[①] 创造性原则还意味着在组织幼儿进行工艺劳动时，教育活动应当更加开放。在活动的目标上，要避免单一的行为技能目标，而应该看重幼儿创造性表达的意愿和能力；活动过程中，教师要提供充足的

---

① 孔起英，季红．幼儿园美术教育活动资源库：纸艺［M］．南京：南京师范大学出版社，2011：2.

时间、空间、材料、工具，让幼儿充分地“把玩”、探索、使用；在对活动的评估上，要更多指向幼儿劳动的过程而非劳动的结果，尤其不能停留在劳动结果“像”与“不像”上。

（二）生活性原则

工艺劳动教育的生活性原则指工艺劳动活动的内容要来源于生活。艺术活动是幼儿基于自身生活经验的一种表达，工艺劳动也不例外。幼儿的生活经验越丰富，他所能够用以进行艺术表现的内容基础也就越丰富。因此，教师在让幼儿进行工艺劳动时，除了要让幼儿欣赏古今中外的工艺品以外，还要让幼儿丰富自己的生活经验。例如，当幼儿要用印染的方式来表现花卉等图案时，幼儿不仅要掌握印染的基本技巧和步骤，还要对自己想要表现的对象的特征有丰富的认知。当幼儿有了丰富的认知和情感以后，他通过工艺劳动来进行艺术创作的愿望也就更加强烈，工艺劳动也就“言之有物”。工艺劳动教育的生活性还意味着工艺劳动要服务于生活，体现出工艺品的实用性。有用的工艺制作会给幼儿提供更强的劳动动机，同时，也会让幼儿在劳动过程中思考如何为了达成相应的目的而调整手段，来进行工艺品的设计和制作。

（三）自然性原则

自然性原则是指幼儿的工艺劳动要尽可能遵循自然友好性，同时密切幼儿与自然的关系。自然友好性原则要求教师为幼儿提供的材料和工具应尽可能地使用可持续的材料，不对环境造成污染，不增加环境的负担。例如，可以使用废旧材料来进行工艺品的制作；印染作品时，使用从自然材料中萃取的颜料来进行印染，等等。其次，幼儿园工艺劳动教育应尽可能为幼儿提供自然材料或低结构化的材料。如上所述，使用自然材料来进行工艺劳动制作，幼儿需要探索和思考材料本身的特点，幼儿在与自然材料互动的过程中，也会密切与自然之间的关系。

（四）文化性原则

工艺作品是文化的载体，很多工艺劳动都是有着悠久历史的民间手工艺术，承载着地方的历史和文化，因此，幼儿进行工艺劳动也是幼儿接触民间文化、认识和了解母体文化的好机会。教师在组织幼儿进行工艺劳动时，要创造一些机会让幼儿了解相关的传统手工文化。例如，教师可以经常带领幼儿欣赏一些著名的手工艺人的作品，或者欣赏生活中的手工艺品，让幼儿感受手工艺品的艺术性和实用性；教师还可以采用渗透式教育的方式，在多种类型的教育活动中，让幼儿认识到手工艺品及其图案、外形等所承载的文化象征意义。当然，在幼儿年龄较大的阶段，还可以引导他们从简单的原材料制作活动入手，让幼儿亲身体验人类文化发展的历程。例如，杜威学校所进行的手工活动，就提供机会让儿童研究从亚麻、棉花、羊毛到织成衣物的过程，重演了从原始到现代的纺织过程，使儿童深刻理解纺织工艺对社会生活的影响。

（五）操作性原则

工艺劳动究其根源而言，是手工劳动，因此是需要动手操作和实践的活动。工艺劳动教育决不能停留在讲授、演示、口头讨论上，而应该在幼儿的操作中实现。同时，如前所述，工艺劳动对幼儿的精细动作和手眼协调能力要求较高，因此，就更要求教师给幼儿提供充分的操作机会，让幼儿反复地尝试、练习、操作。实际上，在同一个工艺劳动活动中，有的幼儿完成得更快、更巧妙、更熟练，有的幼儿则更慢、更笨拙、更生疏，主要的原因在于动手机会的差异。我们应该让工艺劳动教育成为幼儿综合使用多种感官的积极主动的探索活动、操作活动。在幼儿制作陶土作品时，幼儿先要摸一摸、揉一揉陶泥，感受陶土的质感；要闻一闻陶土的气息，感受泥土的味道；要通过打平、垒高、滚圆、拉长等多种操作来自由创造和表现；在作品制作完成以后，还要敲一敲陶器，聆听陶器发出的美妙的声音，摸一摸陶器的表面，感受烧制以后的质感。①

四、幼儿园编织劳动的组织与指导要点

编织劳动在我国有着悠久的历史，数千年来，勤劳智慧的中国劳动人民掌握了精巧的编织技艺，将竹、草、麦秆、藤蔓、柳条等编织成各种生活用品。这些生活用品不仅有着极高的实用价值，而且也富有美感。因此，幼儿园开展编织劳动活动，也是将我国传统文化、民间文化融入幼儿园课程的方式。在组织和指导编织劳动活动时，教师应该关注下列问题。

（一）提供丰富多样的编织材料

材料是编织劳动开展的基础。首先要为幼儿提供长短、粗细、软硬质感等不同且色彩丰富的编织材料，供幼儿进行编织。例如，教师可以在编织区提供各种颜色的毛线、布条、棉线、丝线等。质地不同的材料可以为幼儿不同的编织目的服务，而色彩鲜艳的编织材料也能引发幼儿进行工艺劳动创作的兴趣。同时，也可以引导幼儿使用自然之物进行编织，例如，可以使用蒲草、麦秆、玉米皮等。使用这些自然材料可以将幼儿的工艺劳动和种植劳动联系起来，让幼儿的经验和生活关联起来。在幼儿使用自然材料进行编织前，还要注意对自然材料进行一定的处理，确保幼儿使用材料的安全。此外，教师还可以提供一些配饰材料，让幼儿用来对编织作品进行装饰。编织劳动虽然主要是利用双手来进行编织的，但教

① 孔起英，庄新宇．幼儿园美术教育活动资源库：陶艺［M］．南京：南京师范大学出版社，2012：7.

师还要提供一些自制或者购买的编织工具，如造型纸板、棒针、剪刀、小刀、尺子、软木垫、胶枪等。编织材料和工具的提供需要充分考虑幼儿的精细动作发展水平：小班幼儿可以使用较宽的布条、长条类的纸进行编织；中班幼儿可以借助棒针、纸杯、造型纸板等进行编织；大班幼儿可以使用较细的丝线、比较细长的棒子进行编织。

（二）拓宽编织劳动教育的场地

相对于木工等活动，编织劳动对场地要求不高，但也需要一定的空间。幼儿园可以为幼儿提供多处编织活动场地。幼儿主要在班级美工区进行编织，其他区域中也存在着编织劳动开展的空间。例如，在劳动教育实验园所的生活区中，教师提供毛线、秸秆等让幼儿练习编辫子；提供儿童织布机，让幼儿在织布机上练习线编技能；还提供竹篾之类的材料让幼儿编织筐子、篮子。在班级外的场地中则设置专门用于编织的区域。此外，教师还可以充分利用教室外的公共空间做编织工艺品欣赏区域，例如，在幼儿园的走廊墙面上，挂上幼儿的编织作品成品或者生活中的编织类用品，让幼儿在潜移默化中感受美、欣赏美。

（三）让幼儿的编织作品源于生活、为了生活

编织劳动是有目的的活动，因此，随着幼儿认识能力的逐渐提高，应该让幼儿明确编织劳动的目的，让幼儿的编织劳动源于生活、为了生活。有研究者指出，4 岁以后，幼儿无目的的动作逐渐转变为有意图的尝试。教师要利用幼儿动作目的性不断发展的特点，引导幼儿逐步将意图明朗化，要为生活进行劳动。教师可以通过引导幼儿欣赏编织作品等方式，让幼儿认识到编织劳动作品的用处。例如，编织的草垫可以放在娃娃家中，编织的中国结可以作为班级装饰物，也可以作为礼物送给他人。在幼儿编织劳动结束以后，尽量将幼儿的编织作品进行展示，或者投入班级、家庭使用，真正让幼儿感受自己的劳动是有意义的。

（四）遵循从欣赏作品到创作作品的规律

欣赏和创作是幼儿美术活动的两个重要环节。尽管幼儿的工艺劳动主要是指幼儿进行创作的过程，但是欣赏是引发幼儿兴趣、让幼儿产生创作欲望的重要环节。在欣赏生活中美丽的编织作品的过程中，幼儿不仅提高了美的感受力，还认识到编织劳动的价值——可以实现实用价值，同时让生活变得更美——因而对编织劳动产生内在动机。

（五）对幼儿的编织劳动进行多样化的指导

在幼儿编织劳动过程中，需要对幼儿进行一对一的指导，且指导策略要根据幼儿实际的发展水平、需要和个性进行调整，因此教师的指导策略应该多样化。例如，对那些基本编织技法掌握得不够扎实的幼儿，教师可以通过手把手示范、图谱示范、儿歌口诀记忆等策略帮助幼儿学习。其中图谱示范能兼顾编织劳动本

身的特征，也比较符合这一阶段幼儿思维形象化的特点，比教师口头指导的效果要好。同时，图谱示范还方便不同进度的幼儿自主学习。儿歌口诀策略可以帮助幼儿用朗朗上口的儿歌方式记忆编织的步骤和技能的重点，也能够作为一种指导幼儿行为的认知策略，引导幼儿专注地完成编织劳动。对那些精细动作水平暂时达不到编织劳动要求的儿童，教师要通过更换材料、工具等方式适当地降低劳动难度，或者提供必要的帮助，让幼儿有成功的体验，让他们能在现有水平上获得发展。

五、幼儿园印染劳动的组织与指导要点

印染劳动也是满足人类基本需求的劳动活动。在纺织品形成以后，其成品虽然已经具备了初步的实用价值，但是美观度较差，不能满足人们对于衣着多样性的要求，因此，人们便通过印染活动来对纺织品进行加工。长期以来，中国民间所流行的印染工艺种类繁多①，目前在幼儿园开展较多的活动主要是扎染，也包括蜡染等一些其他的印染类型。扎染主要是使用线、绳子、针等工具将织物扎、捆、缝起来，以使染料不同程度地浸染织物，从而形成较自然的图案。利用扎染技术，可以创作出复杂、连续的花纹，并且可以多次反复扎染，形成变化多端的色彩效果和深浅层次。从事印染劳动能够提高幼儿的艺术审美能力，锻炼他们的精细动作，帮助幼儿掌握捆、扎、包、夹等操作技能。同时，幼儿也能在印染活动中发展自己的探索能力，感受到劳动的乐趣和价值。

在组织和指导幼儿开展印染劳动时，教师应该关注以下几个方面。

（一）准备适宜、丰富的材料，激发幼儿的创作热情

劳动需要一定的工具，才能实现劳动目的。印染劳动需要的材料既包括颜料、染色的对象（织物），也包括帮助将颜料转移到对象上，形成各种图案、花纹的工具。开展印染劳动教育，需要确保活动材料的丰富性。材料够丰富，才能让幼儿的劳动活动更加多样化，幼儿也才可能获得更加丰富的经验。例如，颜料的提供，既可以提供水粉颜料等化学产品，也可以提供自然材料（可提取不同颜色色素的植物，如茜草、黄栌、蓝靛等）。如果是使用天然材料，幼儿的劳动内容还会得到扩展，幼儿要想办法尝试通过碾压等方式提取自然物中的色素来进行染色，他们也可以对比用不同染料来印染的效果。又如，提供的布料的质地也可以是多样的，颜料在棉布、亚麻、化纤等布料上印染的效果也是有差异的。除此以外，材料还应该适宜，要符合不同年龄段幼儿的操作水平。对小班幼儿而言，

① 周倩．中国民间美术的现代化传承发展［M］．长春：吉林大学出版社，2020：44.

他们可以使用海绵块、印章、刷子、滚轮等相对容易掌握的工具来进行印染，而中、大班的幼儿则应该使用更具有挑战性的工具，尝试更复杂的印染方式。

（二）提供探索机会，让幼儿在印染劳动中实现深度学习与综合学习

印染劳动的特点之一是幼儿能够充分地和色彩、染色的工具、染色的对象互动，从而创造出各种美丽的图案、花纹。因此，教师应该给幼儿提供充分的机会，让幼儿去深入探索，真正让印染劳动成为幼儿深度的、综合的学习活动，而不是一种只动手不动脑的机械劳动。印染劳动要经历取色、调色、准备织物、染色、晾干等步骤，在印染劳动中有非常丰富的让幼儿进行深度学习的机会。例如，幼儿可以探索染料和水的不同比例对染色效果的影响；探索如何通过几种基础颜色混合出自己想要的颜色；探索如何使要染的颜色更容易地附着在布料上；探索用煮染和泡染的方式有什么不同的效果；探索如何在布料上留下美丽的花纹、图案……整个印染劳动的过程都可以成为幼儿进行科学探究、艺术创作、动作发展的综合学习过程。而要实现这一目标，最关键的就是，教师要意识到印染劳动中幼儿的学习契机，不把印染劳动当作幼儿完成几个简单动作的过程。在此基础上，教师还要通过提问、创设情境等方式引导幼儿发现问题、展开探索。

（三）鼓励幼儿全程参与印染过程，允许幼儿反复尝试

要完成印染工作，幼儿要动手完成多种任务，掌握多项技能。教师要根据幼儿的发展水平，鼓励幼儿尽可能参与印染劳动的全过程。当然，在每一个环节，教师要给幼儿提供充分的机会，让他们进行操作和反复体验；对确实超出了幼儿水平的部分任务，要给予及时的帮助。例如，在扎染过程中，幼儿要利用线绳或者橡皮筋来捆扎布料。这个动手操作任务对于大多数幼儿而言是有一定挑战性的。教师不能替代幼儿完成，而是应该鼓励幼儿自己去练习操作，鼓励同伴之间相互帮助，教师可以在旁边提供一些具体的动作示范。同时，教师要给幼儿的操作提供宽松的心理氛围。如果幼儿在教师的指导下也难以完成，那么教师再提供帮助，支持幼儿获得积极的劳动体验。幼儿的手部动作水平、对各类工具的使用和操作水平，只有在一次一次的操作、劳动的过程中才会提升，也正是这种努力的过程才能让幼儿意识到坚持和克服困难的意义。

六、幼儿园制作劳动的组织与指导要点

制作劳动是指个体主要通过手工劳动加工各种天然材料、粗加工材料、废弃物品而形成工艺品的活动。与上文已阐述的其他两种类型的工艺劳动相比，幼儿在制作劳动中的目的性更强。他们往往在开始制作之前就明确自己的劳动目的是

什么，明确自己劳动的成果可能有什么用处。同时，和其他两类劳动相比，幼儿的制作劳动更侧重于劳动成果的实用性而非审美性。按照手工类型分，幼儿园常见的制作劳动可以分为纸工、泥工、木工、布工等。幼儿园的制作劳动一般要经历产生意图、构思与设计、制作与修饰这样一些阶段，教师应该根据每个阶段的特点进行有针对性的指导。

（一）关注幼儿生活，提供材料与供欣赏的作品，帮助幼儿明确制作目的

有的幼儿在活动一开始就有比较明确的制作目的，比如要为娃娃家的玩具娃娃做一件衣服，要做一艘轮船的模型，等等。而有的幼儿由于年龄较小或前期经验较少，行为的意图比较模糊。他们在区域游戏时进入了泥工区、布艺区、木工区等，但没有明确的制作目的。帮助这些幼儿明确操作的意图就很重要。首先，教师可以让幼儿的游戏区域发生联动，强化幼儿的劳动和游戏之间的联系，引导幼儿为了游戏而开展劳动。例如，布艺区的幼儿可以为表演区的游戏制作衣服，泥工区的幼儿可以为娃娃家的游戏制作碗、碟、杯子。这些活动之间的联系可以帮助幼儿明确劳动的目的，增强制作劳动的动机。其次，教师要让幼儿充分认识、探索和把玩材料，在这个过程中，幼儿可以更加充分地认识材料的特性，也可能因而更加明确相应的材料可以用来制作什么作品。幼儿的意图也在与材料接触的过程中逐渐产生。[①] 此外，教师还可以给幼儿提供一些手工作品，引导他们欣赏。例如，在幼儿用树叶等自然材料进行手工制作时，教师可以提供一些供欣赏的作品，让幼儿观察如何利用自然物的外形特征来表现物体的外形，从而引发幼儿的创作意图。

（二）丰富幼儿的日常经验，鼓励幼儿联想想象，支持幼儿进行构思

幼儿对制作对象的日常生活经验越丰富，他所进行的制作劳动就越容易表现出对象的特征，因此，在幼儿进行构思之前，教师要给幼儿提供充分的机会，使幼儿获得关于制作对象的丰富认知。例如，幼儿想要制作一段“南京城墙”的模型，教师首先应当引导幼儿通过实地参观、欣赏图片等多种渠道认识和感知城墙的外形、结构特征。在实地观察过程中，教师还要鼓励幼儿调动多种感官来认识对象。在积累生活经验的过程中，幼儿进行表达和创造的意愿会更加强烈，在构思时也就越能把握对象的细节特征。同时，教师还需要抛出一些问题，引发幼儿对事物突出特点、事物各部分之间结构关系的思考。例如，教师可以提问：“城墙有几层?”“门洞开在哪里?”“城墙和一般的围墙有什么区别?”等等。其次，教师要支持幼儿充分探索制作材料，要鼓励幼儿把多种材料和自己的经验联系起来，并根据材料本身的特性发挥想象力。例如，教师可以请幼儿展开联想：我们

---

① 孔起英．幼儿园美术教育［M］．北京：人民教育出版社，2004：113.

想要制作“南京城墙”的模型，什么材料适合用来表现城墙的砖块？城门用什么材料来制作？怎样使城墙变得牢固？等等。此外，在一些“因材施艺”的活动中，教师要鼓励幼儿大胆想象。例如，在做树叶拼贴作品时，要引导幼儿正反、上下仔细观察各种树叶的形状、色彩等，找出它们各自的特点，教师还可以用语言加以引导：“看一看，想一想，它们像什么？可以制作成什么形象？”也可以提供一些用树叶等自然材料粘贴而成的作品，引导幼儿欣赏作者是怎样在自然物本身的形状、颜色及其他特性的基础上，做少许修剪与改变①，既保留了自然之美，又表现出对象的特点的。当然，需要说明的是，幼儿的构思不太可能是一步到位的，对于年龄较小的幼儿而言，他们可能是边行动边计划、边计划边行动的，教师要允许幼儿在行动中计划，允许幼儿在行动中调整构思和计划。

（三）提供丰富的材料，营造宽松的氛围，激发幼儿的创造力

材料是幼儿劳动的对象，幼儿使用什么材料，很大程度上决定了幼儿会进行什么样的学习、获得什么样的经验。教师所提供材料的丰富程度，影响了幼儿制作劳动活动的内容。以幼儿的泥工劳动为例——如果教师只提供了一种泥土，幼儿的活动基本就集中在用手进行揉、捏、搓等动作上。但是，如果教师提供或引导幼儿发现不同类型的泥土，幼儿在塑形的过程中就会通过探索发现不同的泥土吸水性是有差异的。如果教师只提供了泥土和标准的模具，幼儿就只能利用模具进行统一标准的塑形。但是，如果教师还提供了木板、一次性纸杯、PVC 管等材料，幼儿就可以利用这些不规则的工具来塑造更多形状。此外，当教师提供了水桶和可取用的水源时，幼儿可以探索水和泥的比例如何混合才能调配出适合用来塑形的泥土；当教师提供了木刀时，幼儿可以在泥塑成形过程中进行刮削、雕挖、整形、装饰等；如果教师提供了木棍、竹签、棉线等材料，幼儿就可以将分开的泥工作品连接起来，构成一个新的作品；当教师还提供了辅助材料如羽毛、布片、贝壳、纽扣等，幼儿可以利用辅助材料进行装饰，使得作品更加生动有趣。总体来看，幼儿制作劳动材料的提供，既要考虑到主材、辅材、工具，又要考虑到主材、辅材和工具的多样化、开放性。多样、开放的材料能给幼儿的劳动提供更大的创造空间。在环境的创设方面，教师还要关注幼儿制作劳动的心理环境。被接纳、安全的心理氛围，是幼儿进行劳动创造的安全基地。因此，教师要鼓励幼儿的新异想法，支持幼儿去实现自己天马行动的想象，不以“好不好”“像不像”来评价幼儿制作劳动的成果。

（四）示范基本技能，鼓励练习操作，引导幼儿努力实现构思

幼儿的制作劳动同样是一项对精细动作要求较高的活动。例如，在泥工劳动

① 孔起英．幼儿园美术教育［M］．北京：人民教育出版社，2004：119.

中，幼儿需要掌握分泥、搓泥、压泥、拉伸、捏泥、切泥、黏合、泥条盘筑等多种技能，教师需要耐心指导，当幼儿遇到困难时，教师还要对一些基本的制作技能进行示范和指导。需要指出的是，这些制作技能不能一口气全教给幼儿，而要根据幼儿的制作需要和发展水平逐步教给他们。此外，在教师示范基本技能之前，应该让幼儿明确问题情境和解决办法，并给幼儿充分的时间和机会去尝试，在此基础上，教师再用语言和动作示范制作技巧、步骤。例如，在引导幼儿学习搓泥技巧时，教师可以鼓励幼儿先自己思考如何将泥团变成细长的形状，幼儿可以亲手尝试搓泥动作，进行体验和探索。随后，教师进行示范，展示正确的搓泥手法，引导幼儿观察动作之间的差异。在这个基础上，教师再次细致地演示搓泥的技巧，并请幼儿进行多次尝试。

第八章

幼儿园工程劳动及教育

随着时代的变迁，我们发现，劳动的内容和形式也在不断更迭和丰富，大数据、人工智能等新型技术，正在充实和重塑人类社会的劳动内容和形式。脑力劳动、服务性劳动、创造性劳动越来越多。与此同时，在这个新技术不断涌现的时代，对人才培养的需求也在发生变化，未来的人才要拥有能立足于21世纪的技能。这些都对新时代的劳动教育提出了新的要求。而从幼儿园开始就实施工程劳动教育活动，就能很好地回应时代的需求，从小培养孩子的创造精神和创造能力。

第一节
幼儿园工程劳动教育的内涵和特征

一、幼儿园工程劳动教育的内涵与类型

（一）幼儿园工程劳动教育的内涵

“工程”一词在汉语中具有悠久的历史。在中国，“工程”一词主要是指大型的工事活动，尤其是土木构筑之事。随着清末西学影响的增强，“工程”一词的含义有所变化，既沿袭了原有的土木构建的含义，又扩展到各种工程领域，如铁路建造，等等。在现代语境中，“工程”就是为了实现某种目的，人们单独或合作，创造性地应用科学原理与数学知识，以最短的时间和最少的人力、物力，使自然资源转化为各种结构、机器、产品、系统的过程或工作。① 工程活动通常涉及复杂的系统，需要多学科知识和团队合作来完成。“工程”可以指向建筑工程、土木工程、机械工程、电子工程等多个领域，且涵盖从规划、设计到施工、管理的全过程。

儿童是天生的工程师。工程就是为了解决问题而设计、创造和建造。幼儿的工程劳动是幼儿以解决某个问题为目的，按照一定的计划和步骤，综合运用多领域的经验，制作或建造出具有特定用途的物品或设施的活动。在工程劳动过程中，幼儿需要调动多领域的经验，动用多种感官，将其运用到明确问题、前期探索、设计、制作、测试与改进等循环迭代的过程中来，从而达成自己的劳动目的。

幼儿园的工程劳动教育，就是引导和支持幼儿通过参与工程劳动活动形成服务精神、养成动手能力、实现全面发展的活动。幼儿园常进行的工程劳动与社会上的工程劳动是对应的，包括建筑工程、水利工程、木工工程、装饰工程等。幼

---

① 胡绳荪．工程导论［M］．北京：机械工业出版社，2022：13.

儿园工程劳动教育是特别能够体现新时代特征、回应新时代需求的劳动教育类型。工程劳动能够帮助幼儿掌握科学内容和方法、程序知识、批判思维和解决问题的技能、组织和管理技能、交流的技能；工程劳动能激发幼儿有目的、有计划、有步骤地寻找解决问题的创造性方案。通过工程劳动，幼儿能够获得做计划的经验、合作的经验、数学与科学认知的经验、艺术的经验等多领域综合性的经验。

（二）幼儿园工程劳动教育的类型

与成人的工程劳动分类相似，我们可以将幼儿园中幼儿能够开展的工程劳动大体上分为建筑工程、水利工程和木工工程。

建筑工程是土木工程中最有代表性的分支，主要是解决“衣、食、住、行”中“住”的方面的问题，形成人类生活所需要的、功能良好的空间，也满足人类精神方面的需要。建筑工程需要综合运用数学、物理等基础知识，以及力学、材料等技术知识，建筑工程劳动需要经过建筑的规划、设计、施工等过程。[①] 幼儿园的建筑工程劳动，是幼儿以砖头、沙土、水泥等为主要材料，使用延长、垒高、围合等技术来修建建筑的活动。幼儿园常见的建筑工程劳动包括在幼儿园搭建桥梁、修建道路、建筑小动物的房舍，等等。

水是人类生产和生活必不可少的宝贵资源，但其自然存在的状态并不完全符合人类的需要，因此，人类需要修建水利工程，以更好地满足人类生活、生产对水资源的需求。水利工程就是人类为了充分利用水资源，对河流进行控制和改造，以达到兴利除害目的的工程。幼儿园的水利工程劳动，是指幼儿综合运用科学和技术，进行建造或制作，将生活中的水有效利用起来，用于解决生活和游戏中遇到的关于水的问题的过程。日常生活中，水利工程可以按照修建目的和使用客体分为防洪工程、农田水利工程、水利发电工程、航港工程、给排水工程和环境水利工程。幼儿园常见的水利工程劳动包括便于种植活动开展的灌溉工程、为玩沙玩泥等活动而进行的引水工程，以及一些其他为幼儿的观赏和游戏开展的水利工程。

木工是一种利用木材进行建筑和建造的技术。木工工程是人类通过对原木或木材进行加工、设计，制作各种类型的家具或建造木结构的建筑物的活动。幼儿园的木工工程活动是指幼儿为了解决某个游戏和生活中的问题，利用木材作为主要原材料，使用钉、锯、锤、刨等技术来设计、加工、制作、建造产品或建筑的过程。木工工程劳动是幼儿园中最常见的一种工程劳动。

---

① 郑晓燕，李海涛，李洁．土木工程概论［M］．北京：中国建材工业出版社，2020：76.

二、幼儿园工程劳动的特征

在过去的幼儿园教育实践中，工程劳动出现得相对较少。分析幼儿园工程劳动的特点能够帮助我们更加明确工程劳动教育中所要坚持的原则，从而使工程劳动教育能够体现工程劳动的本质特点。

（一）问题指向性

工程劳动具有突出的问题指向性。这首先体现在工程劳动有着很强的目的性。幼儿园的工程劳动往往是从问题出发，为解决幼儿生活或游戏中的某个问题而开展的制造或建造活动。例如，搭建丝瓜架是为了满足丝瓜藤向上生长的需要；制作自动浇水器是为了解决假期幼儿园没人的时候无法给植物灌溉的问题；建造刺激的自行车道是为了让幼儿自己的骑行游戏更好玩；挖掘小池塘是为了给幼儿园里的小鸭子一个更舒适的生活环境。这种明确的目的性使得幼儿的工程劳动有着明确的目标，幼儿为了目标的实现而进行较长时间的努力探索。其次，工程劳动的过程中也充满了有待解决的问题。为了解决工程劳动最终指向的问题，工程劳动还需要在过程中不断发现问题、解决问题。例如，幼儿在挖小池塘时，就要解决在哪里挖、使用什么工具挖、小池塘挖多大、怎样让池塘能够蓄水、池塘中的水源从何而来、如何让池塘中的水成为活水、如何让小池塘形成小的生态系统等诸多问题。更多的时候，在工程劳动开始之初，师幼都不能清晰地预见所有需要解决的问题，这些问题是在幼儿与材料、环境、同伴互动的过程中生发出来的，对幼儿而言，这些问题很可能就是一种认知上的挑战，也因此是幼儿学习的机会。

（二）综合性

工程劳动是需要调动幼儿多种感官、卷入幼儿多个领域经验的活动，也是能促进幼儿多领域经验发展的活动。工程劳动涉及很多关于材料的知识，如材料的性质（重量、长度、密度等）、材料之间的关系（如力、结构）等，需要幼儿综合应用科学、数学和技术领域的知识和方法。工程劳动有一定的实施步骤，因此，幼儿需要用到程序性知识。工程劳动还需要幼儿创造性地去解决问题，因此，对幼儿的批判思维和创造性思维、解决问题的技能等都有要求。工程劳动往往是幼儿团队合作才能完成的复杂工作，因此，在工程劳动中也能锻炼幼儿的组织和管理技能、交流技能。工程劳动以满足人们生存和发展的需要为前提，是典型的创造现实、塑造现实、改变世界的活动，是建构人工世界的方法和手段，能够培养幼儿的建构能力、筹划能力、创造能力和艺术表现能力。

（三）思维参与性

工程劳动是具有高度创造性的活动，工程劳动的始末都必须有思维的参与，因而参与工程劳动对幼儿思维尤其是高级思维的发展有着重要的作用。工程劳动注重迭代思维，即尝试、测试、从不顺利的事情中吸取教训并再次尝试。开展工程劳动教育能发展幼儿的工程思维，即以价值为导向的具有建构性的造物思维，是一种倾向性思维，以解决具体问题为目标，主要解决“如何做”的问题，目的性明确，能为工程实践提供更好的问题解决方案。工程思维具有三个基本特征：在没有结构的情况下“预见”结构的能力；熟练地在有约束的条件下进行设计的能力；经过深思熟虑后对解决方案和备选方案做出决断的能力。[①] 儿童天生就会根据自己的需要改变环境。这些改变是工程思维的开端，可以促进幼儿在特定的工程背景下做出有条理的决策。[②] 工程劳动还能够发展幼儿系统思维的能力。工程劳动本身是一个复杂的系统，工程的各个部分构成了这个系统，同时，人力、物力等多种因素都影响着系统的运转。在工程劳动中，幼儿要学会理解材料之间是如何相互作用并共同形成一个系统整体的，因此，参与工程劳动也有利于幼儿发展系统性思维这种高级思维。事实上，过去的很多研究都低估了幼儿的认知和思维发展水平。越来越多的研究表明，幼儿比以前我们所认为的更早拥有复杂的思维和参与一系列数学与科学活动的自然渴望。儿童进入幼儿园后，会以令人惊讶的方式思考他们所经历的世界，这些思考方式可用于促进问题的解决，并帮助他们在低年级时建立对问题的理解。

（四）创造性

工程劳动活动的创造性首先体现在工程劳动就是创造的过程。创造是产生新的思想、概念、理论、作品或产品的过程。工程劳动是有着明确目的的，是为了解决幼儿生活和游戏中的问题而进行的制作或建造活动，因此，幼儿的工程劳动有着鲜明的创造性。其次，幼儿在工程劳动中能发展创造性思维。此外，对于幼儿来说，在工程劳动中遇到的往往是新问题、新挑战，没有现成的解决与应对方案，需要幼儿创造性地综合使用已有的经验来解决、应对。杜威认为，通过行动获得知识会开阔我们的事业，让我们获得新的人性。他将通过这种方式获得的思维称为创造性思维。[③]

（五）循环迭代性

工程的核心是工程设计。设计过程是指在有明确结果要求的情况下，在寻求

---

① 李珂．STEM 教育百问百答［M］．济南：济南出版社，2022：22.

② 李珂．STEM 教育百问百答［M］．济南：济南出版社，2022：10.

③［日］田中正人．我已经没有烦恼了：东方哲学与分析哲学［M］．史诗，译．海口：南海出版公司，2023：226.

解决问题方案的过程中遵循的系统方法。工程设计大体上由七个步骤构成：（1）明确需要和限制；（2）研究问题；（3）形成可能方案；（4）计划：选择一个方案；（5）创造：建立一个模型；（6）检验和评估模型；（7）改进：根据需要重新设计。整个过程是一个循环迭代的过程。在一个工程劳动中，幼儿可能需要经过几轮这样的过程，最终才能制造出自己满意的产品。例如，幼儿造了一座小桥，经过行走测试后，发现其不够稳固，于是，幼儿要考虑是改造建桥的材料，还是改变桥的造型。在重新设计、建造以后，再次进入测试评估的环节。如果还不满意，则还需要进行改进……在这种不断迭代的过程中，幼儿更能适应变化和不确定性，在未来的生活与学习中就能够更加灵活地调整自己解决问题的方案，以适应新的情况或需求。同时，在循环迭代的过程中，幼儿也要评估和反思自己的设计和决策，这有助于幼儿批判性思维能力的发展。

（六）复杂性

工程劳动是一种相对复杂的劳动。它的复杂性不仅体现在它是一个系统，涉及诸多要素和诸多组成部分，也体现在它会卷入幼儿多领域的经验，更体现在它对于幼儿高级思维的要求上。工程劳动中，不是简单地通过尝试错误的方式来解决问题，而是在系统思维的指导下，有预见性地、有目的性地去经历工程设计的几个步骤，最终解决问题。工程劳动的复杂性也体现在它的完成，尤其是建筑工程、水利工程等工作的完成，往往需要小组或集体共同来实现，在共同完成工程劳动的过程中，幼儿还需要学会如何与同伴共同劳动、如何组织劳动。最后，工程劳动的复杂性还体现在，在所有类型的幼儿园劳动中，工程劳动对技术、工具的依赖是最强的，也需要一定的场地、资源的支持，这是由工程本身的特性所决定的。

第二节
幼儿园工程劳动的组织与指导

一、幼儿园工程劳动教育的实施途径

（一）项目活动

项目活动是一种课程组织形式。甘迪尼曾经指出，项目课程奠基在几个基本的信念上：做中学是重要的；团体讨论；概念及经验的再思考及运用。①由此我们可知，强调在操作中学习、合作以及经验的回顾与运用都非常契合工程劳动的特点。特别重要的是，与普通的主题活动相比，项目活动最重要的特征是幼儿的兴趣在项目活动的行进中起到了至关重要的作用，在项目活动中，幼儿自行引发主题方向、自主做决定、全心投入。这也与工程设计中幼儿需要自主完成从界定问题到提出方案、实施方案，再到测试与改进的几个过程有着高度的一致性。

但是，项目活动和工程劳动仍然是两个不同的概念。项目活动不单单指向工程建造。有的项目活动是指向认知上的探究，例如了解造船厂的奥秘；有的项目活动是指向一次难忘的经历，如在幼儿园野营；有的项目活动是以综合艺术的方式表演和再现一件有趣的事情。因此，我们不能将工程劳动和项目活动混为一谈。此外，项目是可以不断生发的，工程是有明确结果的，从一开始就知道通过工程劳动最后一定要做成什么。工程劳动一定会用到多种劳动工具，一定会有身体的参与，一定要有事先的设计；但这些在项目活动中不一定出现。当然，我们也要考虑到工程劳动综合性、问题指向性等特点，尽可能以项目活动的形式来开展工程劳动，让工程劳动成为幼儿主动的、自发的、自觉的活动。

---

①［美］裘迪·哈里斯·赫尔姆，丽莲·凯兹．小小探索家——幼儿教育中的项目课程教学［M］．林育玮，等译．南京：南京师范大学出版社，2004：2.

（二）个别活动

有的工程劳动相对比较简单，而有的比较复杂的工程劳动中则包含若干个小的问题需要解决。这些活动都可以放到区域中，以区域活动的形式来开展。例如，幼儿想要制作一个计时沙漏。在前期活动中，他们已经用矿泉水瓶、沙子和吸管等设计制作了沙漏，但是在检验效果的时候，幼儿发现部分沙子堵在瓶口，无法完全漏完。不同的幼儿提出了不同的解决方案：有的幼儿提出可以增加吸管的数量，有的幼儿提出可能是沙子太粗，需要对沙子进行过滤……教师就可以根据幼儿的想法与需要，将相应的材料、记录单放在区域中，请有想法的幼儿重新来设计、实施、测试。利用区域来实施一部分工程劳动活动，能够关照个别幼儿的想法，让幼儿的学习更能拥有自己的节奏。

（三）小组或集体活动

如前所述，工程劳动是比较复杂的劳动，因此，大多数时候工程劳动是以小组或集体劳动的形式开展的。小组和集体劳动不仅具有人际交往、社会性发展层面的意义，而且具有认知层面的意义。小组或集体的探究能够让学习在人际交往层面发生。一方面，有能力的同伴能够为幼儿在“最近发展区”中的学习提供支持，实现主动的“儿童教儿童”；另一方面，同伴之间的交流，既有经验的分享，也会有认知的冲突，而这些认知冲突正是幼儿学习的关键节点。此外，工程劳动中，有的时候需要对幼儿零散的学习经验进行系统化提升；有的时候，幼儿会遇到劳动技能普遍缺乏的问题和劳动中的安全问题，需要教师进行基本的教学；有的时候，幼儿面临的问题通过个别探究难以解决，幼儿的已有经验不够丰富……这些时候，集体教学活动就是相对更好的选择。

二、幼儿园工程劳动教育的方法

工程劳动教育中，往往综合使用小组讨论法、实地参观法、调查法、实验操作法和展示法等来推动工程劳动深入开展。

（一）小组讨论法

讨论法是基本上贯穿于工程劳动活动全过程的教育方法。讨论法能够让幼儿的思维外化，幼儿也能够在与他人进行交流时得到启发，使自己的思考更加全面，增加思维的灵活度。当幼儿要明确问题和任务时、要形成设计方案时、在制作过程中遇到问题时、对产品进行测试并形成改进方案时，都可以使用小组讨论法。在工程劳动中使用讨论法时，教师要注意几个问题：其一，讨论的话题是工程项目活动中真实的问题，是影响工程劳动进展的关键问题，是大多数幼儿都关心的、感兴趣的问题。这样的问题才能够真正激起幼儿参与讨论的积极性。其二，在一些关键问题的讨论上，教师可以请幼儿提前通过调查、参观等做好讨论发言的经验准备，这样幼儿的讨论才能言之有物，才能有依据且能推动工程劳动深入开展。例如，幼儿在讨论遮雨棚的设计方案时，就需要对遮雨棚进行实地参观、调查等，基于前期探索，幼儿就能够更深入地讨论什么造型的遮雨棚才能实现让雨水快速流走的目的。其三，教师要尽可能鼓励幼儿都参与到讨论中来，营造一种轻松、积极的讨论氛围。其四，要对所讨论的内容进行小结。在小结中，教师不要急于对幼儿之间有争议的问题给出自己的看法，而是要鼓励幼儿通过操作实验、查阅书本、实地参观等多种方式来寻找真正有效的解决问题的方法。

（二）实验操作法

劳动教育最重要的就是要亲身操作和实践。操作是工程劳动教育中的关键。但是，与其他劳动中的操作不同，工程劳动的操作不是一种简单的动手做，而是带有反思意味、批判精神和问题解决导向的动手实践。杜威的“反思思维五步法”指出，个体要感知到问题、确定问题、提出假设、对假设进行推理，最后才是通过实施解决方案、通过实践来检验假设的正确性和有效性。这是一个连续的、动态的过程，这也是个体在面对问题时主动、系统地解决问题的过程。因此，在工程劳动中采用实验操作法需要关注几个要点：第一，实验操作应该建立在对问题的感知、认识和界定基础上。例如，幼儿要修建一个停车场，不应该立刻就着手去做，而是需要通过实地参观、调查等形成修建方案，之后再进行操作。第二，实验操作不能是没有思维参与的操作，更不是胡思乱想的操作，而应该是有反思性思维伴随着的操作。实验操作要以解决问题为目的指向，反省思维要对手段与目的的一致性进行反复的、严肃的、持续不断的思考。工程劳动中，幼儿可能需要搬运砖头、拌和水泥等，但是他们的这些行动都是有思维参与的。例如，幼儿需要思考用什么方法和工具搬运砖头才能又快又好，需要思考拌和水泥时各种材料的比例如何控制，等等。这些行动都是为了更好地实现最终的目的。第三，实验操作可能是一个循环迭代的过程，教师要鼓励幼儿思考行动与结果之间的关系，在反思的基础上调整方案。

（三）实地参观法

实地参观是指幼儿亲临现场，对工程劳动中遇到的问题进行有针对性的观察和记录，以亲身经历的方式建立起园内外事物之间的联系，以获取解决问题的信息与资料。实地参观法是对幼儿进行工程劳动教育的一个重要的方法。通过实地参观，幼儿可以获得关于劳动产品的对象性经验，也可以获得关于劳动过程的操作性经验。举例而言，当幼儿要修建一座桥梁时，他们可以实地去参观大桥，了解桥的基本构造和结构；也可以去参观访问幼儿园附近的小型建筑工地，观察和水泥、抹水泥等劳动的基本步骤。在使用参观法时，教师需要注意以下事项：

(1) 在实地观察前，教师要做好准备。教师要尽可能先对参观地点进行勘察，考察参观地点是否安全、是否足够容纳前往参观的幼儿，幼儿是否有充足的机会进行探索、观察。同时，教师要引导幼儿明确参观的任务、目的和分工。① (2) 在参观过程中，教师要提醒幼儿明确自己的责任，支持幼儿全心全意投入探究。对那些不太容易再次参观的地点，教师要尽可能对可捕捉到的事物进行拍照，或利用录像、录音记录下来，并将所有记录带回幼儿园。(3) 在回到幼儿园以后，教师要组织幼儿进行回顾和分享。如果有需要，还可以再次进行参观，或者利用照片、录像、录音等记录对重点问题进行深入研究。② 有可能的话，还可以邀请参访地点的工作人员进入幼儿园，就一些关键问题与幼儿进行互动和交流。

（四）调查法

在幼儿园工程劳动教育中，调查法和实地参观法通常配合使用，用来获得关于劳动结果的目的性知识和关于劳动过程的方法性知识。调查法主要是指通过访问相关人员、查阅书籍、网络搜索等来获得信息，以解决劳动中的问题的方法。实施调查法需要注意下面两点：首先，调查法主要是一种获得间接经验的方法。对那些有可能通过更直接的方式来建构经验的内容，要尽量采用引导幼儿建构直接经验的方式，尤其是对于年龄较小的幼儿。对那些年龄较大的幼儿，面对那些很难建构直接经验的内容时，可以采用调查法。当然，调查法也可以和实地参观法等结合在一起使用。其次，使用调查法时，教师要引导幼儿明确调查的目的和内容，在现场调查时，用相应的记录方式提示自己要调查哪些内容。

三、幼儿园工程劳动教育的基本原则

针对工程劳动活动所具有的问题指向性、综合性、思维参与性、创造性、循环迭代性和复杂性等特征，幼儿园工程劳动教育总体上应该遵循以下原则。

（一）关注幼儿的真实生活，聚焦幼儿感兴趣的问题

劳动是一个有目的的活动。来自幼儿真实生活的问题情境更能够让幼儿理解他们进行工程劳动的意义，也更容易帮助幼儿理解工程劳动在改造世界的过程中所起的重要作用；真实的问题情境也更容易吸引和激励幼儿进行深入的学习和持续的探索。教师要关注幼儿在日常生活中的兴趣点，在幼儿兴趣点的基础上生成工程劳动教育内容。例如，基于幼儿对玩具车构造的兴趣，鼓励幼儿做一辆真正

---

① [美] 裘迪·哈里斯·赫尔姆，丽莲·凯兹．小小探索家——幼儿教育中的项目课程教学 [M]．林育玮，等译．南京：南京师范大学出版社，2004：65.

② [美] 裘迪·哈里斯·赫尔姆，丽莲·凯兹．小小探索家——幼儿教育中的项目课程教学 [M]．林育玮，等译．南京：南京师范大学出版社，2004：66.

能开的玩具车；又如，幼儿园新养的一只小羊引发了幼儿的兴趣，可以引导幼儿在照料、观察小羊时，想想小羊住在哪里，鼓励幼儿改造小羊的住所，让小羊住得更舒适。这要求教师在与幼儿共同生活时，成为关注幼儿生活的有心人。同时，教师要通过谈话、观察等方式捕捉和记录幼儿的经验。有时候，个别幼儿提出自己感兴趣的问题，教师在厘清了问题的价值后，可以通过集中讨论、创设问题情境等方式，将个别幼儿的关心扩大为更大范围的幼儿的兴趣。

（二）引导幼儿明确问题，提供开放的解决问题的空间

幼儿的工程劳动教育是一个不断发现问题、解决问题的过程，正是在这个过程中，幼儿的问题解决能力、高级思维能力等才得到有效的发展。因此，教师要给幼儿提供直面问题的机会，甚至有时候，教师要成为幼儿劳动的“麻烦制造者”。例如，有的幼儿园为了方便幼儿管理种植园地，将水源引到了种植园地附近，并购买安装了自动喷淋系统。这虽然在管理上更为方便，减少了幼儿的麻烦，但也减少了幼儿学习和劳动的机会。

事实上，幼儿在工程劳动教育中面对的应当是“结构不良”的问题，而非有着明确解决方法和策略的“结构良好”的问题。如果是一个“结构良好”的问题，那么幼儿需要做的就是按照既定的方案去操作，幼儿的劳动就只有劳力而缺少劳心，丢掉了工程劳动教育最宝贵的教育价值。例如，幼儿要给种植园地浇水，但附近没有水源。怎样将水源引到种植园地，对幼儿来说就是一个“结构不良”的问题。在幼儿面对“结构不良”的问题时，教师要引导幼儿对问题进行界定，明确希望达到的目标、目前的初始状态，同时要让幼儿明确解决问题的资源和条件。举例而言，在“给小仓鼠盖游乐园”工程劳动活动中，教师要引导幼儿明确这个小仓鼠游乐园的外观样式、结构和功能是怎样的，要在哪里做，需要利用哪些材料、技术和工具来做，等等。明确问题是幼儿形成可行性方案的前提。

此外，工程师在进行设计时，往往要根据用户的需要来界定问题、要求和限制。在幼儿的工程劳动中，也可以引导幼儿解决他人的问题，这能帮助幼儿学习从他人的视角看问题，也能够让幼儿学会在有限制的条件下完成工程设计。有限制并不以意味着限制幼儿的创造力，条件上的限制能让幼儿学会在复杂的情境中去解决问题。

（三）提供材料和工具，给予幼儿充分的探索机会

给幼儿提供材料和工具，不仅是因为要达成制作或建造的目标需要材料和工具的支持，还因为材料和工具能成为幼儿找到问题解决方案的关键因素。例如，当幼儿遇到“组装的风车转不起来”的问题时，教师可以为幼儿提供不同形状和大小的叶片材料，如纸片、塑料片、薄木片等，幼儿在操作材料的过程中，能够发现不同的叶片对风车旋转的影响，从而找到解决问题的方法。对材料和工具进

行充分的探索，是幼儿界定问题范畴的重要因素。通过探索材料，幼儿收集到了更多与问题、方式相关的信息，从而对解决问题更有把握。

教师在提供材料和工具时，需要关注以下几个方面：首先，材料和工具的类型要多样化，多样化的材料和工具能够给幼儿的探索提供空间。例如，当幼儿连接木船的不同部分时，教师提供了胶水、钉子、胶带、绳子、螺丝等不同的材料，幼儿可以基于自己前期的经验来选择适当的材料，也可以通过尝试、探索发现不同材料和工具的特性与用途。其次，材料和工具的提供要符合幼儿的年龄和发展水平，确保对他们而言既有挑战性，又较为适合。再次，要提供具有教育意义的材料和工具，使它们能够支持幼儿在科学、技术、工程、艺术、数学等领域的学习。

（四）支持幼儿共享观点、材料，引导幼儿讨论，形成共同方案

工程学作为一门学科，需要团队合作和协作。重要的问题通常都由工程师、科学家或其他相关人员组成的团队来共同解决。来自不同人员的不同观点和资源优势，有利于形成高质量的问题解决方案。和工程师一样，幼儿如果能一起劳动，往往比他们单独工作更容易找到更好的解决问题的方案，尤其是在他们掌握了有效合作的社交技能之后。

教师需要计划如何鼓励和支持幼儿进行有效合作，需要关注幼儿的互动情况，并在必要时进行干预，纠正一些可能出现的反社会行为，以支持幼儿有效合作。此外，教师与全班幼儿一起回顾工程劳动的规范和期望，也会有所帮助。具体而言，对于年龄较小的幼儿，教师可以通过组织集体和小组的讨论，鼓励幼儿之间积极的互动行为；对年龄稍大一些的幼儿，教师可以引导幼儿讨论并示范合适的互动模式，赞扬幼儿成功的互动行为，支持幼儿解决互动中的问题；对大班幼儿，教师还要引导幼儿考虑他人的观点，并且学会协商，形成共同的解决问题的方案。

（五）鼓励幼儿积极“卷入”工程设计过程

工程学是一门兼具创造性和思考性的学科。如前所述，工程的核心是工程设计。为了让幼儿熟悉工程学的本质，教师需要向幼儿介绍工程系统的设计过程，并且鼓励幼儿积极“卷入”工程设计过程。需要说明的是，工程设计的过程并不是单一的、固定不变的，幼儿的工程设计过程应当是比较灵活的，从调查到规划再到测试，能满足幼儿交替进行动手操作和反思调整的发展需求。在一个灵活可变的、不断迭代的工程设计过程中，幼儿也能认识到劳动不是一件容易的事情，失败和挫折是意料之中的。

总体来看，幼儿要经历确定目标、计划与选择、制作与测试、改进这些工程设计流程。在确定目标时，教师应引导幼儿对要解决的问题和挑战进行深入探

究，回答“为什么做”“做什么”“如何做”“在哪里做”等问题。教师可以在团体讨论时利用白板和大海报呈现问题，引导幼儿进行思考与探究。在此基础上，引导幼儿形成几种方案，并在几种方案中进行选择。在接下来的制作和测试环节，幼儿要随时解决可能出现的问题，即一面思考推论、一面动手操作验证与测试自己的想法。作品大体上制作完成后，幼儿要检查自己作品的效果并设法调整、完善。在推断自己的作品效果不佳的原因后，就要根据推断进行改良和修正。改良和修正可能要经过几个回合，甚至还需要再度通过现场观察和调查收集数据。

（六）关注幼儿的劳动过程，适时适当地提供各种“支架”

工程劳动是一个相对复杂的劳动活动。在引导幼儿充分发挥主动性，为幼儿的自主劳动提供充分的空间之后，教师也不能袖手旁观，而应该密切关注幼儿的劳动过程，适时适当地提供各种“支架”，支持幼儿顺利开展劳动，获得有益经验。

教师可以综合采用语言支架、示范支架、同伴支架、材料支架、回溯支架等。语言支架是教师以语言的方式为幼儿提供“支架”，具体的形式可以是提问、补充信息、拓展等；示范支架是幼儿在遇到操作困难时，教师示范正确的操作方法；同伴支架是指教师鼓励幼儿之间的交流和合作，让幼儿从同伴那里获取经验；材料支架是指教师提供有助于幼儿解决问题的材料，暗示幼儿解决问题的方法；回溯支架是指教师引导幼儿回顾和反思之前的经验或者他们此前的工作过程，通过讨论来加深理解。

四、幼儿园木工工程劳动的组织与指导要点

幼儿园木工工程劳动是幼儿园里历史较为悠久、范围比较为广泛的工程劳动类型。最早的木工活动可以追溯到福禄贝尔的幼儿园中。在杜威学校中，木工课程是学科课程的核心。当前，很多欧美学校和幼儿园也开设了木工课程。很多学者高度评价木工劳动的教育价值，认为木工劳动能够给儿童提供独特的经历，能够让儿童手、脑、心全部投入，能够让儿童获得自我价值感和自信心，能够让儿童进入所有领域的学习，能为儿童提供一种创造的经验。①

木工工程劳动的组织和实施，除了需要遵循工程劳动教育的一般性原则以外，还有一些需要注意的指导要点。

---

① PETE MOORHOUSE. Learning Through Woodwork：Introducing Creative Woodwork in the Early Years［M］. London：Routledge，2018：2－3.

（一）设置专门的木工区域，提供木工劳动的专门材料与工具

首先，木工劳动需要有一个专门的区域，在这里投放工具、主材、辅材，同时保证活动的安全。木工区应当相对远离班级中的其他区域，有的幼儿园会在园所中设置专门的木工房。木工区应该进行小区域的划分，设置准备设计区、材料区、操作区、组装区、展示区等。木工区中的材料主要包括质地、大小、形状、厚薄不同的木块，如硬质木块、方木条、圆木柱、圆木片、宽木板、厚木板，等等。木工区的工具主要包括各种手动加工工具，如锯子、锤子、螺丝刀、刨子等；电动工具，如锯子、磨床、电钻等；测量工具，如直尺、卷尺；等等。同时，木工区还要提供各种螺丝、钉子等辅助材料以及装饰材料，还要提供纸、笔等设计用的材料，各种手套、眼罩、头盔等保护类的材料。如果只是提供单一的材料，幼儿的活动内容和他们所获得的经验就比较单一。如果给幼儿提供了有层次性的材料，就能关照不同水平的幼儿的需要，幼儿的活动内容就丰富起来。如果给幼儿提供不同类型的材料，既有主材，又有辅材和工具，就等于给幼儿无数的经验，能帮助幼儿生发的学习行为包括观察、比较、测量、连接、表现、设计、大型建构，等等。

（二）制定幼儿木工工程劳动的基本规则，讲解正确使用各种工具的方法

由于木工活动要使用锯子、锤子等工具，有一定的危险性，因此，确保幼儿在木工劳动中的安全非常重要。教师可以邀请幼儿一同制定木工工程劳动的规则。比如，限制木工区幼儿的人数，因为人数较多的时候，幼儿容易因拥挤碰撞发生安全事故；规定只有教师在场时才可以使用工具；操作工具进行加工工作时需要佩戴护目镜；等等。教师要经常提醒幼儿遵守木工区的活动规则。除此以外，教师还应该示范如何正确使用真实的工具，讲解安全操作工具的要领，并将使用技巧以图示的方式张贴在墙上。在幼儿尝试探索以后，还可以整理出幼儿能读懂的“工具使用手册”，引导幼儿进行经验分享。

（三）引导幼儿联系多领域的经验，有效支持幼儿综合发展

木工工程劳动是一种综合的学习活动，在木工活动中要尽可能地使幼儿科学、技术、数学、工程、艺术等多领域的经验自然链接起来。例如，在幼儿制作椅子的活动中，幼儿要通过观察发现椅子的各个部件，有椅腿、椅面、靠背和扶手等。幼儿还要发现问题，收集信息，尝试提出假设并验证假设，如幼儿发现做好的椅子不牢固，他们要通过比较自己制作的椅子和其他椅子的区别等方式来收集信息，提出椅脚没有锯平、木板不够厚、钉子选择不合适等假设。幼儿也需要学习如何正确使用锯子、锤子或其他木工工具，如利用钉子、胶枪等进行连接。要完成木工活动，幼儿需要用标准化或非标准化的工具测量木材的长度、宽度和高度。木工活动中的切割和组合操作，能让幼儿接触到不同的几何形状。在三维

空间组装各部件，能加深幼儿对形状和空间关系的理解。在设计对称的木工作品时，幼儿还会初步理解对称的概念。整个木工活动中，幼儿需要体验工程思维的过程，就是从确定目标到收集信息、提出方案，再到确定方案进行工程实践，然后到检验和改进的过程，他们在实践中不断认识和运用工程思维。木工活动中，幼儿还会利用一些辅材对木工作品进行装饰，教师还应当有意识地组织幼儿使用多种艺术形式对木工活动的过程和结果进行艺术表现。此外，活动中的集体讨论等还会为幼儿提供语言学习机会。

木工工程劳动是一种高度综合的活动，教师要尽可能使木工劳动发挥综合育人的价值。同时，要尽可能将木工活动作为项目活动来开展，这不仅因为项目活动能为幼儿的持续探究提供内在驱动力，而且在项目活动中，幼儿的高级思维如计划思维、批判思维、反思能力等更容易得到发展，坚持性更容易得到锻炼。

（四）支持幼儿的创造性制作，关注幼儿木工劳动的过程而非结果

在劳动教育的视角下，木工劳动不应当只满足于幼儿的敲敲打打，而应该让木工劳动真正为幼儿的生活和游戏服务，让木工劳动成为幼儿创造产品的过程。教师要在活动之初引导幼儿发现生活中、游戏中所需要的木工作品，在幼儿完成木工劳动以后，也要将这些木工作品真实地运用到幼儿的生活和游戏中去。例如，幼儿为种植园地制作的栅栏、为班级制作的晾衣架、为教师制作的椅子、为美工区制作的笔筒等都要投入使用。与生活和游戏相联系的木工劳动能够驱动幼儿为实现目标而进行长期的、专注的努力，也能让幼儿真正体会到劳动的意义和价值。

当然，需要强调的是，幼儿创造产品的过程也应该是一个创造性表现的过程。教师要鼓励幼儿提出自己的想法，鼓励每位幼儿创造有个性的作品；要支持幼儿尝试错误，不随意插手；要对每位幼儿的木工作品加以肯定。当然，最根本的，教师还应该认识到幼儿木工劳动的价值在于幼儿参与木工劳动的过程，而不在于木工劳动的结果。幼儿的木工劳动是一种木工劳动创造，而不是木工产品生产活动。

五、幼儿园水利工程劳动的组织与指导要点

沙和水是幼儿非常喜欢的游戏材料，通常幼儿园都会在户外设置沙水活动区。在户外沙水区，幼儿往往会自发进行沙水游戏，如挖沙、做各种动物和建筑造型。有时候，幼儿也会自发进行水利工程劳动，例如挖一条沟渠，将远处的水源引到近处，等等。与幼儿自发的沙水游戏相比，水利工程劳动有着明显的目的性，幼儿需要围绕一个建造目的进行持续、深入的劳心和劳力。同时，水利工程劳动中，幼儿往往不满足于简单地与水和沙进行互动，而要经过系统的调查、规划、实施、验证、改进等流程，更好地利用水资源为自己和他人服务。因此，我们在水利工程劳动中更容易看到幼儿持续的、综合的、深度的学习。总体来看，

教师在组织与指导水利工程劳动时，需要特别注意以下几个方面。

（一）提供丰富、多样的水利工程劳动材料与工具

水利工程劳动没有固定的区域，它可能在幼儿园户外的任何场地展开，但水利工程建设需要一定的材料和工具的支持。教师要为幼儿提供一个材料库，幼儿可以根据自己的需要来选择材料，材料库也应该在幼儿开展水利工程劳动的过程中不断丰富。教师也可以在日常的沙水游戏和其他游戏中尝试逐步投放材料，让幼儿慢慢熟悉水利工程劳动材料的特性，熟悉工具的使用方法。具体而言，水利工程劳动的材料和工具可以分为以下几种：运水的材料，如 PVC 管道、竹片、塑料软管、连接管道的弯头与三通、小水泵、开关等；盛水的材料，如各种容积的水桶、塑料瓶、塑料杯、水壶、漏斗、罐子、盆子等；防水的材料，如塑料袋、防水布、不同宽度的透明胶带等；挖掘工具，如铲子、锄头、铁锹、耙子、装泥沙的桶等；其他辅助材料，如毛巾、毛根、绳子、胶枪、彩纸、彩笔、剪刀、泡沫、海绵、纸板、鹅卵石；等等。需要注意的是，这里只是按照通常的功能对材料和工具进行分类，这些材料在使用时是灵活、开放的。例如，奶粉罐既可以用作盛水的材料，又可能用作建设堤坝的材料。

（二）提供机会，让幼儿充分探索材料的性质和工具的使用方式

水利工程劳动是一种利用水资源的活动，因此，它要求幼儿能了解和利用水的特性。教师可以在日常的游戏、教学活动中给幼儿提供充分的机会，让幼儿充分体验水的特性。例如，水会流动；水的流动会受到阻力、地形等的影响；沙、土会吸水；等等。当然，更多关于水的特性会在水利工程劳动过程中被发现。此外，幼儿还需要在日常生活和游戏中积累关于材料和工具的特征和作用方面的经验，以便他们在水利工程劳动中灵活运用这些经验去解决问题。例如，幼儿在日常活动中有过使用奶粉罐装沙子固底的经验，那么，他们在修建“喷泉水池”时，就可能会迁移类似的经验；又如，幼儿如果有使用 PVC 管来运水的经验，那么当缺少相关材料时，他们可能会选择外形相似的竹子来运水。

（三）引导幼儿为生活、游戏和自然进行水利工程劳动

与沙水区的游戏不同，幼儿开展的水利工程劳动是一种有明确目的的、持续深入的利用水资源的活动，因此，要让幼儿的水利工程劳动真正体现工程劳动的特点，就要引导幼儿为生活、游戏的真实需要而进行劳动，让幼儿明确劳动的目的和意义。例如，瑞吉欧就有一个经典的项目活动案例《小鸟的乐园》——校园中，为来此栖息的小鸟提供了解渴的一池清水。孩子们围绕小鸟产生了一些提议，有的孩子建议在树上搭建鸟巢，还要搭建给小鸟玩的秋千、给老鸟搭乘的电梯；有的孩子建议安置一个音乐旋转木马；还有的孩子建议给小鸟准备滑水用的小木片，让它们滑水；更有孩子提议做个喷泉，是又大又真实的、能把水喷得高

高的那种喷泉。随后教师支持幼儿的兴趣，引导幼儿进行了瀑布和喷泉的制作。在幼儿园中有很多生活和游戏的场景，其中蕴含着开展水利工程劳动的契机。例如，将水源输送到沙土区、种植区等游戏区域的引水工程；种植区中的自动灌溉工程；挖掘小池塘、修建大坝的蓄水工程；制作水车、水闸等水利机械的工程；收集和利用雨水的循环用水工程。幼儿的这些水利工程劳动成果建成以后，也可以自然地和其他游戏、劳动、生活活动相连接。例如，幼儿制作的水车可以用来提水、运水；雨水收集器收集的雨水可用于灌溉种植园地；在挖掘的小河道里，幼儿还可以自制船只进行游戏；小池塘里可以养殖、种植各种水生动物、植物。幼儿园在进行水利工程劳动教育时，还需要以可持续发展理念为指导，引导幼儿关注人和自然环境的和谐相处，为了更有效地、可持续地利用水资源而劳动。例如，制作雨水收集器的劳动，使幼儿理解资源需要也可以达成可持续利用。

（四）指导幼儿对生活中的水利工程进行参观调查

对教师和幼儿而言，水利工程是相对陌生的领域。参观附近的水利工程与设施有助于引发幼儿在园的水利工程劳动。例如，有的幼儿园附近有水闸，幼儿在参观水闸后，产生了好奇心，有了在幼儿园的河道中建造水闸的愿望。参观、调查水利工程与设施也是幼儿获得水利知识的重要途径。例如，在幼儿制作水车时，教师可以组织幼儿有目的地观察水车的组成部分、结构和功能。这些基本经验的获得是幼儿进行建造的基础。当然，有的幼儿园离水利工程建筑与设施相对较远，教师可以通过图片、视频等多媒体资料，使用间接的方式，向幼儿介绍不同类型的水利工程建筑与设施及其工作原理。幼儿园还可以充分利用家长、教职工、网络、书本资源，当幼儿在水利工程劳动中遇到困难时，引导幼儿向相关人员提问，或者有目的地在网络上、书本上寻找信息。

六、幼儿园建筑工程劳动的组织与指导要点

在幼儿园中，幼儿经常会进行各种积木建构活动。在积木建构游戏中，幼儿建构的对象往往是各类建筑物，也可以进行数学、科学、社会、艺术等多领域的学习。与积木建构游戏相比，建筑工程劳动的独特性体现在哪里？它对儿童发展的独特价值又体现在哪些方面呢？首先，建筑工程劳动是一种真实的、有目的劳动，是为了解决幼儿游戏和生活中的问题而进行的活动。幼儿在很长一段时间内，能持续为实现最终目标而努力，当他们的劳动成果真正投入使用，幼儿就能够真切地体会到劳动的价值。而建构游戏中，幼儿的目的和行为很可能在活动中发生变化，幼儿的建构成果一般只进行展示或者仅作为假想游戏的场景。其次，建筑工程劳动中引入了新的材料和工具，使得幼儿有机会获得与建构游戏不同的经验。例如，幼儿要使用砖和水泥来进行真实的建造，他们需要探究不同类型的砖块的特点，探索水泥粉应该以什么比例和

水、沙子进行混合，等等。最为关键的是，幼儿要使用各种工具、经历工程劳动的全过程，这些有利于幼儿获得技术学习的经验和工程思维。建筑工程劳动往往是集体或小组活动，幼儿需要在劳动中进行合作、分工。

由此可见，在幼儿园课程建设中，建筑工程劳动内容有着独特的价值，应当引起足够的重视。有条件的幼儿园，要尽可能为幼儿园建筑工程劳动教育的开展创造条件。具体而言，教师对建筑工程劳动的组织和指导策略要关注以下要点。

（一）为幼儿建筑工程劳动提供开放的空间、多元的材料

建筑工程劳动中，幼儿需要通过与材料、环境的互动来实现自己的目的，相对而言，这类活动对空间、材料的要求较高。就空间而言，建筑工程劳动与木工工程劳动不同，没有相对固定的区域，它是应需要而确定劳动空间的。在幼儿园户外的任何角落，种植园地、草地、泥地、水泥地……只要有需要，这些场所都有可能成为建筑工程劳动的空间。而建筑工程劳动也是幼儿真正参与幼儿园户外环境创设的重要途径，他们通过亲身参与建筑工程劳动，让园所真正变成自己建设起来的乐园。当前，有的幼儿园户外环境比较有限，幼儿园要站在提升课程质量和促进幼儿发展的高度来看待幼儿园建筑工程劳动教育，为幼儿开展建筑工程劳动提供空间保障。

幼儿园建筑工程劳动需要专门的材料，包括建筑工程主材，如空心水泥砖、红砖、青砖、水泥、黄沙、稻草、瓦片、木条、木板、PVC 管等。建筑工程要用的工具包括刮板、墨斗、平衡尺等；还要用到挖掘类工具，包括铲子、铁锹、装泥土的桶等；用到防护类工具，如手套、帽子、防护服、雨靴、雨衣等；还需为幼儿提供设计和记录工具，如纸、笔、记录单等。此外，教师还可以提供一些绘本资源、音乐资源、视频资源，增加幼儿关于建筑工程劳动的间接经验。

（二）引导幼儿为真实的生活需要进行工程修建

幼儿的建筑工程劳动与他们的建构游戏相比，其突出的特征是真实性、有明确的目的性。幼儿园建筑工程劳动应当突出工程劳动活动的这一特征，引导幼儿为真实的生活需要来开展修建劳动。教师可以引导幼儿关注自己的生活需要和幼儿园的环境，请幼儿思考希望对幼儿园的环境做怎样的改变。例如，有幼儿提出想要修建一个幼儿停车场，方便有序停放小脚踏车。幼儿没有关注到的一些问题，教师发现有可能生发建筑工程劳动的，也可以将它们以视频、图片等方式记录下来，引发幼儿的关注和讨论。例如，教师发现已有的自行车道上有根柱子，阻挡了道路，幼儿玩起来不尽兴。教师将这个现象拍摄下来，播放出来，与幼儿讨论，幼儿就提出想要建设一条更刺激的自行车道。教师还应该关注一些突发的生活事件，因为这些突发的生活事件往往会成为幼儿关注的焦点和课程的来源。例如，幼儿园砍掉了大树，幼儿提出小鸟没有栖息的地方，想要给小鸟建造住所。这些由幼儿熟悉的、真实的生活需要所引发的建筑工程劳动，让幼儿在劳动过程中更加专注，更能坚持，

也让幼儿更加理解劳动的意义。有时候，幼儿周围有特色的、幼儿熟悉的建筑物也会引发他们的表现愿望，但是要让这种创造性的表现更有劳动的意义，教师需要引导幼儿思考使用真实材料来建造的建筑物在真实的生活中有怎样的意义。

（三）注重指向目的实现的工程设计过程

设计是工程活动区别于其他活动的关键。尽管在建构游戏中幼儿也会进行设计，但是他们在建构游戏中往往是一边设计、一边操作，设计伴随着操作的过程。在建构游戏中，有的幼儿的意图可能会发生很多变化：一开始想要搭一座城墙，后来发现同伴在搭建停车场，就改变了自己的搭建意图。但是对于建筑工程劳动来说，确定了一个比较明确且较为长远的目标后，教师要引导幼儿为了实现这个目标进行设计和计划，并根据计划来实施。收集信息、形成和讨论设计方案是建筑工程劳动中重要的环节。尽管幼儿的建造过程不似成人的建造过程那样需要严格执行设计方案，可以在实施过程中进行调整和修改，但是，设计是工程的核心要素，要引导幼儿在劳动过程中养成工程思维，熟悉界定问题、提出方案、选择方案、实施方案、检验调整的过程，那么教师就应当重视幼儿的设计行为。教师要引导幼儿为最终目标的实现而进行设计，因此，教师应当支持幼儿在活动前期围绕将要建造的对象进行充分的研究、参观、调查、讨论，以帮助幼儿形成计划。同时，教师要提供“支架”，帮助幼儿形成工程劳动的计划，例如，引导幼儿考虑搭建的地点以及建筑物的功能、外形、材料等。对幼儿的计划能力也要逐渐加以提升，对小班幼儿，重点引导他们明确在哪里施工、建设什么、使用什么材料；对中、大班幼儿，则要引导他们对建造工作的细节，如材料的数量、建筑物的形态和结构等进行更为细致的计划。

（四）抓住契机，助推幼儿在建筑工程劳动中深度学习

深度学习有两个重要的特征：其一，幼儿要综合应用和迁移已有经验，并且在现有经验的基础上获得新的经验，有经验的生长才能称之为学习；其二，在幼儿的学习中，幼儿的高级思维能力得到发展，发现问题、解决问题的能力得到锻炼，同时幼儿主动学习、专注的学习品质得以彰显。这两个特征同时具备，才是深度学习。建筑工程劳动中蕴含了幼儿深度学习的机会。例如，幼儿在建筑桥梁时，需要综合使用他们此前获得的关于材料的特性、数量、长度等方面的知识和经验，将它们应用到当下问题的解决过程中，并且在新的问题情境中获得积累新经验的机会。同时，幼儿在建筑桥梁时还会不断遭遇新问题，例如材料不足、结构不稳定等，这些问题都可以成为提升幼儿解决问题、团队合作、批判反思能力的机会。而教师在这个过程中首先需要将幼儿的劳动行动与幼儿的经验相关联，帮助幼儿回忆和提取已有经验，并通过设置情境、抛出问题、总结提升，使幼儿的经验真正得以丰富。总之，教师要给幼儿的自主学习提供充分的机会，鼓励幼儿为实现目标持续努力；帮助幼儿聚焦工程劳动中的关键问题，在有必要的情况下，使用材料支架、语言支架、回溯支架等支持幼儿解决问题。

第九章

幼儿园劳动教育的改革与推进

随着时代的变迁，幼儿园劳动教育也面临着新的机遇和挑战。在学前教育质量不断提升的背景下，幼儿园劳动教育的发展目标是什么？幼儿园劳动教育如何更好地融入课程，成为课程的有机组成部分？幼儿园劳动教育的核心目标——劳动素养的培养如何更好地达成？这些问题都有待我们回答。

第一节
幼儿园课程与劳动教育

在阐述了我们所建构的幼儿园劳动教育体系后，我们再从课程的角度来思考幼儿园劳动教育的问题。在这一节，我们主要探讨幼儿园课程与劳动教育之间的关系。探讨劳动教育在幼儿园课程中到底处于什么位置，幼儿园劳动教育与游戏、生活、教学等课程实施形式之间的关系是什么，我们如何从劳动教育中生发课程，丰富幼儿园课程，让幼儿园课程更加开放、更为动态、更具生成性。

一、劳动教育在幼儿园课程中的地位

尽管目前在中央颁布的各份关于劳动教育的文件中并未提及幼儿园劳动教育，但劳动教育从未远离我国幼儿园教育实践。事实上，幼儿园一直在进行着劳动教育，生活自理劳动、值日生活动、工艺劳动几乎是在每所幼儿园都能看到的劳动教育形式。随着我国学前教育事业的发展，幼儿园将场地改造得更具适宜性，很多幼儿园也为幼儿提供了开展种植劳动、饲养劳动的空间和机会。劳动教育一直以来都是被纳入幼儿园课程体系中的。

（一）劳动教育是我国幼儿园课程的重要组成部分

劳动教育是我国幼儿园课程的有机组成部分，在幼儿园课程中占据了重要的地位。这首先体现在，对劳动素养的培养是我国幼儿园课程目标中的重要内容。在我国诸多关于学前教育的文件中，都能够找到国家期望通过幼儿园课程培养幼儿劳动素养的语句。《规程》中明确，幼儿园教育目的之一是要萌发幼儿爱劳动的情感。《指南》中则提出要培养幼儿基本的生活能力，幼儿要学会使用简单的劳动工具；幼儿要能够认真负责地完成自己所接受的任务；自己的事情自己做，不依赖别人；要能够关注别人的情绪和需要，并给予力所能及的帮助；幼儿要知道父母的职业，能体会到父母为养育自己所付出的辛劳……这些儿童发展目标或描述幼儿典型表现的文字指向了幼儿的劳动情感、劳动态度、劳动认知、劳动能力等劳动素养。在实践过程中，各地幼儿园会根据园所和幼儿的实际情况制定本园的课程目标，对劳动素养的培养，尤其是对劳动习惯、劳动情感的培养，都应该被纳入每所幼儿园的课程目标。

劳动教育是我国幼儿园课程的有机组成部分，还体现在劳动是幼儿园课程实施的重要途径，广大幼儿园通过劳动教育落实了健康、语言、社会、科学、艺术等多个领域的课程目标。以劳动形式实施的课程，是一种贴近幼儿生活和需要，以幼儿的行动为支撑的课程，是能够更有效地支持幼儿获得深刻经验的课程。

（二）开展劳动教育不是新增幼儿园课程的内容和目标

将劳动教育纳入幼儿园课程体系也有几个需要特别关注的问题。其一，将劳动教育纳入幼儿园课程体系，是要实现劳动教育课程化，而非劳动教育课堂化。幼儿园的劳动教育主要是通过劳动特别是体力劳动的形式开展的，而非让幼儿在课堂中听教师讲授劳动动作的要领、聆听关于热爱劳动的口头教导。其二，不要过分夸大和拔高劳动教育在幼儿园课程中的作用，劳动教育绝不是幼儿园课程的全部。劳动不构成幼儿的全部生活，甚至不是幼儿主要的生活内容。举例而言，与劳动相比，游戏在幼儿那里就更有天然的“合法性”。幼儿园要避免以劳动素养的培养取代其他课程目标，不能以劳动代替其他课程实施形式。其三，劳动教育课程化不是把劳动教育作为幼儿园的特色课程，也不是在现有课程的基础上新增“劳动领域”的目标和内容，而是考虑现有的课程目标如何更好地通过劳动教育的方式来得到落实，同时，在现有课程中突出对服务、创造等良好品质的培养。

二、劳动教育如何生发课程

课程是不断生长、变化的。从表面看，生发课程是课程内容的生发，是活动的产生，而实际上，是儿童发展空间和可能性的增加。有的幼儿园实施劳动教育，只关注幼儿是否饶有兴味、是否热火朝天地进行体力劳动，却较少考虑幼儿在劳动活动中是否面对了适宜的问题和挑战，是否获得了解决问题的机会，是否通过自己的努力解决了问题而获得了相应的新经验。因而，这类幼儿园的劳动教育还停留在提供劳动活动的层面，并没有充分地以课程的意识来关照劳动活动，没有从劳动教育角度生发课程。

（一）丰富资源和活动，让幼儿有发展经验的可能

幼儿园课程是帮助幼儿获得有益的学习经验，促进幼儿身心和谐发展的各种活动的总和。幼儿要发展经验，就需要参与到各种活动中。幼儿的活动内容丰富，幼儿有事可做，有行动的机会，他们就有可能获得新经验。而幼儿的行动需要对象资源、工具资源，也需要空间和时间。幼儿园通过丰富幼儿所面对的物质

资源、环境，就能够丰富幼儿的活动和学习内容，最终能够“产出”更加丰富的幼儿经验。举例而言，一所幼儿园，如果在秋收季节把收获的蔬菜瓜果摆在走廊上，幼儿只能观察蔬菜瓜果的外形、记住蔬菜瓜果的名字。但是如果教师提供各种工具，如天平、卷尺、绳子、小刀、纸、笔等给幼儿，幼儿就可以进行称重、测量、比较、制作、记录等活动，幼儿就有可能生发新经验。除了给予幼儿丰富的对象资源、工具资源以外，教师还要给予幼儿劳动的空间和时间。比如，有一所幼儿园，当幼儿提出想要自己在园中挖掘一条“母亲河”时，教师“看”到了幼儿自己解决遇到的一系列问题、自己完善“母亲河”两岸的事物等活动所具有的教育价值，因此，教师给予幼儿充分的劳动空间和时间，幼儿经历了商量、决策、倾听、表达、设计、选材、测量、使用工具、挖掘、推车、合作、美化等行为和事件，大大充实了自己的经验。

（二）观察幼儿的劳动，把握课程生发的契机

幼儿每天都在做事，常常都在劳动，但并不是所有的劳动都有促进经验增长的意义。如果劳动只是简单地在重复经验，课程就没有生发的契机。因此，教师要对幼儿的劳动活动、对幼儿在劳动活动中可能出现的行为进行预想和规划，通过材料的提供、情境的创设或者问题的提出，激发幼儿进行一些更具有经验生长意义的劳动。当然，幼儿的行为肯定不可能完全如教师所想，因此，教师需要时刻关注幼儿的行为，对劳动展开观察，把握劳动过程中课程生发的契机。举例而言，幼儿每天的值日活动似乎是习以为常的劳动，但是这种习以为常的劳动中也有可能生发课程。例如，某个班级出现幼儿扫地扫不干净的情况，大多数时候，保育老师会代替幼儿打扫干净，而幼儿每天也就重复着似乎有些单调的打扫卫生的活动。于是，教师提醒幼儿仔细观察，幼儿发现，每次用扫把扫完地之后，地上总是残留着饭渣。教师再引导幼儿思考：为什么扫地扫不干净？是打扫工具的问题，打扫方法的问题，还是打扫态度的问题？为什么保育老师可以打扫得很干净？我们有什么解决办法？请大家围绕这些问题展开讨论，并尝试用自己的办法来解决问题，验证办法的有效性。在此后的劳动中，幼儿还商量怎样让自己一直坚持努力，直到把地上打扫干净；交流对能扫净地面的小伙伴的评价，又请该幼儿说说对自己的评价……由此可见，一个简单的扫地劳动也能生发为课程，引发幼儿的观察、讨论、商量、猜想、验证、比较、制作、评价等诸多行为，从而丰富幼儿的经验。

教师对幼儿的行为进行观察，要特别关注幼儿的认知节点。在瑞吉欧的经验中，他们把幼儿在认知上进行不下去的那个节点称作“认知节点”。马拉古齐认为，这不是一个障碍点、沮丧点，而是一个机会，可以借此机会让幼儿学会怎样解决问题。当幼儿遇到认知节点时，教师并不是试图把这个节给打开，使教学过程加快；而是使这个过程放慢、更加吸引人，让幼儿学会自己解决问题。这其实

就是指从幼儿遭遇到的问题和困难中生发出了课程。

（三）熟悉幼儿的发展脉络，促进幼儿经验的生长

在杜威看来，个体的经验有横向上和纵向上的联系。教育就是儿童经验的生长，因此，幼儿的学习要建立在已有经验的基础之上，并沿着经验发展的轨迹生长。要真正促进课程的有效生成、实现幼儿有效的学习和发展，教师就要熟悉幼儿的发展脉络，在识别幼儿当下发展水平的基础上，明确应当引导幼儿往哪个方向发展，要提供什么样的支持来巩固幼儿现有的发展水平、支持幼儿向下一个阶段发展。举例而言，幼儿在工程劳动中经常会涉及做计划，在一次次计划行为背后就是幼儿计划能力的发展。教师如果不熟悉幼儿计划能力发展的轨迹，就无法合理地判断幼儿现有的计划水平和计划能力应该朝什么方向发展。此外，幼儿的劳动活动还是全面、综合的活动，从幼儿在劳动中的表现识别出幼儿各领域经验发展的可能性，也是当前教师在教育实践中的难点。由于有的教师对《指南》不敏感，所以，虽然有时一件事情向前推进一点，《指南》的精神就会落实，但这样的时机经常被错过。因此，总体上，教师要以《指南》为依据，熟悉幼儿的发展脉络，在对照《指南》进行儿童观察与评价的过程中，将《指南》的内容烂熟于心，并将相对抽象、概括的发展目标和典型行为具体化、案例化，化为自己可以理解、可以操作的目标。简言之，就是要用《指南》去衡量劳动教育中幼儿的经验，指引劳动教育更好地开展。

第二节
劳动习惯养成教育

培根曾指出，习惯是一种顽强而巨大的力量，它可以主宰人生，因此人从幼年起就应该通过教育培养一种良好的习惯。劳动习惯是劳动素养的重要组成部分，引导幼儿养成劳动的习惯是幼儿园劳动教育的关键目标。

一、劳动习惯的内涵

习惯是什么？很多心理学家都曾对其下过定义。美国心理学之父詹姆斯从神经学角度对习惯进行了分析，揭示了习惯的形成与神经系统受到的刺激及做出的反射之间存在关联。华生指出，“任何相当定型的行动方式，不管它是外显的或内隐的反应，而且又非属于遗传性反应，都可视为习惯。习惯是学来的，不是与生俱来的，它是由刺激与反应之间所形成的稳定关系所构成的”。美国心理学家赫尔指出，感受器和反应器的连接就是习惯，习惯不是肉眼可观察到的具体行为变量，而是一种假设性的中介变量，它会随着强化的次数、时间等手段变化。斯特格等人指出，习惯是指通过将特定的情境暗示与（一系列）行为模式关联起来而自动决定未来行为的认知结构。①国内的学者也对习惯的内涵进行了探讨。林崇德等人编撰的《心理学大辞典》中，将习惯解释为“个体在一定情境下自动化地执行或完成某些动作或某种固定活动模式的需要和倾向”②。林传鼎等人主编的《心理学词典》中，将习惯定义为“不需要特殊的练习，由于多次重复而形成的对于实现某种自动化动作的需要”③。心理学家张焕庭主编的《教育词典》中指出：“习惯指与完成某种自动化动作的需要相联系的，并经过练习而获得的动作方式。”④

---

①［荷］琳达·斯特格，［荷］朱迪思·I. M. 德格鲁特．环境心理学导论（第2版）［M］．于亢亢，高健，马亿珂，译．北京：中国环境出版集团，2022：165.

② 林崇德，杨治良，黄希庭．心理学大辞典（下卷）［M］．上海：上海教育出版社，2003：1340.

③ 林传鼎，陈锦永，张厚粲．心理学词典［M］．南昌：江西科学技术出版社，1986：26.

④ 张焕庭．教育辞典［M］．南京：江苏教育出版社，1989：51.

总的来看，习惯具有以下特征：（1）习惯不是天生的，而是后天形成的。它是一种心理的倾向，通过具体的行为来体现。（2）习惯与多次重复的练习有关，具有自动化、稳定性等特点。（3）习惯的形成和其作为一种行为的表现与特定的情景有关。在个体进入相关环境时，这些反应被学习并被激活。① 基于此，我们将习惯定义为：经后天多次重复练习形成的，与特定情景关联的，稳定的、自动化的行为倾向。

劳动习惯就是通过经常性劳动实践形成的稳定的行为倾向。劳动习惯不仅要适应劳动的动作，而且要在精神上接受劳动。劳动习惯不是简单的通过行为训练就能形成的自动化联动效应，而是需要不断克服自身的惰性和外在的不利条件，唤起内部需要，在劳动实践活动中形成劳动意识并不断升华、内化为自身的劳动品质，从而支撑自觉的劳动行为。② 养成了劳动习惯的个体，在进入需要劳动的环境中时，会自发地表现出劳动的行为。对幼儿来说，表现为能够做到自己的事情自己做，常常主动参加其他劳动活动。在形成了劳动习惯以后，幼儿不需要凭意志力和自控力去持续参与劳动活动，而是不假思索就会投入劳动活动并持续参与。

二、劳动习惯的形成机制与阶段

要了解如何培养劳动习惯，我们需要首先了解劳动习惯的形成受到哪些因素的影响，了解劳动习惯形成的机制是什么。总体来看，劳动习惯的养成经过了偶然的劳动活动—经常性的劳动行为—自觉的劳动倾向—习惯性的劳动行为这样的发展过程，经过了强化、内化和外化三个阶段。劳动习惯形成机制如图 9－1 所示。

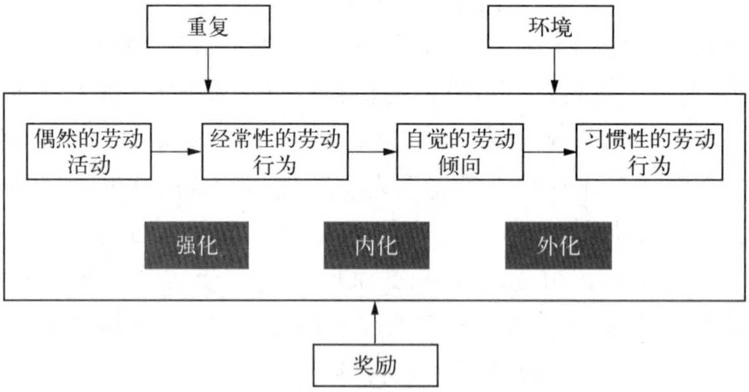

图 9－1　劳动习惯形成机制

① 盛慧，高晓文．劳动习惯的形成机制与测量指标构建［J］．教育科学研究，2022（12）：39－44.

② 李敏，罗一帆．中小学生劳动习惯培塑机制与策略研究［J］．教学与管理，2024（15）：15－18.

（一）劳动习惯形成的几个阶段

1. 劳动行为的强化阶段

在这个阶段，幼儿的劳动活动是一种偶发的状态。幼儿劳动活动可能源于一次游戏化的尝试，例如幼儿拿起扫把，进行模仿成人扫地的游戏活动；可能是成人发起的一次劳动活动，例如教师安排了分发碗筷的劳动任务给幼儿；也可能是幼儿一次主动的探索，如幼儿尝试自己用泥土捏一个娃娃。这一阶段的特点是，幼儿的劳动行为是偶发的、不稳定的、发生频率不够高的，且幼儿的兴趣也容易被转移。偶发的劳动活动，其产生的原因可能是教师的任务安排，也可能是幼儿自身的兴趣。正如前文所提到的，幼儿天生就有劳动的本能，杜威也谈及幼儿有建造和制作的本能。此外，幼儿的劳动也可能是他们受到了游戏欲望的驱动。简言之，幼儿偶发的劳动行为可能由内部的愿望驱动，也可能由外部的要求引发。在表现出劳动行为以后，幼儿可能会得到一定的奖励。这种奖励既可能来自内部，也可能来自外部。来自内部的奖励是幼儿劳动以后内部愿望得以满足的一种自我强化。自我强化是阿尔伯特·班杜拉所提出的概念，自我强化既可以是有形的，也可以是情感性的①，由于劳动任务完成而获得自豪感和满足感就是一种自我强化。外部强化则包括教师对幼儿劳动行为的赞赏、鼓励，包括贴“小星星”贴纸、区域选择的优先权等口头激励和象征性激励，也包括物质激励。同时，幼儿还有可能获得替代强化，如同伴因为参与劳动活动而得到了奖励。从斯金纳的操作性行为主义理论和班杜拉的认知行为主义理论可知，幼儿偶然的劳动行为在得到强化以后，今后发生的频率会增加。

2. 劳动倾向的内化阶段

由于得到了各种奖励，幼儿偶然的劳动行为获得了强化，劳动行为发生的频率不断增加，经常性的劳动活动出现，幼儿在准备好的环境中重复着劳动的行为。尽管他们参与的劳动活动内容可能是有差异的，如生活自理活动、种植劳动、饲养劳动等，但这些劳动都是幼儿结合了劳力与劳心的活动，其劳动的本质是相同的。当然，有时候经常性的劳动行为不是源于强化，而是源于一种外部的要求和期望，只是源于外部要求的经常性的劳动行为难以稳定下来，劳动的质量难以得到保证，自觉的劳动倾向难以形成。换言之，如果行为的出现并不能获得任何意义上的奖励（尤其是内在愿望得以满足的自我强化），仅仅靠行为重复出现和言语的说教，幼儿的劳动行为很难真正内化为一种自觉的劳动倾向。而自觉的劳动倾向形成是劳动习惯养成的必经阶段。自觉与被动是相对的，是由内部动

---

①［美］杜安·舒尔茨，［美］西德尼·艾伦·舒尔茨．人格心理学：全面、科学的人性思考（原书第 10 版）［M］．张登浩，李森，译．北京：机械工业出版社，2016：215.

机引发的；自觉的劳动倾向也不是偶然的由内部动机引发的活动，而是经过长期重复后形成的一种行为的倾向。

由此可知，在幼儿经常性的劳动行为内化为幼儿自觉的劳动倾向时，内部动机的巩固至关重要。内部动机的巩固一方面源于劳动愿望得以满足、劳动成功的积极体验所带来的自我价值感的积累，另一方面则源于外部动机向内部动机转化的内化过程。自我决定理论将个体行动的动机分为内部动机和外部动机。内部动机是个体"为了自己的目的"或为了内在的兴趣和乐趣而进行活动，如游戏，以及在探索愿望和好奇心等驱动下的活动，这些活动不依赖外部激励或压力，而只是为了获得自身的满足和乐趣。外部动机与内部动机相对，是满足内在需求之外的其他驱动个体行动的原因。在自我决定理论学者看来，外部动机并不是只有一种，而是多样的，有四种亚类型（如图 9－2 所示）。在完全的外部调节中，个体是因屈服于外部压力，或为了避免惩罚、获得奖励而调节行为的。例如，幼儿为了获得"小星星"贴纸奖励而去参加种植劳动。而在内摄调节中，个体因避免内疚和焦虑而行动，行动中有内部参与的成分，但根本上还是外部动机驱动的。例如，幼儿去小农场拔草后，被奖励了一张自己喜欢的贴纸。认同调节中，个体对某种行为的价值和意义表示认同，从而获得相对较高的意志或行动意愿。例如，幼儿可能会意识到参与种植劳动对自己认识自然有益处，因而愿意花更多的时间进行种植劳动。最自主的外部动机形式是整合调节，在这种调节类型中，人不仅认识到并认同活动的价值，而且还发现它与其他核心兴趣和价值观是一致的。例如，幼儿想要成为一个拥有丰富科学经验的人，而种植劳动能够满足他的期望。整合调节在很多方面和内在动机相似，但是整合调节中的个体还不是真正被内在动机所驱动，他们不是为行为本身的目的而做出行为的。而内部动机是为了活动本身所提供的满足感去行动。例如，种植劳动这件事情本身就是儿童的兴趣，成功种植一株花让儿童有内在的满足感。

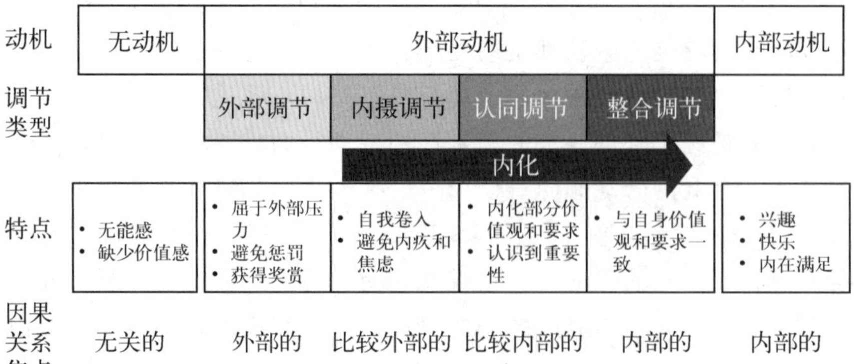

图 9－2　自我决定理论对动机的分类

自我决定理论认为，外部动机有转化为内部动机的可能和倾向，这个过程就是内化的过程。在内化过程中，社会环境起着重要的作用。提供意义支持、承认个体的感受、提供选择空间等都有助于促进内化。[①] 举例而言，在幼儿参与种植劳动的过程中，教师要通过多种形式，帮助幼儿明确种植劳动的意义和价值，如种植劳动可以美化校园环境，参与种植劳动可以丰富我们对自然的认知，等等。教师还要承认和尊重幼儿的感受，例如，教师可以说："要除完这块地里的草确实是很辛苦的，但是我们的行动对蔬菜很有用，是帮助蔬菜消灭敌人的。"此外，教师在给幼儿提供建议时，应该提供选择，而不是简单地命令或要求，例如，幼儿可以选择使用不同的方式、不同的工具来除草，可以选择具体的劳动任务（是除草还是浇水）等，有选择的空间能让幼儿感受到自己有控制权。在这些因素的共同作用下，幼儿劳动行为的外部动机可以转化为内部动机，幼儿经常性的劳动行为可以转化为幼儿自觉的劳动倾向。

3. 习惯性的劳动行为的外化阶段

所谓外化，就是习惯性的劳动倾向表现为幼儿自觉的外部行为的过程。劳动教育的性质决定了培养劳动习惯的最终目标在于实践和行动，即习惯性劳动行为的产生。[②] 习惯性的劳动行为是否会产生，受到环境、动机、能力等多种因素的影响。当幼儿面对熟悉的劳动环境，且这个环境是开放、包容的，能接纳幼儿在劳动过程中可能产生的错误时，幼儿更有可能表现出劳动的行为。而当幼儿所面对的劳动活动符合幼儿的兴趣、满足幼儿的内在需要时，或者与幼儿的自我价值认识相关时，幼儿更愿意将劳动倾向外化；同时，劳动活动对幼儿的能力稍有挑战，又处在幼儿的"最近发展区"时，幼儿更愿意参与此类劳动活动，将内在倾向转变为劳动行为。

（二）影响劳动习惯形成的因素

研究习惯心理学的温迪·伍德指出，习惯形成有三个重要的基础：环境、重复和奖励。

1. 环境

就环境的影响来看，库尔特·勒温的心理场理论指出，个体的行为受到各种外力的影响，个体所处的环境是驱使或约束我们行为的外部力量。[③] 举例而言，

---

① DECI EDWARD L., et al. Facilitating Internalization: The Self-determination Theory Perspective [J]. Journal of Personality, 1994 (62): 119-142.

② 李敏，罗一帆．中小学生劳动习惯培塑机制与策略研究［J］．教学与管理，2024（15）：15-18.

③［美］温迪·伍德．习惯心理学：如何实现持久的积极改变［M］．北京：机械工业出版社，2021：95-96.

当幼儿在班级中看到周围的幼儿都自己在用餐具吃饭，也就拿起餐具自己吃饭了，这就是幼儿自我服务劳动中所呈现出的外部驱动力；但当幼儿回到家中，家庭没有给幼儿提供自主进餐的工具和机会，而是准备喂饭，这就是幼儿自我服务劳动的外部约束力。温迪·伍德指出，环境中，不仅是物品、空间对人的习惯养成有影响，周围环境中的人——同伴会对个体产生重要影响。他们做什么和不做什么，可以影响到我们的行为。① 一个有利于习惯养成的环境，应当是消除行为摩擦力、增强行为驱动力的环境。库尔特·勒温指出，“设置障碍、挑战自我不利于习惯的形成。通过负隅顽抗来形成习惯并不值得骄傲。消除阻力，设置正确的驱动力，让好习惯慢慢融入你的生活”②。同时，这种环境保持一致性也很重要。个体的习惯更有可能在一致的环境中形成，“脱离环境的行为重复，并不是强化习惯的最好方法”③。

2. 重复

习惯的第二个基础是重复。在重复的过程中，个体的行为响应速度会变快。脑科学的研究发现，大脑中枢中有一些特定的区域（位于感觉运动网络中，尤其是壳核中）与习惯有关。在一遍一遍的重复过程中，壳核的激活程度会增加，习惯神经系统会被唤醒。④ 在形成习惯以后，个体还没有来得及思考这是不是自己想做的，身体就已经自发行动了。重复还会产生一种类似于路径依赖的效果，即个体更容易看见自己过去的经历。在劳动中，如果过去个体经常性地参加劳动，那么在相似的情景中，他就不太会在要不要参加劳动上犹豫，而是只能够看到参加劳动这个选择。正如库尔特·勒温所说，“习惯来自重复，行为产生更多的行为，此外习惯再无更复杂、更稀有或更特殊的来源”⑤。

3. 奖励

奖励是形成习惯的第三个要素。奖励，尤其是多于预期的奖励，会刺激神经递质多巴胺的分泌。而习惯的形成与多个多巴胺通路有关，尤其是感知运动的通路。由中脑神经元分泌的多巴胺被与运动和感觉区域（感觉运动皮质、运动皮

① [美] 温迪·伍德. 习惯心理学：如何实现持久的积极改变 [M]. 北京：机械工业出版社，2021：103.

② [美] 温迪·伍德. 习惯心理学：如何实现持久的积极改变 [M]. 北京：机械工业出版社，2021：106.

③ [美] 温迪·伍德. 习惯心理学：如何实现持久的积极改变 [M]. 北京：机械工业出版社，2021：80.

④ [美] 温迪·伍德. 习惯心理学：如何实现持久的积极改变 [M]. 北京：机械工业出版社，2021：65.

⑤ [美] 温迪·伍德. 习惯心理学：如何实现持久的积极改变 [M]. 北京：机械工业出版社，2021：122.

层）相连的受体接收，意外的奖励越大，神经元释放的多巴胺越多（与其他化学物质一起释放），这条通路上发送和接收信号的突触就会更活跃。① 多巴胺神经元传动的信号、与奖励相关的体验都会被详细铭刻在记忆中。奖励可以是内在的，也可以是外在的。尤其在习惯形成的初期，一些即时的外在奖励也能够刺激大脑释放多巴胺。库尔特·勒温指出，真正让个体开心的行为更容易形成习惯，他指出，“当某些行为不断地给我们带来比神经系统所期望的还要多的快乐时，我们会从中学习到行为与奖励的关系，并形成习惯”②。

三、幼儿劳动习惯的养成策略

综上可知，幼儿劳动习惯的养成是一个相对复杂的过程，是个体、环境、活动相互作用的过程。幼儿园劳动教育要促进幼儿劳动习惯的养成，应该关注以下策略。

（一）提供常态化的劳动机会

如上所述，重复在个体习惯的养成过程中起着重要的作用。要让幼儿养成劳动习惯，幼儿必须经常有机会参与劳动活动。有的幼儿园期望通过集中开展劳动日、劳动周活动，或者通过持续一段时间的劳动主题活动，就让幼儿养成劳动习惯，是不切实际的。“21 天养成一个习惯”也只是一个美好的期望。一个行为越复杂，养成习惯所需要的重复次数也就可能越多。基于此，以养成劳动习惯为目的的教育应该特别关注那些能够常态化地在幼儿园开展的劳动活动，例如幼儿的自我服务劳动。因为洗手、吃饭、穿脱衣服是幼儿每天都要进行数次的劳动，利用好这些劳动机会，能够帮助幼儿较快养成劳动习惯。苏霍姆林斯基也曾指出，“从心理的角度对学生进行劳动教育，重要的不仅是组织各种劳动，同时还要定期地让学生重复进行同一种劳动”③。

当然，劳动习惯是一种活动习惯，不是一种简单的行为习惯。劳动的重复也不能理解为一种简单的、机械的重复。幼儿从事不同类型的劳动活动，从事不同内容的劳动活动，都是一种劳动活动的重复，对幼儿劳动习惯的养成都有帮助。在劳动活动的重复过程中，要给劳动活动注入新的内容，否则，幼儿原本在劳动活动中能够获得的自我满足感，在他们的能力发展以后，就比较难以获得，他们

① [美] 温迪·伍德．习惯心理学：如何实现持久的积极改变［M］．北京：机械工业出版社，2021：127.

② [美] 温迪·伍德．习惯心理学：如何实现持久的积极改变［M］．北京：机械工业出版社，2021：142.

③ 蔡汀，王义高，祖晶．苏霍姆林斯基选集（第 5 卷）［M］．北京：教育科学出版社，2001：98.

会觉得这些工作越来越单调乏味。因此，劳动教育中要经常注入一些新的劳动内容，要让劳动经历发展幼儿的创造性思维。

（二）创设有准备的劳动环境

环境是幼儿劳动习惯养成的重要因素。首先，正如库尔特·勒温所指出的，我们要为幼儿劳动习惯的养成提供一个更加容易的、准备好的劳动环境，而非一个处处设置障碍的环境。这个准备好的环境首先应该是幼儿容易进入的(accessible)，容易进入的环境能够为幼儿参与劳动活动提供驱动力而非摩擦力。举例来说，可以将幼儿园的种植园地设置在幼儿经常能够看到的地方，让幼儿能够很容易地进入种植园地进行种植劳动，而不是被限制在围栏外面；幼儿园还要为幼儿提供很多适宜幼儿开展劳动的工具。这些环境要素都会鼓励幼儿参与劳动。

其次，一个为养成习惯做好了准备的环境还应该是相对一致的。稳定的环境（如时间）会加速习惯的形成，环境中的一些人、物品也会成为触发幼儿习惯性行为的信号。例如，每天在幼儿入园时，教师就请每位幼儿自己脱下外套并整理外套。每天在同一时间完成这个劳动任务，有利于幼儿的思维形成“环境-反应”捷径，快速形成良好的习惯。同样，当幼儿整理物品的劳动形成习惯以后，当他们再看到环境中有着物品分类的标识时，这些标识就比环境中的其他方面更容易吸引他们的注意力[①]，从而诱发他们的整理劳动行为。

再次，要特别关注人在幼儿的劳动环境中的作用，这些人即幼儿的同伴和作为教师的成人。班级中要营造劳动的氛围，要提供共同劳动的机会。幼儿与教师、与同伴之间的情感联结更容易引发幼儿参与和重复劳动的行为。

（三）及时给予多种强化

幼儿劳动习惯的养成需要及时给予多种强化。自我强化是多种强化中最重要的一种强化方式，它不仅能使幼儿的劳动行为更加频繁，而且能够帮助幼儿形成稳定的自我动机，有利于自觉的劳动倾向的产生。要实现幼儿劳动的自我强化，教师应该关注幼儿的劳动兴趣和需要，让幼儿园的劳动活动贴近幼儿的生活，符合幼儿的劳动兴趣和内在需要。同时，要支持幼儿通过劳动获得成功的体验，如此一来，幼儿开展劳动的内在愿望能够得到满足，他们出色地完成劳动活动还会给他们带来积极的自我体验，这些都能激起幼儿再次从事劳动活动的内在动机。此外，由于一些幼儿已经养成了依赖他人、不愿动手的习惯，他们天生的对于劳动的兴趣已经被环境所消磨，这种情况下，教师也要采用一些外部奖励办法来强

---

① [美] 温迪·伍德．习惯心理学：如何实现持久的积极改变 [M]．北京：机械工业出版社，2021：150.

化幼儿的劳动行为，让幼儿偶发的劳动行为再次出现。当然，教师也可以采用替代强化的方式，对幼儿同伴的积极的劳动行为进行鼓励。需要注意的是，外部强化和替代强化都是为幼儿的劳动提供外部动机。而要让幼儿的劳动行为转变为幼儿的劳动倾向，有必要将外部动机转化为内部动机。为促进外部动机的内化，教师首先要通过回顾、反思、讨论等方式帮助幼儿认识到劳动对于个人和社会的意义，帮助幼儿明确劳动的价值。其次，教师要给幼儿的劳动提供选择内容、材料、空间、时间、同伴的机会，教师还要充分认可幼儿在刚开始从事劳动活动时身体上、情绪上会面临困难。在外部动机逐渐内化以后，教师要逐步撤掉外部强化手段。当幼儿真正形成劳动习惯后，即使没有外部强化手段，幼儿的劳动活动也不再受到影响。

第三节
劳动能力提升教育

一、劳动能力的内涵和分类

幼儿园开展劳动教育的目的之一在于增长幼儿的劳动能力。一般意义上，人们认为劳动能力是人进行生产活动的能力，包括体力和脑力两个方面，是体力和脑力的总和。[①] 有学者指出，“劳动能力是指人们从事一定的劳动工作和完成一定的劳动任务的体能和心理特征，它包括劳动技能，但不等同于劳动技能”[②]。这一定义可以在马克思那里找到依据，马克思指出，“我们把劳动力或劳动能力，理解为人的身体即活的人体中存在的、每当人生产某种使用价值时就运用的体力和智力的总和”[③]。马克思非常重视人的劳动能力的发展，他指出，人的发展的实质就是人的劳动能力的发展。但是，在劳动教育实践或社会实践中，劳动能力往往被局限为动手操作的能力或者体力。动手操作的能力也被称作动作技能。加涅在《学习条件》一书中，将学习结果分成了五类，其中包括动作技能。他指出，学生穿衣、吃饭都是他们使用动作技能的活动，学生还要在工艺、家政等课程中，学习包括动作技能在内的许多操作工具的程序。只有在个体将规定动作“组织起来并构成一个连贯的、整齐的、有明确的完整动作的时候”[④]，我们才说这个人获得了一种动作技能。动作技能是在长期不断的练习中日益精确和连贯的。加涅认为动作技能实际上有两个部分，包括描述如何进行动作的规则，以及因练习与反馈而逐渐变得精确和连贯的肌肉动作。由此可知，动作技能既需要身

---

① 姜正国．劳动教育与工匠精神教程［M］．北京：北京理工大学出版社，2021：34.

② 文新华．论劳动、劳动素质与劳动教育［J］．教育研究，1995（05）：9－15.

③［德］卡尔·马克思，［德］弗里德里希·恩格斯．马克思恩格斯选集（第二卷）［M］．中共中央马克思恩格斯列宁斯大林著作编译局，编译．北京：人民出版社，1995：172.

④［美］罗伯特·加涅．学习的条件［M］．傅统先，陆有铨，译．上海：华东师范大学出版社，1985：48.

体动作的参与，也离不开认知的学习，因为需要掌握组成动作技能的程序和规则。哈罗在《教育目标分类学》的第三分册《动作技能领域》中，将动作技能分为三个构成部分，包括动作（或动作组）、体能及认知能力（如直觉、记忆、想象、思维）。

新时代也赋予劳动能力新的内涵。联合国教科文组织在1996年发布了《教育——财富蕴藏其中》的报告，报告中最核心的思想之一就是教育要让受教育者“学会做事”。学会做事，就是掌握劳动的能力。报告指出，在新的时代中，不能将劳动能力简单地理解为“某人去从事某一特定的具体工作”① 的能力。在新的时代背景下，学会做事，从传统意义上的掌握某种劳动技能，转为拥有综合的劳动能力。劳动能力不仅包括从事某项具体劳动的实际技能，更重要的是劳动过程中的交流和合作能力、创造能力；不仅包括智力技能，也包括社会行为技能。②总体来看，新时代幼儿园劳动教育所要培养的劳动能力是幼儿从事劳动活动的动作技能，是幼儿使用工具的能力，也是幼儿开展创造性劳动的能力。

二、劳动能力的形成过程

劳动动作技能和创造性劳动力能力的形成过程通常不太相同，因此，我们将分开描述这两类劳动能力的形成过程。而使用工具的能力也是一种动作技能，因此，将其归入劳动动作技能一并叙述。

（一）幼儿劳动动作技能的发展

动作技能的学习通常包括三个阶段：认知阶段、联系形成阶段和自动化阶段。

认知阶段是技能学习的第一个阶段。认知阶段是学习者通过指导者的讲解、示范，或者自己按照操作说明的要求，尝试对所学技能的任务、性质、要求进行分析、领会、理解的过程。这一阶段，学习者习得的是有关技能的陈述性知识。他们首先要将对当前任务的感知和相关线索进行编码，在后续的任务中，他们通过在长期记忆中检索和提取相关信息来进行动作的复现。在初学动作技能时，学习者需要通过观察示范动作和感知刺激情境来构建一个内在的动作概念，作为实际操作的参考。在这个阶段，学习者最重要的任务就是理解技能的基本要求和掌握技能的局部动作，并以自己擅长的方式进行编码。例如，对于幼儿来说，他们常常使用视觉形象来编码。

① 联合国教科文组织总部．教育——财富蕴藏其中［M］．联合国教科文组织总部中文科，译．北京：教育科学出版社，2001：79.

② 柳海民．现代教育原理［M］．北京：中央广播电视大学出版社，2002：217.

第二个阶段是联系形成阶段。在这个阶段，学习者一方面逐渐消除了对技能的错误理解，另一方面也强化了具体动作之间的联系，要将有关技能的陈述性知识转化为程序性知识。例如，幼儿在用剪刀剪纸时，左手握纸、右手握剪刀，剪刀的开合与随着线条走向转动纸片等动作之间要建立起联系。在这个阶段，虽然幼儿已经逐步掌握了一系列具体的动作，并开始将动作联系在一起，但是各个动作之间的联系还不够紧密，从一个动作过渡到另一个动作的时候还会出现停顿。随着动作不断得到练习，具体动作之间的交替会慢慢加快，技能结构的层次不断提高，然后逐渐形成整体的协同动作。

第三个阶段是自动化阶段。这个阶段，学习者对构成技能的程序性知识的执行变得越来越自动化、越来越快，学习者只需要很少的心理资源就能执行技能。这标志着动作技能的发展到了高级阶段。动作的熟练是经过多次练习而实现的。当动作达到熟练阶段时，动作较为敏捷、正确、稳定和灵活，动作之间协调一致，动作系列高度简化与压缩，个别动作已经联结为一个完整的体系。

（二）幼儿创造性劳动能力的发展

马克思高度强调劳动中创造性的作用，他强调，“劳动是积极的、创造性的活动”。创造性的劳动是一种体力脑力相结合的劳动。创造性劳动能力是幼儿在劳动过程中以思维指导行动，充分发挥主体性、独特性和创造性的能力。创造性劳动能力主要体现为创造力。加德纳曾指出，有创造力的“个体”是经常解决问题、产生产品或是在特定领域中定义问题的人。创造力普遍被视作需要个体拥有特定领域的知识与技能、创造能力和创造性人格特质。其中，创造性人格特质包括个体强烈的内在动机、好奇与想象、冒险与挑战、专注与坚持、开放与自我成长。创造能力则包括变通力、流畅力、独特力等。其中，“变通力”是指在一定期间内产生创造性想法的“类别”，“流畅力”是指在一定时间内产生创造性想法的“数量”，“独特力”则是指想法与他人不同。

对幼儿来说，他们的创造性劳动能力首先就是在劳动中解决问题、形成劳动产品的能力；在更高层次上，我们期望幼儿的劳动创造有独特性、创造性想法有变通性和流畅性。我们不必将幼儿的创造看作多么高不可攀的事情。事实上，很多对成年人来说习以为常的劳动，对幼儿而言则充满了认知挑战。人类历史上的已知已会，对个体而言，就是一种创造。幼儿园中，有思维参与的、解决了未知问题的劳动，就可以被视作幼儿的创造性劳动，因为其中就需要幼儿运用创造性劳动能力。

创造性劳动能力除了受到个体知识和人格特质的影响之外，也不可避免地受到外界因素的影响。总体来看，一个具有支持性且同时具有挑战性的环境是比较能够让创造力得以充分发挥的。正如罗伯特·斯滕伯格等人在论及环境与创造力的关系时所说，一个完全优良的工作环境对个体而言并非最好，基本上，有一些挫折与障碍，又在大体上支持创意的环境，才能适度激发创意。“具有挑战性的环境”意味着情境与任务是“有点难而又不会太难”的，可以适度激发个体的兴趣，正好处于个体的“最近发展区”，同时，环境又能为个体创造力的发展提供软件和硬件的支持。

三、幼儿劳动能力的提升策略

（一）注重动作技能的讲解、示范和练习

幼儿要掌握劳动的动作技能，例如，幼儿学习用一把铲子铲土，需要教师进行动作技能的示范和讲解——由教师做出行为，幼儿进行观察学习。在动作示范时，教师要放慢节奏，充分展示分解动作，然后再合成完整的动作系统。在示范的同时，教师要进行讲解，教师的讲解可以用口头形式来进行，也可以借助图示法来进行。讲解和示范要说明动作技能的步骤、动作顺序等程序性知识，也要重点讲解动作技能的难点。教师的讲解与示范可以在幼儿探索性的练习之后进行，因为当幼儿在探索练习时遇到了问题，想要解决问题的驱动力能让幼儿更加关注教师的示范与讲解。但是一些涉及幼儿安全的动作技能，例如，在木工劳动中正确使用锯子，教师必须先进行示范和讲解，尤其要说明劳动中的安全注意事项。一般而言，在教师示范、讲解动作技能以后，幼儿要多次进行主动练习，才有可能熟练掌握动作技能。及时有效的反馈对幼儿动作技能的学习也很重要，因此，教师要关注幼儿的主动练习，及时给予幼儿肯定和必要的支持。

（二）要实现体力劳动和脑力劳动的结合

如前所述，劳动能力是幼儿体力和脑力的综合，事实上，这两种能力既要分别得到发展，更要在劳动中有效整合。如何有效整合幼儿的体力和脑力呢？最重要的就是要给幼儿设置体力和脑力共同参与的劳动任务，让幼儿不只是单纯进行重复的体力劳动。例如，教师在解释和示范动作要领时，不仅要解释动作怎么做，还要引导幼儿思考动作背后的原因，有可能的话，还应该让幼儿尝试不同动作的可能效果。这样，幼儿就有机会思考在什么情境下使用什么劳动技能，如何选择、调整、组合劳动技能来解决他们所面临的问题。同时，教师需要特别关注的是，要让每个幼儿都能够参与到体力和脑力共同起作用的劳动活动中，而不是将劳动活动分为体力劳动和脑力劳动两个部分，让一部分幼儿负责解决需要脑力参与的问题，让另一部分幼儿负责解决主要需要体力参与的问题。只有不断参与体力脑力相结合的真实劳动，幼儿的劳动能力才会逐步提升。

（三）为幼儿的劳动营造宽松、接纳的氛围

创造性劳动可以会产生积极的结果，也可能会因为未采用循规蹈矩的方案而

导致劳动结果不如人意。只有在宽松、接纳的氛围中，个体才有可能冒着失败的风险进行挑战，才会更主动、积极地参与劳动，在劳动中彰显自己的主体性，让劳动成为体现个体主体性、独特性和创造性的活动。幼儿园要营造宽松、接纳的氛围，教师不能对幼儿的劳动结果提过高的要求，要允许幼儿在劳动中有尝试、调整。教师要在劳动教育的评价中特别关注对劳动创造过程的非量化的评价。教师要将幼儿解决问题的努力程度、思维的广度、方法的多样性等纳入劳动教育评价内容范畴，要使用照片、视频、文字记录等方式保留幼儿在劳动创造中的思维过程，包括幼儿的想法如何产生、如何演变、如何克服困难、如何与他人合作等，要使用质性资料让幼儿的劳动创造可见。

（四）给幼儿的劳动任务要具有一定的挑战性

创造如何产生？第一，要有劳动的身手。“活教育”理论主张“做”，做就是劳动。一切创造从不是在空中造楼阁，而是要劳动，需要做，从做中学，在做中求创造。第二，要有科学的头脑。要把我们的头脑武装起来，认真认识大自然的运行法则，认识社会发展的路向，用科学的方法去做、去劳动，在这样的前提下手脑并用，才能有所创造。有创造性的劳动一定是有幼儿思维参与的劳动，幼儿运用思维越灵活、越主动、越深入，幼儿劳动的创造性就越明显。面对那些熟悉的、没有挑战性的劳动内容，幼儿不太会用到高级思维能力，可能只需用最简单的动作就能够达成任务要求。例如，单一的拔草活动就很难提升幼儿创造性劳动的能力。对幼儿而言，有挑战性的任务，那些不能凭已有的认知或动作图示来解决问题，而要运用高级认知技能来解决问题的任务，更有吸引力。例如，如何让西红柿结出更甜的果实？面对这个任务，幼儿就需要去探索影响果实甜度的因素，还可能尝试改变其生长条件。因此，教师要向幼儿提出具有一定挑战性的劳动任务。这种挑战性主要是在智力层面，而非体力层面上。同时，这种具有挑战性的劳动活动，要有具备相应能力的成人作为幼儿劳动的同伴，或者引导幼儿结成小组来进行共同劳动。

第四节
劳动情感培育

培养幼儿爱劳动的情感，是幼儿园劳动教育的核心目标。劳动情感目标的实现是与幼儿其他劳动教育目标的实现相交织的，为其他劳动教育目标的实现提供动力。情感具有发动作用、导向作用，决定着人对某种情境是接近还是回避，是喜欢还是厌弃，从而影响其他教育目标的达成。情感是人存在的重要尺度，正如费尔巴哈所说，“人的存在只归功于感性。理性、精神只能创造著作，但不能创造人”①。

一、劳动情感的内涵

情感是个体区别于认识活动、有特定主观体验和外显表情、同人的特定需要（自然的或社会的）相联系的感情反映。② 而劳动情感就是个体对劳动的内在体验，以及他们对劳动的情感表现。在教育中，情感目标往往包括兴趣（interests）、态度（attitudes）、价值观（values）、欣赏（appreciation）和适应（adjustment）等方面的目标。③ 劳动情感就包括劳动兴趣、劳动态度和劳动价值观。其中，兴趣是指一个人积极探究某种事物、从事某种活动的心理倾向。按照兴趣程度的不同，我们可以看到学习者不同层面的表现——从仅仅觉察到特定现象的存在，到越来越愿意注意到这种现象并作出反应，再到热切地寻找这种现象并对这种现象全神贯注。从内涵上来看，兴趣包括学习者对特定现象的积极感受

---

① [德] 路德维希·费尔巴哈. 费尔巴哈哲学著作选集（上卷）[M]. 荣震华，李金山，译. 北京：商务印书馆，1984：213.

② 朱小蔓著. 情感教育论纲 [M]. 北京：人民出版社，2007：19.

③ [美] 克拉斯沃尔· D. R.，[美] 布卢姆· B. S.，等. 教育目标分类学：第二分册 情感领域 [M]. 施良方，张云高，译. 上海：华东师范大学出版社，1989：24.

和沉醉。[①] 幼儿对劳动的兴趣就是幼儿对参与劳动活动的积极感受和在劳动活动过程中表现出的沉醉。态度是指个体或社会群体对其他人或事物的情感评价。教育目标中的“态度”一方面描述学习者参与某件事情的程度，他愿意承认对某件事情抱有积极的态度；另一方面，他能想方设法地与别人交流这种信奉。[②] 幼儿对劳动的态度就是幼儿对于劳动活动的情感评价。价值观是文化上认可的、内在的愿望，是一个人对周围的客观事物（包括人、事、物）的意义、重要性的总评价和总看法。幼儿的劳动价值观则是幼儿对劳动价值、意义和重要性的总体看法。

二、劳动情感的形成过程

幼儿的劳动情感是如何形成的？劳动情感的形成受到哪些外部因素的影响？幼儿劳动情感的萌发有其自身的规律，幼儿园劳动教育应该遵循幼儿情感萌发的规律，创造条件，激发幼儿对劳动的积极情感。

（一）劳动情感的连续体

在克拉斯沃尔等人看来，人的情感形成过程是一种内化的过程。“用‘内化（internalization）’这个术语似乎可以最好地描述这一过程或连续体，在我们的讨论中不时地听到这个术语，文献中也经常出现这个术语。‘内化’这个词，似乎是对现象或价值逐次地、普遍地成为个体的一部分这样一种过程的恰当的描述。”[③] 学者根据价值内化的程度，将情感领域的目标分为五个层级（详见表9-1）。第一个层级是接受，表示学习者愿意注意某个特定的现象或刺激。例如，幼儿关注到正在进行的劳动活动或劳动成果、劳动作品。当然，这个层次按照水平还可以具体分为觉察、愿意接受、有控制的或有选择的注意；到了较高水平，幼儿会主动地关注劳动活动、劳动成果。第二个层级是反应，是指学习者主动参与、积极反应，表现出较高的兴趣。例如，幼儿积极主动地参与劳动活动，在活动中表现出较高的兴趣。当然，反应内部也能够具体分为三个水平，到了较高水平，幼儿能表现出愉快。例如，幼儿在用黏土制作陶器的过程中感受到愉快。第三个层次是价值的评价。随着内化加深，个体行为始终如一时，就开始持有一种价值。价值评价也可以分为三个水平，到较高水平时，可以表现为幼儿相信劳动

---

① [美] 克拉斯沃尔·D.R.，[美] 布卢姆·B.S.，等．教育目标分类学：第二分册 情感领域[M]. 施良方，张云高，译．上海：华东师范大学出版社，1989：24.

② 同①.

③ [美] 克拉斯沃尔·D.R.，[美] 布卢姆·B.S.，等．教育目标分类学：第二分册 情感领域[M]. 施良方，张云高，译．上海：华东师范大学出版社，1989：27.

能够为社会创造价值。第四个层次是价值观的组织。学习者在遇到多种价值观念复杂呈现时，将价值观组织成一个体系，对各种价值观加以比较，确定它们的相互关系及它们的相对重要性，接受自己认为重要的价值观，形成个人的价值观体系。例如，在面对劳动中的困难时，幼儿选择继续劳动，而不是半途而废。最后一个层次是价值或价值体系的性格化，指学习者通过对价值观体系的组织，逐渐形成个人的品性。各种价值被置于一个内在和谐的构架之中，并形成一定的体系，个人言行受该价值体系的支配，观念、信仰和态度等融为一体，最终的表现是个人世界观的形成。达到这一阶段以后，行为是一致的和可以预测的，例如，个体将热爱劳动、尊重劳动作为自己的人生哲学。

表 9－1　情感目标分类体系①

接受	觉察：个体将自己的注意集中在刺激上。
	愿意接受：个体对某种刺激和其他刺激做出区分，并愿意注意这种刺激的状态。
	有控制的或有选择的注意：个体寻找这种刺激。
反应	默认的反应：遵照各种期望作出反应。
	愿意的反应：对内部要求作出反应。
	满意的反应：作出带有情绪的反应。
价值的评价	价值的接受。
	对某一价值的偏好。
	信奉。
价值观的组织	价值的概念化。
	价值体系的组织。
价值或价值体系的性格化	泛化心向。
	性格化。

（二）劳动情感教育的过程

劳动情感教育需要遵循情感形成的一般规律和顺序。朱小蔓在《情感教育论纲》中提出了情感教育要经历情动—感受、体验—理解、价值体系化—人格化三个相互联系并相互过渡的过程，三者之间是后者包容前者的递升关系。② 在情

① ［美］克拉斯沃尔·D.R.，［美］布卢姆·B.S.，等．教育目标分类学：第二分册 情感领域［M］．施良方，张云高，译．上海：华东师范大学出版社，1989：34－36.

② 朱小蔓．情感教育论纲［M］．北京：人民出版社，2007：141.

动—感受阶段，个体的情绪被唤起，由于能源的调动和重新分配，人可能更多地表现出一种投入的状态，其感情丰富，活动能力提高。主体内部被“激活”的信息和外部输入的信息相互作用，将新的信息纳入已有框架中，形成一种边缘模糊的情绪状态或经验状态。① 体验—理解阶段是情感教育的重要阶段。在教育领域，体验不仅仅是获得认知理解，也是人的生存方式，是人追求生命意义的方式。② 体验不仅包括被动的体验过程，也包括主动的体验过程。换言之，既有个体在没有主动寻求的情况下，自然而然接受情绪和感觉的过程，也有个体有意识地参与并寻求某种体验，通过影响和改变自己的心理世界来进行的体验活动。情感教育中不仅要关注个体有什么体验，也要关注个体追求什么样的体验，以及如何感觉自己的体验。③ 最后一个阶段是价值体系化—人格化的过程。从根本上说，情感教育就是培养人对价值的感受和体验，并逐渐将社会文化的客观价值移入人格内部，使人形成融合统一的价值观体系。④

三、幼儿劳动情感的培育策略

幼儿园劳动教育要将对幼儿劳动情感的涵养作为核心的目标，避免重劳动技能、劳动认知而轻劳动情感的错误倾向。具体而言，在培育幼儿劳动情感方面，有一些要点要考虑。以下按照情感教育的情动—感受、体验—理解、价值体系化—人格化的过程来分述之。

（一）关注和回应幼儿的需要，引发幼儿的劳动兴趣

如上所述，兴趣是幼儿劳动情感萌发的起点。热爱劳动最初表现为幼儿对劳动的兴趣，由劳动引发的情绪唤起。兴趣与需要有关，皮亚杰曾指出，兴趣实际上就是需要的延伸，它表现出对象与需要之间的关系，因为我们之所以对一个对象发生兴趣，是由于它能满足我们的需要。教师要关注和回应幼儿的需要，让劳动教育在内容和形式上更贴近幼儿的需要，以引发幼儿的劳动兴趣。

一般意义上来说，幼儿有一些共性的需要。幼儿有制作和建造的本能，也就有制作和建造的需要。因此，那些能够让幼儿自由地创作，进行产品制作和工程建造的活动就是幼儿感兴趣的劳动。幼儿有游戏的需要，因此，幼儿的劳动可以为了游戏而开展，如幼儿为了表演游戏而进行缝纫、制作等劳动，这也是引发幼儿对劳动兴趣的方式。幼儿有获得爱和归属感的需要，因此，他们对那些能够获

① 朱小蔓．情感教育论纲［M］．北京：人民出版社，2007：143
② 朱小蔓．情感教育论纲［M］．北京：人民出版社，2007：152.
③ 朱小蔓．情感教育论纲［M］．北京：人民出版社，2007：153.
④ 朱小蔓．情感教育论纲［M］．北京：人民出版社，2007：161.

得爱和归属感的劳动活动更感兴趣。举例而言，饲养动物的活动就是萌发和巩固幼儿与动物之间感情的活动，幼儿在饲养、照料动物的过程中能够付出爱、感受到爱。同时，对归属感的需要也说明，那些让幼儿在群体中、小组中开展的劳动活动，也能够引发幼儿的兴趣。幼儿还有自尊的需求，因此，幼儿园劳动教育要尊重幼儿，提供让幼儿自尊发展的恰当机会，让幼儿在成功的劳动过程中积累积极的自我意识。

当然，幼儿的需要不可能是完全相同的，不同地区、不同园所、不同班级、不同个体幼儿的需要可能因为其生活经验、文化背景等差异都有所不同；幼儿此时的需要和彼时的需要也不相同。因此，教师要做有心人，时刻关注幼儿的生活，与幼儿共同生活，这样才能更好地理解幼儿的需要，并对他们的需要进行筛选，在此基础上规划能培养幼儿劳动兴趣的教育内容和方式。

（二）提供多样的劳动机会，丰富幼儿的劳动感受

情感教育的过程从某种意义上来说就是丰富人的感知觉，让人生活在自然的而不是概念的世界中。[①] 幼儿园只有为幼儿提供了丰富、多样的劳动机会，幼儿的劳动感受才可能变得丰富，幼儿才有可能更全面、更深刻地感受到劳动的意趣、劳动的魅力、劳动的价值。

具体而言，幼儿园劳动教育的内容要丰富，不能只局限于生活自理劳动，要尽可能根据幼儿园的特点，提供包括社群服务劳动、种植劳动、饲养劳动、工艺劳动、工程劳动等在内的劳动内容。举例而言，幼儿在工程劳动中不仅能感受到劳动成功带来的快乐和愉悦，也能感受到工程设计的作用和妙处，体会到工程劳动对人类生产生活的意义。幼儿园劳动教育的形式要丰富，要综合个别、小组和集体劳动的形式。在个别劳动中，幼儿能够感受到自由、自主的愉悦，在小组劳动中，幼儿能体会到同伴合作的愉悦，在集体劳动中，幼儿更能够感受到集体的意义、为共同利益付出的重要性。幼儿在劳动活动中扮演的角色、承担的任务要丰富。幼儿如果只承担体力劳动，他们可能一开始饶有兴趣，不久就意兴阑珊，感觉单调乏味。但如果幼儿在劳动中承担的任务很丰富，不仅要动手，还要动脑，要进行劳动的创造，劳动中充满智慧的因素，幼儿能够感受到创造性劳动神奇、巨大、可改造一切的力量，便会发自内心地热爱劳动。[②]

（三）倾听幼儿的声音，支持幼儿表达劳动体验

在情感教育中，体验是重要的环节，是链接兴趣、感受和价值观体系的中间环节。幼儿在劳动过程中既有一种被动的体验，也有一种主动的体验。我们通过

---

① 朱小蔓．情感教育论纲［M］．北京：人民出版社，2007：149.

② 张琪琪，孟令，马香莲．劳动情感培育：苏霍姆林斯基劳动教育思想的深层基调［J］．基础教育参考，2022（08）：3－7.

丰富幼儿的劳动活动，能够丰富幼儿直接的劳动体验；通过提供与劳动相关的故事、音乐、绘本等材料，也能够让幼儿移情性地理解他人的劳动体验。更为重要的是，我们也要支持幼儿进行主动的体验。这就要求我们的劳动教育要给幼儿提供选择的空间，使幼儿可以有意识地参与并寻求某种体验。同时，体验也是个体自己建立意义、产生意义的过程，是个体积极地改造心理世界的特殊工作。① 因此，尽管体验具有缄默性的特点②，教师仍然要让幼儿有机会表达、审视自己的劳动体验，在此基础上对自己的心理世界进行改造。幼儿对劳动体验的表达是多样化的，幼儿会用身体动作、语言、绘画、音乐等多种方式表达自己在劳动中的体验。教师应当为幼儿提供多种表达体验的方式，并且鼓励幼儿选择自己喜欢的方式进行表达。在瑞吉欧的教学法中就提到了倾听的要点，对我们帮助幼儿表达、建构体验有启示：倾听时应是开放的、敏感的，照顾听者和被听者两方面的需要，不仅用耳朵，而且要运用多种感官参与倾听活动；倾听时应辨识人们的表达与交流工具，使用多种语言、符号和代码；倾听需要时间；倾听应欢迎并开放地对待差异，承认别人的解释和观点的价值；倾听是一个活跃的动词，其中包括给予解释，赋予意义，并重视听取别人的意见……③

（四）拓宽空间，让幼儿园劳动教育走向社会

当情感教育进入价值体系化—人格化的阶段时，就达到比前两个阶段更高级的外向化水平和内向化水平。提高外向化水平，就是指这一阶段的活动必须超出校园文化活动的界限，走向社会，介入社会，真正充当社会角色。④ 尽管幼儿很难形成稳定的价值观，但是他们能够形成一些简单的价值判断，这些成为其价值观的基础。在幼儿通过社群服务劳动进入社会，承担一些社会责任，关心一些社会公共利益时，他们面临相对复杂的劳动分工，要处理更加复杂的人际关系，还会涉及他人对自己劳动的评价；当他们取得了成功，就能够获得更大的劳动胜任感，也能够帮助他们理解自身劳动的社会意义。

（五）鼓励幼儿对劳动的价值进行讨论和反思

在价值体系化—人格化的阶段，个体还要达到更高的内向化水平。内向化是指情感主体思维内部活动的深化。情感教育高层次发展阶段的内向化体现在主体

① 朱小蔓．情感教育论纲［M］．北京：人民出版社，2007：153.

② 李英．体验：一种教育学的话语——初探教育学的体验范畴［J］．教育理论与实践，2001（12）：1－5.

③［美］爱德华兹，［美］甘第尼，［美］福尔曼．儿童的一百种语言：转型时期的瑞吉欧·艾米利亚经验（第3版）［M］．南京：南京师范大学出版社，2014：244.

④ 朱小蔓．情感教育论纲［M］．北京：人民出版社，2007：167－168.

内部必须体验价值冲突所带来的焦虑、痛苦、忧患等因素。[①] 应该说，在学龄前，个体就面对着很多价值冲突，例如劳动的个人意识与社会意识的冲突，理想自我与现实自我的冲突，教育所倡导的劳动光荣与消费主义文化之间的冲突……尽管我们很难期望人类在幼儿阶段就能够在这些价值冲突之间进行清晰的判断，形成稳定的选择，但是，作为“天生的哲学家”的儿童，同样能够对这些价值冲突问题进行讨论和反思，为他们此后价值观的形成和稳固奠定基础。教师要把握在幼儿真实的劳动过程中的价值冲突契机，抛出问题，引发幼儿的反思和讨论。举例来说，幼儿在给鸡棚打扫卫生时，一开始三三两两地讨论“好臭、好脏”，在一段时间后，幼儿投入地为小鸡打扫卫生，脸上不再有厌恶的表情。教师可以将这两组照片或视频同时呈现给幼儿，请幼儿谈谈当时有怎样的感受，为什么有这样的感受，为什么自己前后的感受会有不同。这样的讨论会为幼儿今后价值观体系的建立和价值观体系的人格化提供感性材料。

① 朱小蔓．情感教育论纲［M］．北京：人民出版社，2007：168.

第五节
幼儿园劳动教育的发展前景

教育的高质量发展成为未来相当长一段时间内教育事业发展的重要命题。学前教育是基础教育的基础，在构建高质量教育体系的过程中起着重要作用，因而，幼儿园教育质量的提升是当下和未来很长一段时间内的重要任务。继承和弘扬幼儿园劳动教育是我国幼儿园教育质量提升的重要途径，是建设社会主义教育体系必不可少的内容。与此同时，在一个充满了不确定性的时代中，劳动教育能为培养具有批判反思能力、合作交流能力、创造能力、亲近自然能力的儿童提供助力。幼儿园劳动教育在幼儿园教育体系和幼儿园课程中的重要性还将持续彰显，将日益获得承认和重视。

我国幼儿园劳动教育从幼儿园创建初期就开始萌芽，时至今日，经历了一百二十余年的历史。随着时代的发展，幼儿园劳动教育重新成为当下的热点议题。未来，回应时代需求的幼儿园劳动教育还将持续发展、创新和变革。

一、幼儿园劳动教育的系统化发展

过去一百多年，我们一直在开展幼儿园劳动教育，但对于幼儿园劳动教育缺少系统的研究和探索。多数幼儿园组织幼儿开展了生活自理劳动、值日生劳动，但对其他类型的劳动涉及较少。有的幼儿园已经开始对某一类劳动活动进行深入研究，但在课程中难以寻觅到其他类型劳动的踪迹。有的幼儿园在一些主题活动、区域活动中涉及了劳动教育内容，但是并未将劳动教育系统地纳入本园的课程。这些现象都在一定程度上制约了劳动教育效果的充分实现。未来，幼儿园劳动教育应当系统化发展。

这里的系统化主要是指两个方面。第一，幼儿园劳动教育的内容应该丰富化，要加强不同类型劳动教育之间的联系，使得多种类型的劳动教育形成一个有机整体。不同的劳动类型对于幼儿有着不同的价值，丰富的劳动内容能够丰富幼儿经验的类型，拓宽幼儿经验生长的空间。幼儿园对劳动教育的深入研究和探索可以针对少数的一两类展开，但是实践中具体实施的劳动教育内容一定要丰富。同时，不同的劳动类型之间存在着联系，例如，种植劳动和饲养劳动之间就存在着较紧密的联系，可以进行有机种植和有机饲养，这种联系更能够让幼儿认识到生态系统内部复杂的关系；种植劳动中的现实需求，如浇灌工作、支撑植物往上生长等，都可能引发引水、搭架等工程劳动。不同类型的劳动之间也可以相互转换，例如，工艺劳动的延伸和拓展就成为工程劳动，自我服务劳动的延伸和拓展就成为社群服务劳动。幼儿园提供的多种类型的劳动教育内容也要形成体系。第二，幼儿园劳动教育要融入幼儿园课程中。幼儿园劳动教育要和德、智、体、美的教育相互融合，要融入幼儿园的主题活动中去。融入主题活动的方式是多样的，有时候，可能是从劳动活动中生成幼儿学习的主题，有时候，可能是在主题中发现幼儿劳动的机会。幼儿园劳动教育还要用课程的理念来进行引导和优化。

二、幼儿园劳动教育的科学化发展

过去我们更多是凭借经验来开展幼儿园劳动教育，对幼儿园劳动教育中的很多关键问题缺少研究。未来，我们需要进行劳动教育的科学研究，在科学研究的基础上，对劳动教育进行调整和改进。当前的幼儿园劳动教育中还有很多有待深入研究的理论和实践问题，例如，怎么把幼儿园劳动教育跟德、智、体、美教育很好地融合起来？怎么把幼儿园劳动教育的特质充分揭示出来？怎么把劳动教育有机地融入幼儿园的整体生活和课程中去？幼儿的劳动意愿如何强化？如何改变家长的观念和态度，更好地实现劳动教育的家园共育？如何建立具有年龄适宜性的幼儿园劳动教育目标和内容体系？……与此同时，对于幼儿园劳动教育在促进儿童发展方面的成效，过去更多是从学理上进行演绎和论证，并不是基于科学研究的证据。有的幼儿园在使用有限的资源进行劳动教育的试验和改革时，也遭遇到“正当性”方面的质疑，有人认为这种试验不利于关注每个幼儿的全面发展。因而，科学研究的成果能够更好地支持幼儿园劳动教育改革的正当性，也能为幼儿园劳动教育的创新提供支持。

三、幼儿园劳动教育的整合性发展

幼儿园劳动教育虽然冠以“幼儿园”之名，但绝不是幼儿园单一主体能够完成的。在当前的幼儿园劳动教育中，来自家庭的掣肘是主要的问题之一。很多家长没有充分认识到劳动教育的重要性，认为幼儿在园的重要目的在于实现其认知发展，甚至只是认几个字、会几道加减法题目。还有家长担心孩子在进行一些有一定安全风险的劳动时会受伤，不赞成使用劳动工具来开展劳动。要做好幼儿园劳动教育，一定要扭转家长的观念，获得家长的支持。同时，很多劳动活动的开展也需要社区的支持，有社区支持的劳动教育不仅能为幼儿园劳动教育提供更多的资源、空间支持，而且能将社区建设成“儿童友好型”社区。因此，幼儿园劳动教育的发展一定要在园所、家庭和社区之间建立稳定的协作关系。

当然，幼儿园劳动教育的整合性发展不仅仅在于获得家庭和社区的支持，而且要拓宽劳动教育的场域，让幼儿在园的劳动教育、在家庭中的家务劳动教育、在社区中的社群服务劳动教育成为一个有机整体，让幼儿真正处处有劳动的空间、时时有劳动的机会。

四、幼儿园劳动教育的在地化发展

幼儿园劳动教育没有一套标准的课程或教材，也没有一套放之四海皆准的模式，未来高质量的幼儿园劳动教育必然是在地化发展的劳动教育。戴维·索贝尔指出，在地化教育是以当地社区和环境为起点进行教育的过程，该方法强调亲身实践和在真实世界中的学习体验。幼儿园课程主要是生活的、在地的、生发的、具体的和感性的，而不是跨区域的、跨文化的，更不是书面的、抽象的和缺乏现实生活基础的。实现幼儿园劳动教育的在地化发展，就是要让劳动教育与特定地区的生活和文化相适应，让幼儿感到熟悉、有兴趣、易投入，并让幼儿有安全感、归属感、存在感和主体感，让教师有熟悉感、亲近感、掌控感和挑战感。具体而言，就是要让幼儿园的劳动教育内容更贴近幼儿的生活，因为幼儿的生活是具体的、在地的、变化的，贴近幼儿生活的劳动教育也才可能是动态的、不断生发的。教师要和幼儿共同生活，在生活中把握幼儿的兴趣和需要。要将当地的文化资源、自然资源融入劳动教育中，例如，可以在幼儿的工艺劳动中融入当地民间的传统工艺，在种植和饲养劳动中筛选具有本地特色的对象、体验具有本地特色的工具。

五、幼儿园劳动教育的创造性发展

幼儿园劳动教育还应该创造性地发展。幼儿园劳动教育要具有创造性，一方面是因为劳动教育本身具有创造性这个属性。劳动应该是一种创造性的活动，要培养幼儿的创造力，教师和课程也应该是具有创造性的。另一方面，时代的变革和发展也呼唤劳动教育的创造性。时代的变革和发展不仅带来劳动内容和形式的迭代变化，也对未来的人才寄予了创造力方面的期望。具有创造性的劳动教育，首先要重视让幼儿进行创造性的劳动活动，在劳动中鼓励幼儿的创新精神，鼓励幼儿的思维参与，支持幼儿创造性地解决问题、产生创新性的劳动成果。其次，要在劳动教育中发挥教师的主体性和创造性。教师要持续进行劳动教育园本化和班本化的实践探索，在课程实施中要跟随幼儿的脚步，动态生成和调整课程。再次，劳动教育的内容要关注并体现时代的变化，突出那些更能培养幼儿创造能力的劳动活动内容。

后　记

在着手撰写这部旨在深入剖析幼儿园劳动教育理论框架与实践路径的专著之时，我内心涌动着无尽感慨，脑海中也不断浮现出点滴思考。幼儿教育领域似乎特别容易刮起一阵阵的“风”，瞬息万变，却又在时光的洗礼下悄然无痕。有人或许将幼儿园劳动教育视为时下的风尚，是政策导向下的产物，然而，事实上，它植根于幼儿园教育肇始之际，历经岁月洗礼，愈发显现出其不可磨灭的教育价值。在当下的社会背景中，我们应深刻地认识到幼儿园劳动教育对于提升学前教育质量、丰富幼儿园课程内涵及促进幼儿全面发展的重要意义。而要充分释放幼儿园劳动教育的潜力，离不开理论研究者的深耕细作与实践工作者的不懈探索。

幸运的是，我们汇聚了一群志同道合的伙伴，构建了幼儿园劳动教育研究的共同体，携手投身于这场并不轻松却有着重要意义的理论与实践探索之旅。马克思认为，劳动是自由自觉的活动。对幼儿园劳动教育展开研究也是我们这个共同体自由自觉的活动。共同体内不仅有来自高等教育机构的幼儿园课程研究专家，还有来自全国东、南、北不同省份的 12 所幼儿园的园长与教师们。自 2019 年起，我们因共同的使命而相聚，致力于解答幼儿园劳动教育领域的核心理论与实践难题，在数年的深入研究中，我们共同研读关于劳动教育的经典文献，围绕幼儿园劳动教育的理论支撑等议题展开热烈讨论，并积极探索构建了幼儿园劳动教育的实践体系。随着实践研究的推进，我们对幼儿园劳动教育的诸多理论构想进行了检验和完善。因此，尽管本书的署名作者仅有两位，但它实则凝聚了研究共同体中每一位成员的智慧与心血。

我们的研究课题，有幸获得 2020 年度江苏省社会科学基金批准立项，也得到了江苏凤凰教育出版社的鼎力支持。在苏教社的助力下，研究团队的理论与实践成果作为“幼儿园劳动教育丛书”悉数面世。该丛书中的实践研究成果共 12 本，分别聚焦于幼儿园生活自理劳动教育、社群服务劳动教育、种植劳动教育、饲养劳动教育、工艺劳动教育及工程劳动教育，与本书形成了理论与实践紧密衔接的劳动教育研究成果体系，旨在为我国幼儿园劳动教育的研究与实践提供坚实的理论支撑与有效的实践指导。丛书还成功入选江苏省“十四五”时期重点出版物出版专项规划项目。

本书的主要撰写工作由刘颖与虞永平完成，其中，第三章第四节由南京师范大学学前教育系博士生周静撰写。虞永平教授对全书进行了内容体系设计与统稿工作。作为新时代首部聚焦幼儿园劳动教育的理论专著，本书汲取了诸多前人的智慧与实践工作者的宝贵经验，在撰写过程中得到了多方面的支持与帮助，在此一并致以诚挚的谢意！感谢各级教育行政领导的深切关怀，感谢南京师范大学教育科学学院为研究提供的便利条件，感谢内蒙古师范大学赵荣辉教授、江苏省教育科学研究院中小学教研室幼教教研员汪丽、南京市教学研究室幼教教研员俞洋、南京市实验幼儿园园长章丽及副园长朱静晶、南京市建邺区致远幼儿园副园长刘悦等专家与同仁对课题研究提出的宝贵建议。同时，也感谢江苏凤凰教育出版社学前教育分社社长刘煜的大力支持与编辑老师们的辛勤付出。

在新时代我国教育事业深入改革与奋进发展之际，我们在深入研究幼儿园劳动教育思想的基础上，呼应时代的需求，通过本书，澄清了幼儿园劳动教育的关键理论问题，丰富了新时代幼儿园劳动教育理论。我们坚持实证取向，全面科学把握幼儿园劳动教育，推动幼儿园劳动教育研究的科学化，建构了相对完善的幼儿园劳动教育理论体系。期望本书内容能为一线园所的劳动教育实践提供方向性的引领与值得借鉴的启示。

尽管我们已尽力完善，但书中难免存在不足之处，恳请读者不吝赐教，提出宝贵的批评与建议，以助我们不断进步。我们衷心希望，此书的问世，能够解答一些疑惑，澄清一些误解，激发更多的探索热情。展望未来，我们满怀期待，愿与更多的教育工作者携手共进，共同推动幼儿园劳动教育在新时代的创新与发展！